上海社会科学院重要学术成果丛书·专著

建设习近平文化思想最佳实践地系列

邹韬奋新闻出版
成就研究

Research on Zou Taofen's Achievements
in Press and Publication

孟晖/著

上海人民出版社

本书出版受到上海社会科学院重要学术成果出版资助项目的资助

编审委员会

总　序

当今世界,百年变局和世纪疫情交织叠加,新一轮科技革命和产业变革正以前所未有的速度、强度和深度重塑全球格局,更新人类的思想观念和知识系统。当下,我们正经历着中国历史上最为广泛而深刻的社会变革,也正在进行着人类历史上最为宏大而独特的实践创新。历史表明,社会大变革时代一定是哲学社会科学大发展的时代。

上海社会科学院作为首批国家高端智库建设试点单位,始终坚持以习近平新时代中国特色社会主义思想为指导,围绕服务国家和上海发展、服务构建中国特色哲学社会科学,顺应大势,守正创新,大力推进学科发展与智库建设深度融合。在庆祝中国共产党百年华诞之际,上海社科院实施重要学术成果出版资助计划,推出"上海社会科学院重要学术成果丛书",旨在促进成果转化,提升研究质量,扩大学术影响,更好回馈社会、服务社会。

"上海社会科学院重要学术成果丛书"包括学术专著、译著、研究报告、论文集等多个系列,涉及哲学社会科学的经典学科、新兴学科和"冷门绝学"。著作中既有基础理论的深化探索,也有应用实践的系统探究;既有全球发展的战略研判,也有中国改革开放的经验总结,还有地方创新的深度解析。作者中有成果颇丰的学术带头人,也不乏崭露头角的后起之秀。寄望丛书能从一个侧面反映上海社科院的学术追求,体现中国特色、时代特征、上海特点,坚持人民性、科学性、实践性,致力于出思想、出成果、出人才。

学术无止境,创新不停息。上海社科院要成为哲学社会科学创新的重要基地、具有国内外重要影响力的高端智库,必须深入学习、深刻领会习近平总书记关于哲学社会科学的重要论述,树立正确的政治方向、价值取向和学术导向,聚焦重大问题,不断加强前瞻性、战略性、储备性研究,为全面建设社会主义现代化国家,为把上海建设成为具有世界影响力的社会主义现代化国际大都市,提供更高质量、更大力度的智力支持。建好"理论库"、当好"智囊团"任重道远,惟有持续努力,不懈奋斗。

上海社科院院长、国家高端智库首席专家

目　录

绪 论

邹韬奋先生是著名的左翼新闻工作者和文化人的代表,历来是中国近现代文化史(尤其是新闻史)的研究对象,学术界已有不少研究成果,主要包括专著、论文及一些传记作品。不过有些成果缺乏宏观视野,以及系统的梳理、比较和理论总结,鉴于邹韬奋在近现代思想文化史上的重要历史地位和作用,仍有深入研究的必要。本书主要针对邹韬奋先生在新闻出版领域取得的突出成就,以及其生平和思想演变历程中的一些重要问题进行系统研究。

邹韬奋可以说是与上海有着深厚渊源的文化名人,其主要求学和职业经历都是在上海展开的,后来因病在上海逝世。邹韬奋在上海主办的《生活》周刊,创办的《大众生活》周刊、《抗战》三日刊、生活书店等有着非常广泛的受众群体,成为当时先进文化事业的代表。中国共产党的十九大报告指出,"文化自信是一个国家、一个民族发展中更基本、更深沉、更持久的力量。必须坚持马克思主义,牢固树立共产主义远大理想和中国特色社会主义共同理想,培育和践行社会主义核心价值观,不断增强意识形态领域主导权和话语权,推动中华优秀传统文化创造性转化、创新性发展,继承革命文化,发展社会主义先进文化,不忘本来、吸收外来、面向未来,更好构筑中国精神、中国价值、中国力量,为人民提供精神指引。"而文化发展创新的一个重要方面是传承性,因此充分发掘一些历史文化名人的价值,以及其蕴含的精神力量很有现实意义。

邹韬奋从一位民主主义者转变为共产主义者的人生道路,在当时的进步知识分子中具有典型性,他的新闻出版实践则是当时先进文化的一部分。对邹韬奋生平思想和新闻出版成就进行系统研究,能为研究同类人物提供参考,并且为当今的新闻出版工作者提供经验借鉴。本书力图将中国近现代新闻出版史的研究,与中国现代文学史以及传记研究打通,对于相关研究领域的拓宽,也有某种方法论上的启示意义。

一、对国内外研究现状的简要述评

1. 直接研究

(1) 对邹韬奋的报刊活动和新闻思想的研究

① 邹韬奋新闻出版业务及经营活动研究:主要是一些专著和论文,如《韬奋经营管理方略》(武志勇,2000)、《韬奋与出版》(钱小柏、雷群明,1983)、《邹韬奋〈生活〉周刊之编辑特色》(周芳,2010)、《邹韬奋〈生活日报〉新闻编辑特色浅析》(张文明,2011)、《邹韬奋与〈生活画报〉的编辑出版》(刘月、高明,2020)等,分别就其经营办法、出版业务及采编特点等进行归纳和述评。

② 关于邹韬奋新闻出版思想的研究:这一领域的研究成果为数众多,较为典型的有《论韬奋的对读者负责精神》(武志勇,1995)、《邹韬奋的出版广告思想与实践》(孙景峰,2000)、《以人民大众的利益为要求——邹韬奋报刊编辑思想的核心及其时代意义》(袁新洁,2010)、《邹韬奋全面抗战时期的新闻出版思想及实践》(孟晖,2018)、《论邹韬奋的媒介正义思想》(阳海洪,2020)等。

(2) 对邹韬奋爱国民主思想的研究

近年来邹韬奋研究领域拓展,出现了一些对其政治思想进行研究的论文和著作,如《论邹韬奋的宪政主张》(吴志刚,1998)、《邹韬奋宪政思想初探》(郝丹立,2004)、《简论邹韬奋马克思主义世界观的确立》(陈挥,1987)、《论韬奋思想研究中的价值取向》(郝丹立,2002)等。

2. 邹韬奋的传记式研究,分为自传与他传两类

(1) 自传类

邹韬奋本人有着自觉的传记意识,并撰写过三部带有明显的自传性质的作品,即《经历》(1937)、《抗战以来》(1941)以及《患难余生记》(1944)。这三部书具有连贯性,内容又有交叉,构成一个自传体系,大致勾勒出邹韬奋一生的奋斗轨迹。邹韬奋对自己的求学经历、报刊从业活动、参加爱国运动及民主活动等人生历程作了较为系统的回顾,总结出许多可贵的经验,提供了丰富的一手资料,堪称中国现代传记史上有代表性的自传性作品。这些作品对邹韬奋的研究者有很高的借鉴价值,长期以来未引起学术界的足够重视。我的复旦大学中文系硕士论文(2008)《邹韬奋〈经历〉等自传的研究》即主要围绕其自传作品进行了梳理和研究。

(2) 他传类

主要是研究者为邹韬奋所作的传记及传记性质的文章,包括年谱、传、评传、回忆录等文本形式。这些传记从不同的角度及侧重点,阐释了邹韬奋的生平、主要新闻活动以及民主政治活动,其传记相关评述也带有传记写作的不同时代思想文化的印迹。如《邹韬奋》(穆欣,1981)、《邹韬奋年谱》(复旦大学新闻系,1982)、《忆韬奋》(邹嘉骊编,1985)、《邹韬奋传》(俞润生,1994)、《邹韬奋传记》(马仲扬、苏克尘,1997)、《邹韬奋和几位名人的交往》(黄侯兴,1998)、《邹韬奋盐阜脱险记》(王荫,1999)、《韬奋评传》(陈挥,2015)、《邹韬奋年谱长编》(邹嘉骊,2015)、《"人生所贵在知己,四海相逢骨肉亲"——范长江、邹韬奋的交谊及其思想、情感基础》(樊亚平、脱畅,2019)等。

3. 相关研究

关于"七君子"的研究及其他相关人物的研究，也可供本课题借鉴。如《七君子传》(周天度，1989)、《史良自述》(史良，1987)、《七人之狱》(沙千里，1984)、《"救国会"、"七君子"——听周有光先生讲故事》(金玉良、2011)等。胡愈之、徐伯昕、毕云程、杜重远、金仲华、沈志远等与邹韬奋来往密切、有着事业上的合作的文化名人的回忆录及研究文章等，也包括在其中。

4. 对已有研究成果的评析

在已有研究中，对邹韬奋的人格和思想发展研究得比较多，尤其是对其新闻思想的研究，充分肯定了邹韬奋站在大众立场上的新闻编辑出版思想。而对其启蒙、民主思想及教育理念的研究较少。新闻出版活动方面，对其经营管理经验的研究比较多，而对新闻实务、新闻传播规律的把握等本体方面的研究还有进一步开掘的空间。如对突出反映其评论写作成就的"小言论"栏目关注不够，对"漫画"等栏目以及刊物版面艺术等挖掘也不够深入。对邹韬奋在传记写作方面的成就不够重视。学界对邹韬主办或创办的报刊研究也不均衡，对《生活》周刊研究比较多，对《大众生活》、《抗战》三日刊等研究较为薄弱。

学界对于邹韬奋的文学成就研究略显不足。邹韬奋本人具有深厚的文学修养。他的通讯、散文作品以及《经历》等自传明显地带有文学色彩，其实也是中国现代文学史上的优秀作品。然而以往学界对此缺乏足够的重视，可以说影响了对邹韬奋在整个中国现代文化史上的地位的认识。

以邹韬奋为传主的传记创作已取得不少成果，不过有些只是对其生平活动作简单勾勒，"叙"的成分比较多，而"评"的成分不多，或者说展开得不够充分。不少研究对于传主与他人的交往、传主与其所处的社会时代的关系等传记要素反映得不够，缺乏思想文化史的宏观视角，对传主思想发展的脉络表现得不够明晰，有待进一步研究。

二、本书的主要内容和基本思路

1. 主要内容

本书凸显思想文化史的观照角度，充分发掘肯定邹韬奋在中国近现代思想文化史上的价值地位。本书在广泛借鉴现有的研究成果，并对邹韬奋的作品进行文本细读的基础上，结合新闻学、编辑出版、文学、传记研究等理论，对邹韬奋的思想演变历程及主要新闻出版活动、社会交往活动等作系统梳理研究，归纳其特点，揭示邹韬奋的人格思想特征、文化贡献，以及其对后世的影响及意义，力图突出作者本人的思考及创新。

本书拟分析探讨"韬奋精神"以及邹韬奋的新闻出版活动对当代媒体采编经营活动的启示，分析新闻出版工作者如何学习和践行马克思主义新闻观，进一步发挥有效的影响力，用先进的文化引导舆论、带动读者。强调邹韬奋由民主主义知识分子向共产主义知识分子转变中值得总结的问题，为教育引导当前中国知识分子的思想进步提供参考。通过对邹韬奋作个案分析，总结中国共产党领导下的左翼文化工作、包括新闻出版工作的历史经验教训。

2. 基本思路和框架

本书共分为十章。第一章以小传的形式，大致分五个时期，对邹韬奋的生平经历、思想发展历程以及主要新闻出版活动、民主政治活动等进行概要介绍和评论，并注重对其新闻出版活动方面的特点、成就和经验的总结分析。第二到第十章大致以时间为序，主要以专题研究的形式，运用新闻传播学、社会学、文学、传记学等相关理论，重点对邹韬奋在报刊编辑出版思想及实践、言论写作、海外通讯写作、自传及传记写作等方面的成就和经验，邹韬奋的思想发展历程，以及其社会交往活动进行研究，并力图反映本书具有创新性的研究心得。

第二章是对邹韬奋《生活》周刊时期的编辑思想及办刊策略展开研究。邹韬奋的大名和《生活》周刊是密不可分的。邹韬奋在主编该刊的几年中，在进步思想观念的引导下，就期刊的编辑、经营与管理采取一系列创新举措，开设了"读者信箱""小言论"等多个有特色的栏目。这一阶段邹韬奋的思想开始发生转变，他认真答复读者的来信，最长的达数千字，这体现了作者的平民意识，是左翼文化人的特点。《生活》周刊为此后的新闻出版工作者树立了标杆。本章重点就邹韬奋的办报刊要有正确的思想和具有进步意义的内容、文章内容趣味性和"有价值"的有机统一、树立受众本位意识和为大众服务的精神、经营管理兼顾"事业性"和"商业性"等编辑思想和创新实践作了研究。

第三章是论邹韬奋《生活》周刊"小言论"的特色。"小言论"是《生活》周刊的代表性栏目，邹韬奋为之撰写了众多兼具思想性和艺术性的言论作品。《生活》周刊发行量最高时达到十五万份，而邹韬奋的言论文章无疑在吸引读者注意力、打造报刊品牌方面扮演了重要角色。这类"小言论"是融新闻性、政治性、知识性于一体的小型化评论，少则几百字，多则千字左右，涉及面比较广，针对性较强，选材范围从个人修养、求职、婚恋等到国家政治、军事问题、社会问题等，兼具思想深度和趣味性，非常值得如今的新闻出版工作者学习，但以往未引起学界足够重视。本章结合具体案例对"小言论"的特点进行分析，以期为实际工作提供参考。

第四章是论邹韬奋海外通讯的特色及其文化史价值。邹韬奋在流亡海外的两年多时间及回国以后一段时间，写了大量的海外通讯作品，其中一些发表在报刊上。邹韬奋随后将这些海外通讯结集为《萍踪寄语》《萍踪忆语》出版。这些作品涉及的题材广泛，反映作者纵观中西社会文化的开阔视野，折射出作者的思想转变轨迹；特别关注海外新闻事业的情况及其优劣之处，为国内同行及读者提供了重要信息；这些作品运用多种修辞手法，语言精当、幽默，具有很强的艺术感染力。它们既是新闻通讯作品的经典之作，又被视为优秀的散文作品。邹韬奋的海外通讯为同类作品写作提供示范，具有独特的思想文化史价值。本章围绕这些通讯作品的思想性、艺术特色以及其思想文化史价值进行分析。

第五章是邹韬奋人民报刊思想与《大众生活》办刊特色研究。邹韬奋在20世纪30年代逐渐接受马克思主义，其所办报刊的"人民性"特征日益鲜明。他主办的上海《大众生活》周刊最高发行量达到了20万份，创当时期刊发行纪录，是邹韬奋人民报刊思想的积极实践。本章对《大众生活》的创办背景及其编辑特色进行剖析，并重点对"漫笔"、漫画以及图画、大众信箱及通讯栏目等进行剖析，进而探究《大众生活》如何在编辑出版中贯彻了人民报刊思想，邹韬奋的报刊实践活动的背后是否有一以贯之的逻辑。这对探讨邹韬奋思想发展轨迹和文化成就，以及当今新闻出版工作者应如何践行马克思主义新闻观具有理论和现实意义。

第六章是邹韬奋抗战时期的新闻出版思想及实践研究。全面抗战时期，邹韬奋以极大的爱国热忱从事进步新闻出版活动，在文化战线作斗争，有力地推动抗日民主运动的发展。这一时期他受到马克思主义新闻思想的影响，强调新闻出版以正确舆论发动群众、团结抗战的重要作用；基于民众立场的新闻出版工作应将服务精神与战斗性相结合；倡导民主政治和言论自由，引导舆论斗争，并将这些思想贯彻在自己的新闻出版实践中。本章对之进行梳理研究，尤其注重邹韬奋抗战时期的新闻出版思想对当代新闻工作者的借鉴意义。本章还对邹韬奋在抗战中被迫出走香港后的报刊活动进行简要分析。

第七章是抗战时期邹韬奋对国民党新闻统制的抗争研究。抗日战争时期，国民党强化其新闻统制，对进步文化施行种种打压。邹韬奋与之进行坚决斗争，主要表现在从学理层面反对新闻统制制度、倡导新闻出版自由；在国民参政会中提交议案进行合法斗争；撰写大量文章揭露国民党对先进文化的打压摧残等。与国民党政府的新闻统制进行无畏斗争,是邹韬奋非常重要的一段人生经历。相关记叙不但有助于全面了解韬奋的人格形象,也为历史研究保留了珍贵资料。

第八章是邹韬奋《经历》等自传写作的研究。学术界对邹韬奋的传记写作成就不够重视,本章试图通过对邹韬奋不同时期写作的三部自传性作品,即《经历》《抗战以来》《患难余生记》进行个案分析,揭示自传性作品写作与批评的一般性规律。本章系统地梳理邹韬奋的几部自传性作品的基本情况及其特点,并且着重从传记作品理论批评的角度,解读其价值、意义,进而通过对邹韬奋的自传性作品的个案考察,引申出对中国现代传记发展过程中某些带有规律性问题的认识,同时为文化名人自传写作提供参考。

第九章是邹韬奋的人物传记写作研究。邹韬奋对于传记写作很有兴趣,有着自觉的传记意识,除自传外还写了不少人物传记作品(小传)。他的人物传记创作集中体现在《生活》周刊时期,传记写作的对象侧重于当时有重要贡献的人物,如对中华民族的发展产生重要影响的人物,有影响力的当代外国政治领袖,外国科学、文化界的名人,中国文化界名人,特别是新闻出版界人物等。本章重点对邹韬奋的传记意识及其传记史学观、邹韬奋的传记写作概况,以及其人物传记的特点及其价值进行剖析,试图藉此丰富对邹韬奋在中国近现代文化史上的地位的认识。

第十章是在"场域"视角下对邹韬奋的社会交往活动进行研究。邹韬奋的一些传记,对他的人际交往也有所提及,而本章则较为集中地考察了传主几个方面的社会交往活动,旨在社会交往网络中理解把握邹韬奋的人格发展脉络及新闻出版等方面的文化成就。主要内容包括邹韬奋与胡适、鲁迅等著名文化人的交往,邹韬奋与救国会"七君子"中其他人物的患难交往,邹韬奋与进步知识分子胡愈之等的交往,邹韬奋与广大读者的交往等。以历史文化语境及"场域"理论加以观照,邹韬奋的人格精神和思想发展轨迹在其社会交往中也得以显现。

第一章
邹韬奋生平及其新闻出版活动概述

我国现代杰出的新闻记者、政论家、出版家邹韬奋先生,原名邹恩润,祖籍江西余江,出生于福建永安,邹韬奋是其笔名。1928 年 11 月 18 日,"韬奋"这一笔名在《生活》周刊"小言论"专栏上首次使用。邹韬奋曾说过:"韬是韬光养晦的韬,奋是奋斗的奋。"意思就是一面要韬光养晦,一面要奋斗,这一笔名也反映了邹韬奋一往无前、不屈不挠的奋斗精神。1931 年 1 月 1 日,他在《东方杂志》上发表《梦想的中国》时,首次署名"邹韬奋"。邹韬奋曾经用过的笔名还有:谷僧、心水、思退、粹缜、灵觉、因公、惭虚、秋月、落霞、春风、孤峰、太平、清风、云霄、静渊、愚公、笑世、木旦、韬、润、马来等等。①

在那漫漫的长夜里,"韬奋"这个名字,连同《生活》周刊一起,在众多读者中广为流传,给他们以光明和希望,激励着广大读者积极向前。他永远站在大众立场上,不遗余力地为大众服务,成为新闻出版界后辈学习的楷模。在邹韬奋病逝之后,毛泽东同志题词:"热爱人民,真诚地为人民服务,鞠躬尽瘁,死而后已,这就是邹韬奋先生的精神,这就是他之所以感动人的地方。"(毛泽东 1944 年 11 月 15 日题词)②这凝练地概括了"韬奋精神"的核心所在。

---

① 陈挥:《韬奋评传》,上海交通大学出版社 2009 年版,第 1 页。
② 邹嘉骊编:《忆邹奋》,生活·读书·新知三联书店 2015 年版,第 589 页。

一、早年生活及求学阶段（1895—1921 年）

这是邹韬奋作为一个现代知识分子，人格形成的重要阶段。这一阶段，邹韬奋不仅接受了较为系统的中国传统文化启蒙教育，而且开始在新学堂接触西方自由、民主等先进思想，并积极向报刊投稿。考察邹韬奋这一段人生经历，可以窥见中国近现代新式教育的特色，以及对传主人生道路产生的巨大影响，这也是新式知识分子成长史中有代表性的命题。

1895 年 11 月 5 日，邹韬奋出生于一个官僚地主家庭。邹韬奋的祖父邹舒予，号晓村，曾考取拔贡，先后做过福建永安、长乐知县，官至延平知府。父亲邹国珍，号庸倩。母亲浙江海宁查氏，出生于当地的一个大家族，十五岁出嫁到邹家，共生育三男三女，邹韬奋是其长子。邹韬奋后来在《我的母亲》一文中深情地回忆了母亲的勤劳、慈爱和情感丰富，以及对自己的影响。1899 年，邹韬奋的祖父年老告退，父亲带着家眷在福州市做候补官。这个时候，邹家家道已趋没落，生活比较拮据。作为长子，邹韬奋从小便领略了生活的艰辛与困苦。邹韬奋回忆道："'做官'似乎怪好听，但是当时父亲赤手空拳出来做官，家里一贫如洗。我还记得，父亲一天到晚不在家里，大概是到'官场'里'应酬'去了，家里没有米下锅；妹仔替我们到附近施米给穷人的一个大庙里去领'仓米'，要先在庙前人山人海里面拥挤着领到竹签，然后拿着竹签再从挤得水泄不通的人群中，带着粗布袋挤到里面去领米；母亲在家里横抱着哭涕着的二弟踱来踱去，我在旁坐在一只小椅上呆呆地望着母亲，当时不知道这就是穷的景象，只诧异着母亲的脸何以那样苍白，她那样静寂无语地好像有着满腔无处诉的心事。"①

---

① 《经历》，中国韬奋基金会韬奋著作编辑部编：《韬奋全集》第 7 卷，上海人民出版社 1995 年版，第 288 页。

邹韬奋的母亲喜欢看传统小说，时常把书中的内容讲给女仆妹仔听。往往当她讲到孤女患难，或义妇含冤的凄惨情形时，"她两人便都热泪盈眶，泪珠尽往颊上涌流着"①。母亲的情感丰富、讲述故事的生动传神，都对邹韬奋产生了潜移默化的影响。

而据邹韬奋夫人沈粹缜回忆，当时的封建官场，无论大小官员，都得讲究一个"官派"，其中之一是置妾。比如，邹韬奋的祖父有一妻两妾，邹韬奋的父亲虽然只担任过一些小官，经济上经常处于穷困之中，但也受到当时社会习气的影响，纳了两个妾。因为这个缘故，"韬奋的父辈兄弟姊妹共有二十二个之多。韬奋自己这一辈，兄弟姊妹也有十四五人之多"。②因此邹韬奋对封建大家庭的弊端有切身的体验。

邹韬奋刚满六岁的时候，便由父亲"发蒙"，教读"三字经"；随后请来塾师教读四书五经等书籍。他在"牢狱"般的私塾环境中，开始接受幼年的封建启蒙教育。这种教育与熏陶，对邹韬奋早期的思想发展，产生过一些消极影响，但也培养了他扎实的传统文化基础。他长期呆在家塾之中，同外界接触很少，同外人接触也很少。正如他自己所说，"从小所接触的，是封建思想与旧礼教的'熏陶'。当然，在当时家族中人都自诩是所谓'书香之家'。我受到的所谓'新教育'，实有些偶然的。最初长时期和我一个弟弟同被桎梏在家塾里，受着西席老夫子诗云子曰的熏陶，浑浑噩噩，只觉得终日是闷坐在牢狱里，大家族所希望于我的似乎不外乎是做官。"③邹韬奋的童年，正值中国近代灾难连连的年代。在他的家庭中也很少有欢庆喜乐的事件，他的母亲二十九岁就去世了，当时邹韬奋才十三岁。因此，他的童年也是一个缺少幸福的童年。

---

① 《经历》，《韬奋全集》第 7 卷，上海人民出版社 1995 年版，第 288 页。
② 沈粹缜：《邹韬奋的早年生活》，邹嘉骊编：《忆邹奋》，生活·读书·新知三联书店 2015 年版，第 377—378 页。
③ 《萍踪寄语·前尘影事》，《韬奋全集》第 5 卷，上海人民出版社 1995 年版，第 620 页。

不过事情也要一分为二地看。邹韬奋在家塾中，养成了认真刻苦的读书习惯，学习了历代名家的文章，奠定了良好的文史基础。中华民族优秀的传统文化也培养了他的爱国主义情操，为他今后从事进步文化工作打下了思想根基。他虽生在官宦之家，却自幼过着较为贫困的生活，没有沾染任何"阔少"的习气。同时，他虽然从小读了很多古书，却没有变成旧礼教的奴隶。在祖父、父亲的感染下，学得清正廉洁，自立做人。在母亲那里，学会过穷日子，养成照顾人、体贴人的性格以及正直的品格。这些都是值得庆幸的事。

1909 年春，在其父"实业救国"观念的推动和影响下，邹韬奋考取了福州工业学校。1912 年，他又被送往上海南洋公学附属小学。父亲希望他"将来能做一个工程师"。邹韬奋当时懵懵懂懂，并不知道工程师有多大贡献，只知道这一行收入很高，但在学习过程中他渐渐地感到他的天性"实在不配做工程师"。他在南洋公学，从小学、中学（中院），一直读到大学（上院）电机科二年级，虽然学习刻苦，成绩优异，但终因对数学、物理一类的科目不感兴趣，未能实现父亲的心愿——成为一名工程师。在经过反复考虑后，邹韬奋决定转学。1919 年 9 月，他破格考入上海圣约翰大学文科三年级学习，开始了他人生之路的一大转折，并于 1921 年毕业。

从邹韬奋在自传和一些文章中所记叙的他早年受教育的情况可知，他受到了中国传统教育和西方新式教育的双重影响，况且他就读的西式学校，也非常注重国文水平的培养。他在课外阅读了《古文辞类纂》《经史百家杂钞》、唐宋八大家的专集、《王阳明全集》《曾文正全集》《明儒学案》等；以及不少近代著名报刊，如《新民丛报》上梁启超的文章、《时报》上黄远生的北京通讯等。从邹韬奋的文章中可以明显看出古典文学及近代"报章文"等新文体对其语言风格的影响。邹韬奋在学生时代得以接触新式报刊，非常崇拜梁启超和黄远生等著名报人，这也是他后来立志献身新闻出版事业的动因之一。邹韬奋在其自传《经历》中写道：

我进了中院以后,仍常常在夜里跑到附属小学沈永癯先生那里去请教。他的书橱里有着全份的《新民丛报》,我几本几本地借出来看,简直看入了迷。我始终觉得梁任公先生一生最有吸引力的文章要算是这个时代了。他的文章的激昂慷慨、淋漓痛快,对于当前政治的深刻的评判,对于当前实际问题的明锐的建议,在他的那支带着情感的笔端奔腾澎湃着,往往令人非终篇不能释卷。我所苦的是在夜里不得不自修校课,尤其讨厌的是做算学题目;我一面埋头苦算,一面我的心却常常要转到新借来放在桌旁的那几本《新民丛报》! 夜里十点钟照章要熄灯睡觉,我偷点着洋蜡烛躲在帐里偷看,往往看到两三点钟才勉强吹熄烛光睡去。睡后还做梦看见意大利三杰和罗兰夫人(这些都是梁任公在《新民丛报》里所发表的有声有色的传记)! 这样准备做工程师,当然是很少希望的了!①

1917 年 4 月 5 日和 5 月 5 日,《学生杂志》上分两期发表了邹韬奋的《梁任公先生在南洋公学演说词》,记录了梁启超于 1916 年 12 月 15 日在南洋公学的讲演内容,署名仍为邹恩润。文章前头有段介绍性的文字,其中可见邹韬奋对梁是十分折服的:"梁先生演说约一句半钟之久,情辞恳挚,闻者无不感动。恩润于七年前,即获读先生著作,今日始得一瞻风采。先生演词,各报多有记录,惟其中讹误既多,遗漏尤甚。因是不揣谫陋,详述所亲闻诸先生者,以飨同志。"②文末,邹韬奋在他听过演讲后的感想中称赞说:"当吾听先生演讲时,吾目无他视,耳无他闻,惟先生是视,惟先生是闻。""以为全国学者,当奉为座右之铭,冀以自淑而淑吾国,则吾国前途,庶其有豸。"③梁启超(任公)的启蒙思想、文笔和口才,都是非同一般的,作为引领一代风气

① 《经历》,《韬奋全集》第 7 卷,上海人民出版社 1995 年版,第 136 页。
② 《梁任公先生在南洋公学演说词》,《韬奋全集》第 1 卷,上海人民出版社 1995 年版,第 89 页。
③ 同上书,第 114 页。

的著名文化人,应当给予肯定。虽然梁启超后期政治和学术思想有些趋于保守,不过他对邹韬奋早年的影响主要是积极、正面的。

从邹韬奋的自传性作品《经历》中可以了解到,他读书时经济窘迫,为此经常做家教:"我在做苦学生的时代,经济方面的最主要的来源,可以说是做家庭教师。"①他也为一些报刊写过文章,并且靠刻苦读书,获得"优行"生资格免除学费,得以继续学业。邹韬奋的许多朋友也给他以经济上的帮助,如毕云程先生借给他学费,老同学郁锡范经常借给他五块十块的,圣约翰大学的同学刘威阁送给他棉袍和纱帐。这些情况都被邹韬奋不加隐讳地记录在其自传作品中,并且对朋友们充满了感恩之情。

在新式学校就读的经历,使邹韬奋英语水平大大提高,并且有机会阅读到大量西方出版的社会、科学类著作,对近代科学文化有了较全面的了解。在邹韬奋的全集中可以看到不少他学生时代的作品,也即他后来自谦为"为吃饭"而翻译,或自己撰写的文章,发表在《申报·自由谈》《约翰声》等报刊上,内容涉及第一次世界大战、科学普及、人物传记、国外学术和思潮的翻译介绍等等,相当丰富。如《早婚与休学》《世界最强烈之探照灯》《欧战中之妇女》《美军总司令潘兴将军幼年时代(一、二)》《妇女解放》《妇女觉悟的曙光》《批评的真精神》《改良家庭教育丛谈》《男女问题的根本观》等,其思想内容还是很有进步意义的。如《青年奋斗之精神与国家前途之希望》一文,批判了大家庭制度不适合现代社会发展,并提倡独立个体的奋斗精神,与五四新文化运动的时代精神相通:"欧美之风,无力成室者,宁鳏其身。而吾国则率妻子而仰给于父母,以酿成大家族之倚赖性质者,胡可胜数。苟今后青年但力求己身德智体之发达,不成室则已,成室必恃奋斗之精神而为自立之新家庭,谁得阻我除此恶习者!己身战胜旧式家庭之腐败恶习矣,自我身而授此善制于我后嗣,为事乃益顺而易致焉。"②

---

① 《经历》,《韬奋全集》第 7 卷,上海人民出版社 1995 年版,第 162 页。
② 《青年奋斗之精神与国家前途之希望》,《韬奋全集》第 1 卷,上海人民出版社 1995 年版,第 174 页。

这反映了五四前后国内知识界向西方先进国家学习,积极引进国外各种思想学说和社会政治信息的热情。他们以西方自由民主等理念为指导,审视和批判了我国封建文化中的种种弊端。作为报人和社会政治评论家的邹韬奋,其著述生涯一开始就与社会现实,尤其是与五四新文化运动有着密切的关联,并具有开阔的世界性视野。

二、以《生活》周刊为中心的
新闻出版活动(1922—1933 年)

邹韬奋的名字是与《生活》周刊紧密地联系在一起的。对邹韬奋新闻生涯中这一重要阶段进行深入考察,能够充分了解其新闻出版活动的特点及形成原因。"创造的精神",即打造刊物的个性和特色,如推出精品栏目"小言论""读者信箱";"为读者服务"的理念;"言论自由""为大众代言"彰显现代思想意识和社会使命感。这一阶段邹韬奋的思想已经开始发生转变,他认真答复读者的来信,最长的达数千字,这体现了作者的平民意识,是左翼文化人的特点。

1921 年 7 月,经过两年艰苦的努力,邹韬奋从圣约翰大学毕业。毕业之前,邹韬奋就在朋友的帮助下找到了一份工作,在厚生纱厂及上海纱布交易所当英文秘书。一心想从事新闻工作的邹韬奋,觉得这个职业并不理想,不过既然做了,也就尽心尽力地工作着。不久,圣约翰大学的一位校友又请他去上海青年会中学担任英文教员。尽管邹韬奋只做过家庭教师,对于学校的正规教学并没有经验,但因为该校一位教师被学生轰走,迫切需要有人上课,且邹韬奋当时住的青年会宿舍就在该校隔壁,课也安排在午饭后的一小时,在时间和地点上都十分方便,因此他答应试试看。由于他认真备课、认真讲课,注意调动学生的积极性,所以学生不仅不讨厌他,而且在期末向教务主任要求他连任下去。①

1922 年,当邹韬奋进入中华职业教育社开始从事编辑工作的时候,中华职业学校校长顾荫亭也看中了他,请他出任该校的英文教师兼英文教务主任。邹韬奋接受了聘请,一干就是七八年之久,后来还在《经历》一书中以好几节的篇幅,饶有兴致地介绍了自己当英语老师的种种经验,对读者学好英语颇有启发。邹韬奋高度的责任感、一丝不苟的敬业精神是令人钦佩的。邹韬奋在中华职业教育社担任编辑股主任,主要负责编辑《教育与职业》月刊和主编职业教育丛书。这个工作和其他工作比,当然更接近于邹韬奋的兴趣,但和真正的新闻工作之间还是有距离的,因为这个刊物主要是刊登一些职业指导方面的文章,并不是以发表和讨论时事为主要内容的报刊。加上邹韬奋在现实的教训下,对所谓"职业指导"的效果发生了怀疑,所以这个工作同样未能"唤起他兴会淋漓的精神",使他的全部身心陶醉在里面。

1926 年 10 月,邹韬奋接任《生活》周刊主编,从此致力于新闻出版工作。《生活》周刊是中华职业教育社于 1925 年 10 月创办的,系该社的机关刊物,由黄炎培先生主持并题字,最初的宗旨是:"专门宣传职业教育及职业指导的消息和简要的言论"。《生活》周刊每期出版四开一张,邹韬奋曾为之撰写文章。"生活"这两个字的名称是杨卫玉先生想出的,第一位主笔公推新由美国学银行学回国的王志莘先生担任。"主笔的每月薪水只是四十元,在王先生当时也不过是一种兼职,他原是职教社的一位老同事,初回国后时间略闲,所以来帮帮忙。其余同人轮流帮着做做文章,我在最初也不过轮流帮助做些文章的一人而已。"②当时《生活》周刊的发行量只有 2800 份,主要是分赠给中华职业教育社的社员和一些教育部门,类似于今天内部刊物的性质,社会影响有限。邹韬奋先生接任后,将编辑方针定位为"暗示人生修

---

① 参见陈挥:《韬奋评传》,上海交通大学出版社 2009 年版,第 50 页。
② 《经历》,《韬奋全集》第 7 卷,上海人民出版社 1995 年版,第 192 页。

养，唤起服务精神，力谋社会改造""希望用新闻学的眼光，为中国造成一种言论公正评述精当的周刊"①，并且创造性地对栏目设置及内容等进行了一系列的革新和改进：

　　我接办之后，变换内容，注重短小精悍的评论和"有趣味有价值"的材料，并在信箱一栏讨论读者所提出的种种问题。对于编排方式的新颖和相片插图的动目，也很注意。所谓"有趣味有价值"，是当时"生活"周刊最注重的一个标语。空论是最没有趣味的，"雅俗共赏"的是有趣味的事实。这些事实，最初我是从各种英文的刊物里搜得的。当时一则因为文化界的帮忙的朋友很少很少，二则因为稿费几等于零，职业教育社同人也各忙于各人原有的职务，往往由我一个人唱独脚戏。最可笑的是替我自己取了六七个不同的笔名，把某类的文字"派"给某个笔名去担任！例如关于传记的由甲笔名专任。关于修养的由乙笔名专任，关于健康的由丙笔名专任，关于讨论的由丁笔名专任，关于小品文的由戊笔名专任，以次类推。简单说来，每个笔名都养成一个特殊的性格。这倒不是我的万能，因为我只努力于收集合于各个性格的材料，有许多是由各种英文刊物里搜得的。搜求的时候，却须有相当的判断力，要真能切合于读者需要的材料。把材料搜得之后，要用很畅达简洁而隽永的文笔译述出来。所登出的材料往往不是整篇有原文可据的译文，只是把各种相关联的材料，经过一番的消化和组织而造成的。②

　　显而易见，这一编辑方针仍然根植于中华职业教育社"谋个性之发展，为个人谋生之准备，为个人服务社会之准备，为国家及世界增进生产力之准备"的职业教育目的。刊物内容方面，《生活》周刊不甘于内部刊物性质，力

① 韬奋：《我们的立场》，《生活》周刊第 6 卷第 1 期，1930 年 12 月 13 日。
② 《经历》，《韬奋全集》第 7 卷，上海人民出版社 1995 年版，第 198 页。

求贴近大众，"注重短小精悍的评论和有趣味、有价值的材料"，特别是其开办的"小言论"和"读者信箱"专栏别具一格，为《生活》周刊赢得大量的读者。经过几年的不懈努力，刊物发行量竟从 1926 年的 2800 份，增加到 15 万份，创造了当时中国期刊发行的奇迹，也由此奠定了邹韬奋及其主持的《生活》周刊在新闻出版界的影响力。九一八事变之后，《生活》向时政性刊物转变，发表了大量抗日救国言论及新闻报道，并组织爱国捐款活动，受到广大读者的敬爱。

邹韬奋的名字是与《生活》这份著名的刊物，紧紧联系在一起的。给人印象最深的，是他对这份刊物的诚挚的热爱和无穷的活力。从邹韬奋的回忆中，仍能真切地感受到他干劲十足的工作热情："我对于搜集材料，选择文稿，撰述评论，解答问题，都感到极深刻浓厚的兴趣，我的全副的精神已和我的工作融为一体了。我每搜得我自己认为有精彩的材料，或收到一篇有精彩的文字，便快乐得好像哥伦布发现了新大陆似的！我对于选择文稿，不管是老前辈来的，或是幼后辈来的；不管是名人来的，或是'无名英雄'来的；只须是好的我都要竭诚欢迎，不好的我也不顾一切地不用。在这方面，我只知道周刊的内容应该怎样有精彩，不知道什么叫做情面，不知道什么叫做恩怨，不知道其他的一切！"[1]

当时尽管《生活》周刊只有"两个半人"，但他们却是全心全意地为这份刊物工作的："我永远不能忘记在那个小小的过街楼里，在几盏悬挂在办公桌上的电灯光下面，和徐孙两先生共同工作到午夜的景象。在那样静寂的夜里，就好像全世界上只有着我们这三个人；但同时念到我们的精神是和无数万的读者联系着，又好像我们是夹在无数万的好友丛中工作着！"[2]

在短短的几年内，《生活》发行量居然能达到十几万份，对于个中奥妙，邹韬奋进行了恰当的概括归纳。他认为，办报刊最重要的是要有"创造的精

---

① 《经历》，《韬奋全集》第 7 卷，上海人民出版社 1995 年版，第 199 页。
② 同上书，第 200 页。

神",反映在编辑实践中,他致力于打造刊物的个性和特色;其次是内容的精警,不但内容要精彩,而且要用最生动最经济的笔法写出来,"替读者省下了看长文的费脑筋的时间,而得到某问题或某部门重要知识的精髓";贴近生活与群众的办报思想与社会责任感;对工作的极端负责,"看校样时的聚精会神,就和在写作的时候一样,因为我的目的是要使它'没有一个错字'"。①他的精益求精的敬业态度、编辑方针策略,以及具体的出版发行经验,无不给读者留下了深刻的印象,很值得今天的新闻出版工作者学习借鉴。

从作者的"夫子自道"中可以明显体会出,传主对于新闻事业深深的热爱,源于其受到西方近现代民主思想的影响,形成了"言论自由""为大众代言"等思想观念,正是这样的现代意识和社会使命感,使他对事业得以全身心地投入。他认为,"报纸的言论要完全做人民的喉舌,报纸的新闻要完全做人民的耳目。"正如作者自豪地宣称的那样,他是"以大众的立场为自己的立场"而努力奋斗着:

> 我服务于言论界者十几年,当然有我的立场和主张。我的立场是中国大众的立场;我的主张是自信必能有益于中国大众的主张。我心目中没有任何党派,这并不是轻视任何党派,只是何党何派不是我所注意的;只须所行的政策在事实上果能不违背中国大众的需求和公意,我都肯拥护;否则我都反对。我自己向来没有加入任何党派,因为我这样看法:我的立场既是大众的立场,不管任何党派,只要它真能站在大众的立场努力,真能实行有益大众的改革,那就无异于我已加入了这个党了,因为我在实际上所努力的也就是这个党所要努力的。②

从邹韬奋对这一阶段工作生活的回忆中,也可以看出他思想发生转

① 《经历》,《韬奋全集》第7卷,上海人民出版社1995年版,第201页。
② 同上书,第210页。

变的痕迹。如邹韬奋在主编《生活》周刊时，十分认真地回复读者的来信，最长的达数千字。这体现了作者的平民意识。以胡适、周作人为代表的五四启蒙主义文学家鼓吹的"平民意识"，相当程度上还只是体现在理论上，而不是在文化实践中。此时邹韬奋开始由自由主义知识分子向左翼知识分子转变，而这两种知识分子是有其共同点的，即反对专制，提倡言论自由。

胡愈之曾经对邹韬奋的"报刊为大众服务"的思想观念，作出比较精当的评价："在中国的新闻工作者中，他是第一个重视和读者群众的联系的。《生活周刊》的'信箱'起了最广泛的联系群众的作用。到了后来，韬奋参加了实际的政治斗争，他和群众的联系更加广泛也更加深入了。他不像有些自命进步的文化工作者那样，自以为站在前面，鄙视着站在后面的漫长的群众行列。由于韬奋具有对于祖国和人民的热爱，他总是和广大群众一起前进，同情他们，关心他们，帮助他们，没有一时一刻脱离他们。"①

三、流亡海外与流亡香港（1933—1936 年）

1933—1935 年，邹韬奋因参与民族救亡活动，被列入国民党反动政府的暗杀名单，而被迫流亡海外两年多。他带着"世界局势如何发展"和"中华民族的出路何在"等问题，着重访问考察了一些欧美国家及苏联，并系统地阅读了大量马列著作，这对他的思想观念的转变起到了重要作用。邹韬奋写出了《萍踪寄语》《萍踪忆语》等通讯作品，既是新闻作品又具有浓郁的文学色彩，且对同类作品的创作产生了深远的影响。回国后不久，他又在上海主办《大众生活》，后来到香港创办《生活

---

① 胡愈之：《我的回忆》，江苏人民出版社 1990 年版，第 373 页。

日报》等，继续从事进步新闻出版工作。

　　1931 年"九一八事变"后，邹韬奋在其主办的《生活》周刊上旗帜鲜明地反对蒋介石的不抵抗主义，热情讴歌抗日军民，并积极为抗日活动募捐。邹韬奋还与沈钧儒、李公朴等人组织上海文化界救国会，被推举为执行委员。1932 年 7 月，"生活出版合作社"在邹韬奋主编的《生活》周刊社基础上成立，对外称"生活书店"。创办生活书店本来是邹韬奋和进步知识分子胡愈之等人为了防范《生活》周刊遇到不测而采取的一种策略。当时，他们很担心国民党当局查封《生活》周刊，为了预防不测，决定创办生活书店。这样，一旦《生活》周刊被封，他们可以利用生活书店继续开展出版业务。在筹办书店之时，邹韬奋就在胡愈之等进步人士的影响下做出了一项创新设计，决定采用生产合作的体制来办一个具有民主色彩的实体。生活书店成为当时重要的进步文化机构，该店相继在全国许多城市设立分支店，大量编印发行各种抗日救亡书籍和马列主义书籍。

　　1933 年，邹韬奋参加中国民权保障同盟，当选为执行委员。在杨杏佛先生遇刺后，邹韬奋也被列入了国民党反动派的暗杀"黑单"而被迫流亡国外。这一段人生经历，对邹韬奋从民主主义者转变为无产阶级新闻战士有着特殊的意义。在这期间及回国后，邹韬奋陆续发表了一系列海外通讯作品，后结集为《萍踪寄语》《萍踪忆语》等。它们既是新闻通讯作品的经典之作，生动地记载了西方国家的政治经济情况及社会现状，以其独特的魅力吸引了大量读者，同时也显现出了很强的文学性，可以当作优秀的散文作品来读。

　　在欧洲资本主义国家中，邹韬奋先后重点考察了意、法、英、德等国。邹韬奋最先在意大利考察了十天。意大利人做事情不认真，许多地方脏、乱、差严重，让人缺少安全感。邹韬奋到意大利时，恰逢法西斯十周年纪念展览会还没有闭幕，意当局鼓励人们去"览"。邹韬奋"特别注意的是他们究竟替意大利人民干出了什么成绩"，所以也去"览"了一下，"原来他们只不过按年把该国法西斯一党发展中的杀人照片，'烈士'照片，所用的刺刀旗帜等等，陈列出来，尤多的当然是他们的老祖宗墨索里尼的大大小小各种各式的照片"。①

1933年8月17日，邹韬奋离开意大利进入"世界公园的瑞士"，瑞士的山水之美令人陶醉。邹韬奋此次赴欧，主要是为了学习和观察，"并不含有娱乐的雅兴"，所以瑞士并不是他所注意的国家，只是顺道一游罢了。但是因为路途经过之便，也去过瑞士的五个地方，在青山碧湖的环境中，惊叹"世界公园"的名不虚传。"全瑞士都是在翠绿中，除了房屋和石地外，全瑞士没有一亩地不是绿草如茵的，平常的城市是一个或几个公园，瑞士全国便是一个公园。"②不过近年来受到世界经济恐慌的影响，瑞士的失业问题也很严重，尤以表业为多。

8月23日夜，邹韬奋到达巴黎。他在这里考察了一个多月，了解法国社会生活的方方面面。资本主义的破绽随处可见，但也并非一无是处。邹韬奋能够客观地看问题，认为资本主义"也有它的优点，不是生产落后、文化落后的殖民地化的国家所能望其项背的"。就法国来说，优点表现在运用科学技术于交通上，使交通发达，效率提高，市政设施齐全，市民享用便利；另外，社会组织也很严密，等等。对此邹韬奋认为："资本主义社会常会拿这样的小惠来和缓一般人民对于骨子里还是剥削制度的感觉和痛恨，但比之连小惠都说不上的社会，当然又不同了。"③

后来邹韬奋又来到英国，在考察的同时在图书馆学习马克思主义著作。1934年7月14日，邹韬奋从伦敦坐船去苏联访问，船中遇到美国全

---

① 《萍踪寄语·表面和里面——罗马和那不勒斯》，《韬奋全集》第5卷，上海人民出版社1995年版，第673页。

② 《萍踪寄语·世界公园的瑞士》，《韬奋全集》第5卷，上海人民出版社1995年版，第680页。

③ 《萍踪寄语·瑕瑜互见的美国》，《韬奋全集》第5卷，上海人民出版社1995年版，第695页。

国学生同盟的旅行团,应邀结伴同行,19 日抵列宁格勒,20 日到莫斯科。在莫斯科暑期大学听讲社会学四星期,并参观访问。7 月 26 日,邹韬奋写英文信致苏联的人民作家高尔基,并赠送自己编译的传记《革命文豪高尔基》一书。他在信中表达了对高尔基的敬仰之情,还介绍了《生活》周刊的有关情况:"在过去的八年中,我担任《生活》周刊的主编,这个刊物的目的,是在中国鼓吹社会主义,同情中国的苏维埃运动,但是它必须在各种伪装的方法之下进行自己的工作,因为它是在'白色恐怖'最厉害的上海出版的。"①这也是邹韬奋思想不断进步的一个例证。书、信由诗人萧三转交。

　　1935 年 5 月 11 日,邹韬奋乘德轮欧罗巴号离伦敦赴美,在 3 个月的时间里,邹韬奋从东部到西部,从北方到南方,从城市到乡村,对美国的政治、经济、社会、文化各方面都进行了考察研究,他"尤其注意的是旧的势力和新的运动的消长,由此更可明了资本主义发达到最高度的国家的真相和它的未来的出路"。②邹韬奋既考察了纽约等城市的摩天高楼林立的繁华景象和现代物质文明的便利,也考察了美国南方工人受到的残酷的剥削压迫。尤其通过在美国南方的考察,邹韬奋对于资本主义本质的认识更加深刻了。

　　作为一位爱国主义者,邹韬奋追求的是中华民族的解放与强盛,所以格外注意观察和思考这些方面的现象和问题。有学者对此总结到,邹韬奋到了法国、英国等,觉得资本主义有许多不合理之处。在游历了苏联之后,觉得社会主义很好。到了美国北部纽约等城市参观一些工厂学校,又觉得资本主义还是不错。这时他的想法是,只要中国人发奋,好好干,社会主义与资本主义都是出路;不好好干,社会主义,资本主义都没有办法。可是,这次在美国南部看到了露骨的贫困、凶残、压迫以及黑人与白人共产主义者的

① 　邹嘉骊、汪习麟:《韬奋年表》,《韬奋全集》第 14 卷,上海人民出版社 1995 年版,第 649 页。
② 　《萍踪忆语·弁言》,《韬奋全集》第 7 卷,上海人民出版社 1995 年版,第 293 页。

艰苦工作，坚决奋斗，他才深刻地体认到资本主义的本质。①

7月初，邹韬奋在与留美的中国共产党人讨论"如何加入共产党的问题"时说："许多中国人在那里歌颂美国资本主义的文明与繁荣，但是美国自己的人民，尤其是工农大众的先进分子，却正在努力着来推翻他们的资本主义，正在计划着用真正文明的社会主义和共产主义来代替。"他因此觉得社会主义与资本主义不是可以任意选择的两条路。中华民族的彻底解放，只有在社会主义的无产阶级政党的共产党领导之下，才能获致。而且也必定朝着社会主义的方向走去。②

在主编《生活》周刊的后期，邹韬奋已开始接触马克思主义，并且陆续地在刊物上介绍马克思主义的一些基本原理，但因为工作繁忙和其他条件的限制，并未能对马克思主义的经典著作进行系统学习，不过这个愿望一直是很迫切的。他在出国前夕写的《开端》(《萍踪寄语》初集第一篇)中有这样一段话："我滥竽本刊的业务七八年，常自愧恨自己学识经验的浅薄，对社会没有什么贡献，愈干便愈觉得自己的知识荒，所以此次赴欧很自然而简单的第一个目的，便是要藉此机会增广一些识见。"③那时他就有一个计划，打算"在伦敦政治经济学院及该处著名的图书馆，费些时间研究研究"。

到英国以后，邹韬奋一面到伦敦大学政治研究院听讲，一面到大英博物馆图书馆研读马克思主义著作及其他社会科学书籍。第一次在伦敦停留了四个月，以后又第二次到伦敦、在伦敦停留了十多月。在总计一年两个月的时间里，他除了参观访问、找人谈话和写《萍踪寄语》外，其他许多时间他都用在大英博物馆的图书馆里。他在《萍踪寄语》第二集弁言中说："出国后，尤觉好书不胜其看，良师益友不胜其谈，事物不胜其观察，直像饿鬼看见了

---

① 参见徐永煐：《韬奋的共产主义思想》，邹嘉骊编：《忆邹奋》，生活·读书·新知三联书店 2015 年版，第 191 页。

② 徐永煐：《韬奋的共产主义思想》，邹嘉骊编：《忆邹奋》，生活·读书·新知三联书店 2015 年版，第 191 页。

③ 《萍踪寄语·开端》，《韬奋全集》第 5 卷，上海人民出版社 1995 年版，第 617 页。

盛宴佳肴,来不及狼吞虎咽似的;而知识无限,浩如烟海,愈深刻地感觉到自己学识的浅薄,也愈迫切地觉得时间的不够用。"①

邹韬奋花了许多时间在大英博物馆的图书馆里阅读了大量马克思、恩格斯、列宁、斯大林的著作和其他社会科学著作,系统地学习了马列主义理论。这些理论和实地考察相结合,使得他的思想产生了一个飞跃,最终形成了辩证唯物主义和历史唯物主义的世界观,以及马克思主义新闻观,从而跨进了马克思主义者的行列。邹韬奋在此期间做了许多读书笔记,后来写成《读书偶译》一书,介绍了马克思的生平及其思想,以及恩格斯和列宁的思想。从这本书中得以一窥邹韬奋思想发生变化的痕迹。

这两年多的海外考察,不仅在邹韬奋的思想人格发展过程中是一个极其重要的时期,就是在他的新闻出版生涯中也具有重要意义。如果说,邹韬奋从事新闻出版活动,主要是以一位编辑出版家而著称于世,他所提供的丰富的经验,主要是报刊编辑工作的经验和评论写作的经验,那么,他这两年的海外经历却为后人提供了极有价值的新闻采访以及通讯写作的范例。从《萍踪寄语》《萍踪忆语》等通讯作品集来看,邹韬奋在采访写作方面的经验,和其编辑出版、撰写评论的经验一样,同样是很值得珍视的。这说明,邹韬奋不仅是一个出色的编辑工作者,评论撰述者,而且也是一个出色的记者。他是一位有多方面才华的新闻出版工作者。

1935年"《新生》事件"发生后,流亡海外的邹韬奋决定提前回国,参加抗日救亡运动,并于1935年8月回到了上海。他先后在上海、香港等地主编《大众生活》周刊、《生活日报》《生活星期刊》等,并担任上海各界救国会和全国各界救国联合会的领导工作。邹韬奋回国适逢上海各界抗日救亡运动风起云涌之际。他积极响应抗日救亡活动,"带着小小军队(指生活书店)参加救国会的活动"。②

---

① 《萍踪寄语(二集)·弁言》,《韬奋全集》第5卷,上海人民出版社1995年版,第791页。
② 赵晓恩:《六十年出版风云散记》,中国书籍出版社1994年版,第39页。

为了延续《生活》《新生》周刊的优良传统,继续为大众鼓与呼,邹韬奋于1935 年 11 月在上海创办了《大众生活》周刊,社址在上海福州路复兴里。这份以时事述评为主的综合性刊物,反对国民党的对日妥协政策,主张国共团结抗战,并且不遗余力地报道支持一二·九爱国学生运动,遭到国民党当局的忌恨。《大众生活》的影响力日益扩大,但从创办开始就不断受到当时国民党反动派的破坏和压制,先是被散播谣言和停止邮寄,最终于 1936 年 2 月 19 日被国民党当局查封。《大众生活》虽然只出版了 16 期,却是当时发行量很大、社会影响非常深远的一份周刊。

邹韬奋在《大众生活》创刊号里发表了题为《我们的灯塔》的文章。该文开宗明义指出:"我们为什么要办《大众生活》周刊? ……因为'大众'和'生活'简直是在一天一天脱离关系!"面对民生凋敝的现状,邹韬奋进行了认真思索,认为当时剥削和压迫中国大众的最大敌人有两个,一是封建残余的遗物——军阀官僚地主豪绅和帝国主义卵翼下的买办和准买办阶层这两大派剥削者;二是高蹲在这两大派上面,勾结中国的封建残余,利用买办和准买办阶层,以吮吸中国大众脂膏的帝国主义。由此邹韬奋归结出《大众生活》创办的宗旨在于:"力求民族解放的实现,封建残余的铲除,个人主义的克服:这三大目标——在汪洋大海怒涛骇浪中的我们的灯塔——是当前全中国大众所要努力的重大使命;我们愿竭诚尽力,排除万难,从文化方面推动这个大运动的前进!"[①]

《大众生活》创刊不久,就以战斗的姿态投入了抗日救亡的伟大斗争。半个多月后,北平学生在中国共产党领导下爆发了一二·九运动,消息传到上海,《大众生活》即以全力投入了一二·九运动的宣传。它大量发表北平学生寄来的有关运动的报道,发表各地支援北平学生的示威游行的报道,用大量版面发表有关这次运动的图片,并连续地发表评论和文章,对学生运动

① 《我们的灯塔——〈大众生活〉创刊词》,《大众生活》1935 年第 1 卷创刊号。

和由此而掀起的全国性的抗日救亡运动表示坚决的支持，给予高度赞扬，并对运动的发展和扩大提出积极的建议。他还在封面刊登了一幅北平女学生陆璀拿着大喇叭进行宣讲的大图片，很有震撼力。为了表示对学生运动的积极支持，邹韬奋按期寄五千份《大众生活》给北平市学联，由他们销售，除寄回很少的一部分成本费外，其他的钱就全部赠送给学联作为他们的活动经费。《大众生活》关于一二·九运动的宣传，对这一运动起了很好的推动作用。《大众生活》的发行量也急剧上升，最高达到二十万多份，再度创造了国内报刊发行的新纪录。

从邹韬奋回国以后的言论和行动中，我们更可以感受到他思想的飞速进步。在《我们的灯塔》一文中，他很明确地把克服个人主义列为"当前全中国大众所要努力的'三大目标'之一"。针对有些人梦想追踪欧美的"自由派"，高唱个人自由的情况，邹韬奋说，"民族未解放，个人何从获得自由？个人不是做集团的斗士的一员，何从争自由？个人离开了集团的斗争，何从有力量争自由？以个人的利害做中心，以个人的利润为背景，又怎样能团结大众，共同奋斗来争自由，所以我们要应现代中国的大众需要，就必须克服个人主义，服膺集团主义。集团获得了自由，做集团中一员的个人才能获得自由。个人没有力量，集团才有力量。若只在个人的田里翻筋斗，想到个人的渺小、无力，怪不得要感到悲观哪，消极哪。参加集团的活动，以集团为一切利害的中心，以集团的解放为前提，便感到力量的伟大，便感到被压迫的阶层对于压迫阶层进攻的前途的光明。"[①]对于一位资产阶级知识分子来说，自觉地克服个人主义，树立集体主义，这是世界观的根本性转变，邹韬奋能够深刻地认识到这一点，不能不说是其刻苦学习马克思主义理论的结果。

---

① 《我们的灯塔——〈大众生活〉创刊词》，《大众生活》1935 年第 1 卷创刊号。

四、集中的政治活动——
"七君子"事件（1936—1937 年）

"七君子"事件是指抗战时期，南京国民政府在上海逮捕全国各界救国联合会常务委员和执行委员沈钧儒、王造时、李公朴、沙千里、章乃器、邹韬奋、史良等七人的事件。因为被捕的都是当时公认的社会贤达，所以被称为"七君子"事件。通过这一事件，邹韬奋认清了国民党反动派压制民主、消极抗战的面目，从而进一步成长为左翼知识分子，坚决地反对国民党的专制主义。

九一八事变发生后，国民党当时并没有极力抵抗，随后中国各地掀起了抗日救国运动的浪潮。1936 年 5 月 31 日，马相伯、宋庆龄、何香凝、沈钧儒、章乃器等人在上海宣布成立全国各界救国联合会，发表宣言，通过《抗日救国初步政治纲领》，向全国各党各派建议：立即停止军事冲突，释放政治犯；各党各派立即派遣正式代表进行谈判，制定共同救国纲领，建立一个统一的抗日政权等。当时该会选举了马相伯、宋庆龄、何香凝、沈钧儒、邹韬奋、章乃器、史良、王造时、李公朴、沙千里、陶行知等人担任执行委员。

1936 年 7 月 15 日，沈钧儒、章乃器、邹韬奋、陶行知联名发表《团结御侮的基本条件与最低要求》，呼应中共停止内战、组成抗日民族统一战线的主张，要求国民党停止剿共。而 11 月 12 日，救国会举行了孙中山的纪念活动，担任主席团成员的史良也要求国民党政府停止内战、联俄容共、扶助农工。救国会多次同情中共的举动惹恼了当时急于清共的国民党，也得罪了上海的日军。日本驻沪总领事若杉即命令领事约见国民党上海市政府秘书长俞鸿钧，要求逮捕救国会成员。

1936 年 11 月 23 日,南京国民政府以"危害民国"罪在上海逮捕救国会领导人沈钧儒等七人,于 1937 年 4 月 3 日对沈钧儒等提出公诉,并于 6 月 11 日和 25 日在江苏省高等法院两次开庭审讯。沈钧儒等人坚持抗日救国立场,在狱中和法庭上进行了不屈不挠的斗争。从事件开始之日起,中国共产党和国内外进步人士就开展了广泛的营救运动。同年,七七事变爆发后,南京国民政府于 7 月 31 日宣布具保释放沈钧儒等 7 人,并于 1939 年 2 月最后撤销了起诉书。

邹韬奋是救国会"七君子"之一,他的自传《经历》一书又写于狱中,对"七君子"事件及时而详尽地作了记录,留下了珍贵的第一手史料。作者以及救国会其它领导人因为"爱国"而入狱,他们以极大的爱国热情和乐观精神,与投降妥协势力进行了大义凛然的斗争。书中对于七君子对在狱内向狱警及特务等宣传救国思想的描写,以及广大民众对"七君子"的支持和爱戴,尤其给读者留下了深刻的印象。作者以饱含着感情的笔调,描绘出了一幕幕感人至深的场景,如:

> 后来听到这几位青年好友的报告,才知道监狱里许多囚犯都知道有我们这样两个人来了,都一致表示愤慨。尤其是令人感动的,是一个被判了无期徒刑的盗犯,也在一封信里表示对于国难的关心和对于我们的深切的同情。他虽然用着很粗率的语句叙述他的意见,但是他那一颗火热般的心是谁看了都要感动的! 听说全监九百余人为着援助绥远前线抗敌战士,决定全体绝食一天。①

邹韬奋记述,囚犯、狱警、特务、侦探等,纷纷对爱国的"七君子"表现出深切的同情。这更加反衬出国民党政府积极反共、而对联合抗日则漫不经

---

① 《经历》,《韬奋全集》第 7 卷,上海人民出版社 1995 年版,第 226 页。

心的行径,并对之进行了谴责。

邹韬奋还以记者的敏锐的观察力,塑造了"七君子"的群像以及一幅幅独具个性的肖像画,无不给读者留下鲜明的印象。作者用幽默的语言描写失去自由的狱中生活,充分显示了七君子的坚毅与乐观精神:

> 早餐后大家开始各人的工作。有的译书(造时),有的写文(乃器和我),有的写字(沈先生和公朴),有的温习日文(千里)。午饭后略为休息,再继续工作。晚饭后有的看书,有的写信,有的下棋。有的时候因为有问题要讨论,大家便谈做一团,把经常的工作暂搁起来;有的时候偶然有人讲着什么笑话,引得大家集中注意到那方面去,工作也有暂搁的可能。在准许接见的时期内,几于每天有许多朋友来慰问我们……①

通过民族存亡危机下国民党政府的表现,以及"七君子"这一事件,邹韬奋渐渐认清了国民党反动派压制民主、消极抗战的面目,从而进一步成长为左翼知识分子,坚决地反对国民党的专制主义。所谓"时势造人",从作者本人的叙述中,可以看出作者所处时代的政治社会环境对知识分子思想变化的作用。

五、抗战期间的新闻出版活动:
奋斗到生命最后一刻(1937—1944 年)

1936 年 11 月,邹韬奋等救国会"七君子"因从事抗日救国活动而

---

① 《经历》,《韬奋全集》第 7 卷,上海人民出版社 1995 年版,第 239 页。

被捕入狱,直到七七事变后才获释。不久,邹韬奋就创办了《抗战》三日刊。该刊一度改名《抵抗》,后与《全民》周刊合并为《全民抗战》三日刊,由邹韬奋和柳湜担任主编。他还曾出版《抗战画报》六日刊、《全民抗战》战地版、通俗版等,后来在香港复刊《大众生活》。邹韬奋积极参加抗日民主活动、提倡团结抗战,并坚持撰写自传,一直奋斗到生命的最后一刻。

《全民抗战》上刊登的《全民抗战的使命》一文,对《抗战》《全民》两刊合并的原因有着详细的说明:"我们感到我们这两支号角分散的声音还不够洪亮,我们这两队号手,各个的力量还不够强大。为了配合新的抗战形势,集中人力物力的原则,我们深觉这两个抗战的单位应该并成一个。因此,我们遂于这伟大的抗战周年纪念之际,将两个刊物实行合并,合组全民抗战社,发刊《全民抗战》三日刊。我们决定在集中双方的力量,发挥双方的特点,补足双方过去的不够的原则下,以统一的意志,从事更大的努力,力求我们今后对于全民动员的号召与教育上更多地尽力。"①

《全民抗战》在"全国动员!""抗战到底!"的口号下,坚决、沉着地投入了保卫武汉的战斗,开辟了"三日来的保卫武汉运动""三日时事解说"等专栏,出版"保卫大武汉特刊",对抗战过程中暴露出来的一些问题,及时指出并予以批评。如针对国民党一些顽固分子的"民众运动有流弊,不如不办"的论调,指出群众运动的缺点不在运动本身,而主要在政府。"谁不爱国?谁不爱家?谁不愿为国家尽力?去拼几个鬼子?"那些要取消民众运动的人,无非是要"民众冷静地站在抗战之外,抗战成为孤军的奋战,而最后的胜利将成为空话"。《全民抗战》综合了《抗战》和《全民周刊》的优势,无论在内容上还是形式上,都比以往更精彩,并编印了"战地版"和"通俗版",大量送往前

① 《全民抗战的使命》,《全民抗战》1938 年第 1 号。

线和普通民众,以激励全民抗战的决心和勇气。该刊得到广大群众和将士的喜爱,销售量突破 30 万份,是当时中国发行量最大的刊物,1941 年 2 月被国民党当局查封。

邹韬奋在我党的知识分子帮助下创办的生活书店,也是一个进步的出版、发行中心。1932 年 7 月,在邹韬奋主编的《生活》周刊社基础上成立了"生活出版合作社",对外称生活书店。生活书店除出版《生活》周刊和其后继的一脉相承的姊妹刊物外,还曾经出版过《世界知识》《文学》《妇女生活》《太白》《生活教育》《译文》等。这些杂志都是进步的,风行一时,大受读者欢迎,在当时的全国杂志中居于令人瞩目的地位。生活书店通过出版进步译著和书稿等,不仅为广大群众提供了精神食粮,还维持了不少进步作家、翻译家、著作家的基本物质生活,使他们得以在国民党反动派的"文化围剿"中坚持战斗。生活书店还为进步文化界提供了联系场所。有的人相约到它那里见面,有的人经它转信,有的人在它那里寄存东西。不仅如此,在当时的救国运动中,生活书店也起了支柱的作用。邹韬奋就是带着生活书店这支"小小军队"参加救国运动的。

为有效地传播抗战理论,引导大众坚持抗战,在中共地下组织和爱国民主进步人士的参与下,生活书店相继在各地开办分店。到 1939 年,邹韬奋主持的生活书店先后在武汉、广州、西安、重庆、长沙、成都、桂林等处开设分支店 55 个,在 14 个省份有发行点,并在新加坡建立分店。生活书店还建立了不少外围出版机构,在投资合营与化名自营的出版机构中,出版了不少马克思主义政治读物、理论著作和进步的中外文艺作品。在全面抗战时期的新闻出版活动中,邹韬奋或公开写文章,或在内部刊物《店务通讯》上发表一些文章,阐述他的新闻出版思想,并且贯彻在他的新闻出版实践活动中。

邹韬奋积极从事抗日救亡和民主运动,还应邀参加"国民参政会",进行合法斗争,提倡团结抗战与实行民主制度,并对国民党召开"国民参政会",搞"宪政"的假民主、真独裁行径作了深刻揭露。这在其自传性作品《抗战以来》中有比较集中的反映。邹韬奋晚年直接与中国共产党发生联系,思想有了重大转变,提出了入党的要求。

1941 年皖南事变后,各地的生活书店分店相继被国民党政府查封,邹韬奋愤而辞去参政员一职,出走香港,复刊《大众生活》,抨击国民党的内外政策,5 月协助成立中国民主政团同盟。1941 年 5 月,邹韬奋在香港重办《大众生活》,销数很快达到 10 万份。《大众生活》在香港复刊后,其宗旨与五年前上海《大众生活》宣传反帝反封建、克服个人主义,宣扬革命有所不同,此时香港《大众生活》的宗旨主要是宣传民族团结统一、抗战建国,"为国家民族的光明前途,为世界人类的光明前途,携手迈进,共同努力"①。

在邹韬奋和其他编委的努力下,香港《大众生活》周刊丰富、充实的内容得到广大读者的认可。在完善刊物内容的同时,邹韬奋和其他同人对香港《大众生活》的发行工作也采取了一些措施,其中最主要的是"优待长期订户"和"赠送试阅扩大影响"的办法。香港《大众生活》新 3 号上的一则广告说:"本刊为减轻读者负担起见,特订优待长期订阅办法如下:一、凡学生凭校徽订阅本刊半年以上得照定费享七折优待;二、业余进修团体会员凭证章订阅半年以上照定费优待七折;三、学校或图书馆订阅半年以上,其定费可照八折优待;四、凡联合订阅半年以上五份者,其定费八折优待;十份者照定费七折优待。"②但不幸的是,1941 年太平洋战争爆发后,日本于当年 12 月对香港发动进攻,驻港英军显然抵挡不住日本军队的进攻。香港《大众生活》于 1941 年 12 月 6 日在新 30 号之后不再出版,连邹韬奋写的"暂别读者"一文也未能够发表。

太平洋战争爆发后,香港局势紧张。1942 年 1 月,邹韬奋和其他爱国民主人士在中共有关负责人廖承志、曾生的安排及东江游击队的帮助下,安全撤离香港,回到内地。香港《大众生活》成为邹韬奋一生中主编的最后一

---

① 《〈大众生活〉复刊词》,香港《大众生活》新 1 号,1941 年 5 月 17 日。
② 《本刊优待长期订阅》,香港《大众生活》新 3 号,1941 年 5 月 31 日。

个刊物。邹韬奋离开香港到广东东江抗日根据地，10月经上海到苏北解放区，继续从事抗日民主的文化宣传工作，其间他多次向党组织提出入党请求。1943年，邹韬奋因耳疾秘密到上海诊治，并开始撰写回忆录《患难余生记》，一直勤奋工作到生命的最后时刻。1944年7月24日，邹韬奋在上海病逝。9月28日，中共中央根据邹韬奋生前愿望，追认他为中国共产党正式党员。为了避免被敌人发现，邹韬奋的遗体被以"季晋卿"的名字暂时厝于上海殡仪馆，两年以后才以真名落葬于上海虹桥公墓。

六、"韬奋精神"的传承及其现实意义

邹韬奋先生虽然去世了，但他的精神长存。他以"努力促进民族解放，积极推广大众文化"为一生的追求目标和实践标准，是我国现代新闻出版工作者走上进步道路的典范，成为引领中国新闻出版界的旗帜与楷模，不断激励着后世的新闻出版工作者们。①1949年7月24日，宋庆龄在上海市纪念邹韬奋逝世五周年大会上致词，称赞"韬奋先生是一位伟大的爱国者，一位英勇的人民战士。他的斗争历史，提供了革命知识分子所走道路的一个最光辉的榜样。"她还强调，"韬奋先生的一支笔，曾经鼓动了中国无数万爱国民众走上争取民族解放与人民民主的道路。"②

党和人民不会忘记邹韬奋先生。1956年10月，党和人民政府为了纪念邹韬奋，决定将他生活和战斗过的地方——上海市重庆南路205弄54号建为"韬奋纪念馆"，供群众参观瞻仰。1958年11月5日，韬奋纪念馆正式

---

① 参见焦扬：《像韬奋那样人民至上　勇敢坚守——写在纪念邹韬奋诞辰115周年之际》，《新闻记者》2010年第12期。

② 《在上海市纪念邹韬奋逝世五周年大会上的致词》，《宋庆龄选集》（上卷），人民出版社1992年版，第465页。

对外开放。2014 年,邹韬奋成为唯一一位列入首批国家公祭日公祭烈士名录的新闻出版界人士。以邹韬奋的名字命名的"长江韬奋奖""韬奋出版奖"是我国新闻出版界个人成就最高奖,"韬奋精神"已经成为我国新闻出版事业的一面旗帜。邹韬奋的主要著作被收入 1995 年上海人民出版社出版的十四卷本《韬奋全集》,后来韬奋基金会、上海韬奋纪念馆等又于 2015 年编辑出版了修订本《韬奋全集》。

有新闻出版史研究专家指出:韬奋精神,一言以蔽之,就是"服务精神"四个字,这正是他留给当今新闻出版人和新闻出版事业最宝贵的遗产。"我们今天比任何时候更加需要关注与重视韬奋的服务精神的传承、发扬与光大。无论传媒形态如何变化,无论传播业务如何变化,服务精神是新闻出版事业的立身之本。新闻出版工作者应永葆为社会服务、为民众服务的精神,始终坚持守望社会的神圣职责,为社会的进步、为读者的需要而发文建言。报刊等一切传媒的成功之道,应当始终建立在对读者的重视和负责态度之上。"[1]

极端认真地对待读者来信,是邹韬奋坚持大众化的办刊立场、一切为民众服务的精神的最集中的体现。邹韬奋颇具创新性在《生活》周刊中开辟了"读者信箱"专栏,后来创办其他报刊如《大众生活》时也始终重视开设类似的栏目,热心地为读者解答生活、恋爱、求学中的各种问题,使这类栏目成为进步知识分子的公共交流空间。如《大众生活》刊发了一些关于反映一二·九运动实况的读者来信,为想要了解这一重要政治事件的读者提供了讨论的空间。回复读者来信,被邹韬奋认为是做编辑工作中"最快乐的事"。《生活》周刊创办初期,邹韬奋曾表示"望竭其毕生精力,奋勉粹励,把这个小小的周刊,弄得精益求精,成为社会上人人的一个好朋友,时时在那里进步的一个好朋友"。而在"读者信箱"栏目创办初期,邹韬奋更是努力地成为每一

---

[1] 黄瑚、李楠:《学习邹韬奋的服务精神——纪念韬奋诞辰 115 周年》,《新闻记者》2010 年第 12 期。

位读者的"好朋友",一个人负责回复读者来信,"每天差不多要用半个全天来看信"。邹韬奋这种有意识地与读者保持密切联系的可贵精神,是值得当前的新闻出版工作者认真学习的。

邹韬奋在他的新闻出版工作实践中,把为社会进步服务的原则视为重要原则。他秉持"真诚对待民众,时刻关心社会改进和国家的命运前途"的新闻出版理念,始终把努力于进步事业放在第一位,自觉地把向读者供应最好的精神食粮作为自己的奋斗目标。他办报刊既讲究"趣味性",更强调"有价值",要以正确的舆论来引导民众走向进步。他创办的报刊、撰写的社论,无不同社会的发展变化紧密联系在一起。《生活》周刊原是一份"内容偏重于个人的修养问题"的职业修养刊物,但邹韬奋接编后逐渐将该刊的关注点集中到社会和政治上来。在回忆这段经历时,邹韬奋写到:"也许是由于我个性的倾向和一般读者的要求,《生活》周刊渐渐转变为主持正义的舆论机关"。①后来邹韬奋通过实践及学习经典著作,接受了马克思主义,抗战时期为发展进步的文化事业做出了更大的贡献。

新闻界人士认为,邹韬奋力主言论自由,批评时弊不怕得罪人,从来不畏权势,勇于一贯地讲真话。政论家认为,邹韬奋之所以能够引导舆论,是在抗战初期国民党对日本妥协之时,他不顾个人安危,力主抗日。抗战时期他所办的刊物和书店,一直高举着抗日的大旗,他诚挚的爱国情感让人肃然起敬。这些说法从不同视角概括了邹韬奋一生所从事的事业和可贵精神。邹韬奋的新闻出版事业遭受到无数挫折和打击,依然不屈不挠,始终坚守着他的信念。反动派将他办的刊物一个个关闭,他又努力重新创办。反动派胁迫他将生活书店与国民党办的正中书局等合并,他严词拒绝,表示"宁为玉碎,不作瓦全",他创办的生活书店分店被陆续摧毁殆尽。邹韬奋受国民党政府迫害而几次流亡,甚至入狱 8 个多月,屡经艰辛波折,但一直为他的

---

① 《经历》,《韬奋全集》第 7 卷,上海人民出版社 1995 年版,第 203 页。

理想而奋斗到生命的最后一刻。这种为真理而战斗不屈的精神,是值得后人永远景仰和学习的。

邹韬奋在从事新闻出版事业中形成的很多编辑、经营理念对我们仍有教益,就其人生历程、新闻出版事业的成就及新闻出版思想进行系统的梳理和研究,对于研究邹韬奋人格思想的发展轨迹、其文化事业的成功经验,以及当今新闻出版工作如何学习借鉴"韬奋精神",都是很有意义的。

第二章
邹韬奋《生活》周刊时期的编辑思想及办刊策略

《生活》周刊是中国近现代报刊史上的著名刊物，邹韬奋的大名和《生活》周刊是密不可分、相互辉映的，某种意义上可以说是《生活》周刊成就了邹韬奋。邹韬奋在主编该刊的几年中，紧紧追随着时代步伐，在进步思想观念的引导下，就报刊的编辑、经营与管理采取了一系列创新举措，开设了多个有特色的栏目，树立了为民众服务的报刊宗旨。《生活》为何能在短短的几年间，由一份发行量2000多份的刊物，激增至15万份，成为此后新闻出版工作者的标杆？邹韬奋的编辑思想和办刊经验非常值得总结和借鉴。

一、《生活》周刊的创办情况

1925年10月，中华职业教育社创办了《生活》周刊，该刊最初是用来宣传职业教育及提高职业修养的，由王志莘担任主笔，职教社同人供稿，发行工作由社内练习生徐伯昕兼任。当时邹韬奋在中华职业教育社担任编辑股主任，主持《教育与职业》月刊，译著职业教育丛书，编著英文年刊等事宜，也为《生活》写了不少稿件。1926年，王志莘进入工商银行任事，无暇兼顾，邹韬奋便接任《生活》周刊主编。

　　《生活》周刊作为职教社的机关刊,主要依靠民间团体职教社的资助,这使得《生活》的办刊经费经常很紧张,加上专业人才匮乏,创办初期的《生活》发展不顺,社会影响力不大,发行状况欠佳。①当时印数仅两千余份,大多赠送给职教社社员。邹韬奋接办《生活》之时,人员仅有主管营业、公务和广告的徐伯昕和兼职会计孙梦旦,办公室也只是一个狭窄的过街楼,办刊条件非常艰苦。邹韬奋多方查找资料,编写成不同类型和题材的文章。对此他在《生活史话》中有着生动记载,他为自己取了十几个笔名,如"因公""心水""落霞""孤峰""秋月""笑世",分别用来阐述三民主义、谈论个人修养、写传记文章等。

　　主持《生活》周刊初期,差不多有一年的时间(1927 年),邹韬奋被聘兼任《时事新报》秘书主任,这对他办好《生活》大有裨益。他得以接触报馆各个部门的工作,特别是向富有经验的报人张竹平、潘公弼等学习许多办报的经验。所以他把这一年看成是办报的"练习",并认为比在大学里专门学习新闻更有益处。②

　　直到 1933 年《生活》周刊被迫停刊,邹韬奋充分显现出自己在报刊编辑出版方面的卓越才能。他把原本籍籍无名的《生活》办成海内外闻名的刊物,对广大读者产生了深远影响。邹韬奋也从新闻工作岗位上的新人,逐渐成长为优秀的编辑出版工作者。《生活》周刊受到了读者的热烈欢迎,证明了这个刊物的成功,也表明邹韬奋作为一位出色的新闻工作者的品格日臻成熟。

二、邹韬奋《生活》周刊时期的编辑思想及其实践

1. 报刊要有正确的思想和与时俱进的内容

　　邹韬奋在青年时代明显受到五四启蒙思想的影响,还是一位改良主义

① 参考赵文:《略论〈生活〉周刊(1925—1933)的发行工作》,《科学经济社会》2010 年第 4 期。
② 《经历》,《韬奋全集》第 7 卷,上海人民出版社 1995 年版,第 195 页。

者和民主主义者。他倡导"政治的清明"和"实业的振兴",此时《生活》周刊具有启蒙主义和改良主义的都市报刊色彩,重点关注的是读者个人修养的提高,并试图借此解决社会问题。他热心回答青年读者在求学、职业、婚姻等方面的问题,为前途迷茫的读者答疑解惑,引导他们以乐观向上的态度去面对生活,这在当时也是具有社会进步意义的。后来该刊的宗旨被定位为"暗示人生修养,唤起服务精神,力谋社会改造"。①

与五四新文化运动的精神气质相一致,邹韬奋反对旧的封建伦理道德,推崇民主精神和个性独立,极力倡导男女平等并且鼓励女性参与社会工作,充分发挥自我价值。他以各种笔名编写的这类文章在前期《生活》周刊上占有相当大的比例。如《社会之花的女子出版家》一文十分赞赏这位有着自己事业的女出版家:

> 毕佛卜鲁克夫人(Lady Beaverbrook)是伦敦社会中最美丽而善交际妇女之一。她不但美丽,而且以能干著闻。她丈夫是一位新闻业的成功人,夫人自己却自有其出版事业,自成为一位著名的出版家,替女界放一异彩。最近不幸因心脏病逝世。但是因为对于社会有所贡献,伦敦人士无不致其哀思! 比毫无建树而与草木同腐的究竟不同!②

在改造家庭制度方面,邹韬奋主张建立"彻底的小家庭制度"。他认为小家庭应由父母及其未婚子女组成,小家庭与大家族相互独立,这样也可避免婆媳矛盾之类的问题。他反对大家族制度,因为大家族凡事都很啰嗦,且易造成许多"倚赖的人,没有自立能力的人",这类人还将少数有自立能力的人拖累,以致弄得家庭和社会都一团糟。邹韬奋呼吁:"我们大家不要作伪,大家不要徒然依赖别人。各个人都要做一个具有独立能力而不累他人的堂

---

① 韬奋:《我们的立场》,《生活》周刊第 6 卷第 1 期,1930 年 12 月 13 日。
② 秋月:《社会之花的女子出版家》,《生活》周刊第 3 卷第 20 期,1928 年 4 月 1 日。

堂的一个人！"①

《男女同学的沪江大学》《通四国文字的十三岁大学女生》等不少文章体现了邹韬奋的妇女解放和女子应当受到良好教育的思想。《顾全家政与职业的美国妇女》中写道：

> 我常觉得吾国有许多妇女，尤其是城市的妇女，表面上说是忙于家务，其实际特殊情况之外，一天里空的时候不少，于是非约李家太太，便请张家奶奶，拼起来叉叉麻雀！所以常听见许多朋友说："我家里妇女简直天天叉麻雀，非此不足以消遣，也怪不得她们！"②

该文随后将中美妇女进行了对比，写到美国有二百万妇女能兼顾家政与职业。美国正在努力解决这一问题，使更多妇女能兼顾两者。而且她们还热心参与政治，在政治上享有和男子一样的权利。该文通过对比的手法，给我国的妇女运动以相当启发。

《这是现代的女子啊！》一文，反映了邹韬奋对现代女子体格的新要求，也是具有时代进步意义的。邹韬奋反对中国传统的对女子"柔弱美"的定位，他主张我国女子应该像西洋女子，"以体格强健，发育平均，精神活泼为美观的重要条件"，并指出这对改进国民素质的意义。③恩格斯说过，一个国家或社会的文明进步程度取决于这个国家或社会的妇女的解放程度。这类文章对于时代的进步意义显而易见，也受到了读者的欢迎。

邹韬奋在刊物上发表了不少提倡女子健身健美的文章，还配以醒目的图片，既使得女性读者从中受到启迪，也增强了刊物的时尚气息。如《猜猜看她几岁了！》一文："保存青春的美，是个个女子所愿望的。本图所示的是

① 心水：《大家庭主义中的流泪问题》，《生活》周刊第 3 卷第 52 期，1928 年 11 月 11 日。
② 落霞：《顾全家政与职业的美国妇女》，《生活》周刊第 3 卷第 19 期，1928 年 3 月 25 日。
③ 韬奋：《这是现代的女子啊！》，《生活》周刊第 3 卷第 30 期，1928 年 6 月 10 日。

美国渥海渥州亚康地方的弥克夫人（Mrs. Mary Meeker of Arkon, Ohio）。这位'妙龄'五十四岁的女子，精神和体格都这样的'永春'，有人问她什么秘诀，她很直率的说，她所以能这样的保存青春，是靠托'有恒的练身'（Regular exercise）。她现在虽然已经做了祖母，但是看上去决看不出她的真实年龄。"①这样洋溢着积极向上的生活态度的文章令人深受鼓舞。

《生活》周刊更为可贵之处，是它思想面貌的与时俱进。随着国内外形势的发展，邹韬奋更多地关注时事，逐渐摆脱改良主义思想的影响，走上要求民主，爱国抗战的道路。《生活》周刊一向以民众利益为出发点，前期的文章不少是在探讨"个人的修养"，关注公众进德修业、个人健康、婚恋等内容。九一八事变前后，邹韬奋开始由民主主义者逐渐向共产主义者转变。他撰写了许多以鼓吹抗日为主的文章，充分表现了邹韬奋对祖国的热爱、对民族危机的忧思，对积极抗日者的热情讴歌，以及对奉行不抵抗政策者的鞭挞。

1931 年 9 月，日本悍然发动侵华战争，中华民族与日本侵略者的矛盾，迅速上升为全国各阶级各集团关注的焦点。在中华民族面临空前的危机时刻，蒋介石奉行妥协政策，引起全国人民的不满，《生活》周刊上发表《宁死不屈的保护国权》《宁死不屈的抗日运动》《宁死不屈的准备应战》等一系列文章，对于引导读者认清现实起到积极作用。

邹韬奋揭露日军侵华真相，不遗余力地对马占山将军的抗日行动加以赞誉、并组织社会捐款，呼吁全国上下一致团结对外。如："国人所感受的耻辱，可谓无以复加，在此鲜廉寡耻的黑暗境界之中，突然涌现一位为民族争光屡以死抗暴日兽军的黑龙江代理主席马占山将军。我们不得不以满腔热诚对马将军以及他的忠勇愤发为国效死的将士顶礼膜拜，致其无上的敬意。"②而《做阴寿式的国耻纪念》发表于九一八事变一周年的前一天，当时日寇紧逼，国民党却仍在施行不抵抗政策，中华民族的命运成为国人最关心

---

① 清风：《猜猜看她几岁了！》，《生活》周刊第 3 卷第 38 期，1928 年 8 月 5 日。
② 韬奋：《为民族争光的马将军》，《生活》周刊第 6 卷第 47 期，1931 年 11 月 14 日。

忧虑的问题。邹韬奋面对迫在眉睫的局势，揭露日寇暴行，抨击国民党表面上大做国耻纪念，却制止爱国运动、不积极收复失地的行径，告诫大众"如果国耻忘却，却更无雪耻的时候"。由此可以看出，《生活》周刊上文章的思想主题是随着社会形势和读者需求变化而与时俱进的。《生活》周刊不仅积极从事抗日救亡的宣传鼓动，还身体力行地发起了援助东北抗日义勇军的捐款运动。淞沪抗战爆发后，又创办了生活周刊社伤兵医院，积极支援抗战前线的将士们。

胡绳在《韬奋先生的道路》中写道："韬奋先生的名字和他所主编的刊物是分不开的。我也曾经是他的《生活》周刊的读者，但是最初期的《生活》周刊，我是后来偶然在 S 城的一个小图书馆里，从旧纸堆里看到的。记得那里有很多关于'健而美'的文字和图片，其他所谈也多半是个人职业生活修养问题。拿来和后期的《生活》周刊以至《大众生活》等刊物比较，真令人有隔世之感了。"①邹韬奋也说过："《生活》周刊既一天天和社会现实发生密切的联系，社会的改造到了现阶段又决不能从个人主义做出发点：如和整个社会的改造脱离关系而斤斤较量个人的问题，这条路是走不通的。于是《生活》周刊应着时代的要求，渐渐注意于社会的问题和政治的问题，渐渐由个人出发而转到集体的出发点了。"②

从第七卷开始，《生活》周刊上不断有介绍苏联的社会主义建设、介绍辩证唯物主义和历史唯物主义的文章发表，如《苏俄的儿童》《苏俄的妇女》《生产力和生产关系》《什么是辩证法》《什么是革命》《论国家》等。中共特别党员、邹韬奋的好友胡愈之以笔名"伏生"撰写了大量国际问题评论，引导读者正确认识国际形势。在第 12 期的"信箱"专栏中，邹韬奋批评了胡适关于中国革命对象的言论："我们觉得胡先生的话是倒果为因，模糊大众革命所应认清的明确对象。梁先生的话比较的近于事实。八十年来中国的贫穷，帝

① 胡绳：《韬奋先生的道路》，邹嘉骊编：《忆韬奋》，生活·读书·新知三联书店 2015 年版，第 18 页。
② 《经历》，《韬奋全集》第 7 卷，上海人民出版社 1995 年版，第 203 页。

国主义的经济侵略是一个最大的原因,这是事实,但这是指八十年来的中国事实,并不是说中国自从'开天辟地'以来的贫穷一古脑儿都是由于这个唯一的原因,时代不同,贫穷的原因也尽可有种种的不同。所以胡先生不能举八十年前的事实来否认八十年来的事实。……当然,事情原没有那样简单,我们并不是说帝国主义驱出了,军阀打倒了,中国的政治经济问题便立即一了百了的解决,去了建设的障碍物,当然还须按照计划努力于建设的工作。我们相信果有以大众为中心的革命政府建立起来,驱除帝国主义和它的走狗军阀以及它们的种种附属品,并非不可能的。"①从此前《访问胡适之先生记》等文中对胡适推崇备至,到对胡适的一些言论进行批判,折射出邹韬奋在思想认识上的进步。

2. 文章内容趣味性和"有价值"的有机统一

《生活》周刊之所以引人入胜,还在于其非常注重内容的趣味性与"有价值"的结合。办好一份刊物,精心打造优质的内容是至关重要的。《生活》上的文章选取大量新鲜的事实,而不是空洞的说理文字,很能引起读者阅读的兴趣。邹韬奋说:"本刊的态度是好像每一星期乘读者在星期日上午的余暇,代邀几位好友聚拢来随意谈谈,没有拘束,避免呆板,力求轻松生动简练雅洁而饶有趣味,读者好像在十几分至二十分钟的时间内参加一种有趣味的谈话会,大家在谈笑风生的空气中欣欣然愉快一番。……这是编者心目中所锲而不舍的一种鹄的。"②

邹韬奋担任《生活》周刊主编后,逐渐开设了丰富多样的栏目,除言论、专论之外,还有名人轶事、平民生活素描、娱乐、体育等,题材广泛,内容丰富有趣,行文生动活泼。该刊在版面设计上也很有特点,配以插图、漫画等,图

① 《〈梁漱溟与胡适之〉编者附言》,《韬奋全集》第 5 卷,上海人民出版社 1995 年版,第 231—232 页。
② 韬奋:《免得误购后悔》,《生活》周刊第 4 卷第 51 期,1929 年 11 月 17 日。

文并茂,引人入胜。如在《看看宇宙何等的伟大》一文中,邹韬奋用幽默的语言讲述了太阳系、恒星、行星等天文知识,令青年读者更好地了解其生活的世界,激发其科学兴趣,而且字里行间弥漫着一种积极向上的人生态度。

> 我说了一大篇"大话",我心里不免发生了一个"大感想":就是我们看看我们这样的一个身体,似乎不小;但是生在这么大的一个中华民国里面;中华民国又在这么大的一个亚洲;亚洲又在这样大的一个地球上面;地球又在这么大的太阳系里面;太阳系的"硕大广漠","宜若无伦"了! 但是在许多恒星所会集的"宇宙"中,又真是"渺乎沧海之一粟"。"宇宙"的伟大,已经不可思议! 而近代天文大家还告诉我们说,他们相信在这个大得不可思议的"宇宙"之外,还有其他的许许多多宇宙,那是真不可思议里面的不可思议了! 这样看来,我们真是小得不知到了什么地步! 但是靠着我们小身体里面的小脑子,凭藉天文学的进步,居然能晓得能想到这么大的"不可思议里面的不可思议",也未尝不可以自豪!①

邹韬奋经常在《生活》周刊上介绍一些国外的社会发展情况,以期使读者增长见闻。如《美法总统的薪俸》《平民总统的平民交际忙》《跟林德白飞游美国》《土耳其全国老幼同做小学生》等,这些文章报道是国外的新鲜事件,选题角度别致,文章短小精悍,语言生动有趣,令人耳目一新。《世界上最大的树》《距海面七千尺的名路》等文章则描写景物,介绍世界风情,富有浓郁的时代气息。《美丽清洁的卧室》《欧洲各国一般国民的生活》《随便谈谈美国生活》等介绍国外的先进科技,以及现代文明的生活方式,以资国民借鉴。

---

① 心水:《看看宇宙何等的伟大》,《生活》周刊第 2 卷第 21 期,1927 年 3 月 27 日。

其文笔精炼优美,有的化用了古诗文如《前赤壁赋》的意境,充分显示出邹韬奋良好的文学修养,令人有身临其境之感。文章往往还配以图片,给读者以直观的印象。比如《法国波尔多城的水景》:"这种水景,在我国长江一带,也偶然可以遇到。本图是一位美国游历者赴法所感触的余影。当此明月悬空,万籁俱寂,水波不兴,孤帆徐进,确有心旷神怡,羽化登仙之境域。"①《世界上最大的瀑布马力》一文写道:"图中所示是南美洲阿根廷的大瀑布,名意郭苏瀑布(Equagu Falls)不但雄伟万方,美丽绝伦,而且能发生几千马力的水力,助机器的发动。这种宏大的水力,在全世界可算首屈一指云。"②《母子日浴》中写道:"美国的佛罗里达州特别温暖,到了冬天,有的母亲带着小儿女到那个地方去过冬。实行日浴,替儿童造成健康的基础。上图所示,就是一位慈母陪着一个爱儿在那里日浴。母子身上都穿着游泳衣,在那里和日光接触。他们的欣慰愉快的精神,活跃纸上。"③

著名人物的经历也是邹韬奋重点关注的题材,他对传记写作一直有浓厚的兴趣。邹韬奋说过:"谈话最有趣而有益的是听听别人的有价值的阅历经验,尤其是艰苦卓绝可歌可泣的阅历经验。"④邹韬奋写作传记相对集中的是在主编《生活》周刊时,发表了不少介绍人物的文章或者人物通讯,这些作品广义上可以看作是小型传记,如《潘公弼先生在北京入狱记》《潘良玉⑤女士和她的画》《为民族增光的马占山将军》《出在中国的女小说家》等。特别是一些科学家的传记,如《又引起国际注意的安斯坦》《诺贝尔奖金的创始者》《女科学家说的几句话》《两位有功人类生活的老头儿》等。这些传记传播国外的科学信息和知识,确实给国人耳目一新之感,激励读者奋进,在启蒙民众方面无疑起到了积极作用。

---

① 孤峰:《法国波尔多城的水景》,《生活》周刊第 3 卷第 23 期,1928 年 4 月 22 日。
② 孤峰:《世界上最大的瀑布马力》,《生活》周刊第 3 卷第 37 期,1928 年 7 月 29 日。
③ 秋月:《母子日浴》,《生活》周刊第 3 卷第 52 期,1928 年 11 月 11 日。
④ 韬奋:《免得误购后悔》,《生活》周刊第 4 卷第 51 期,1929 年 11 月 17 日。
⑤ 应为潘玉良。

有趣味有价值是邹韬奋办刊的自觉追求,他在《编后随笔》中写道:"本刊在报头上面原有有趣味有价值的周刊几个字,现在仔细一想,有趣味有价值是我们所要努力的目标,我们并不敢说自己已经做到了有趣味有价值,如把这几个字排在额骨头上,似乎犯了自己称赞自己的嫌疑,所以从本卷起,把这一排字去掉。"①

邹韬奋也反对"有价值而无趣味"。他曾经说过:"我们希望每到星期六(本刊定星期六发行)用'一团和气'和诸位好友'促膝谈心',要能够增加生活上的快乐,解脱生活上的烦闷,同时所谈的东西,又是'进德修业'上极有价值的材料。"②邹韬奋的这种"价值"与"趣味"统一的编辑思想,今天仍然是值得新闻出版工作者学习借鉴的。

当代出版人聂震宁总结了邹韬奋认为"最有趣的事实"的几个方面:一是事实要鲜活,二是事实要吸引人,三是事实要有价值。③邹韬奋在倡导期刊的趣味性时,始终把它和内容的"有价值"联系在一起。他认为,要使刊物更好地为读者服务,文章内容没有趣味性不行,但他又反对纯粹的"趣味性"。当时上海有些小报一味地追求所谓的"趣味性",登载格调不高的内容,甚至以"淫辞秽语,引诱青年",邹韬奋对此予以抨击。后来在写到出国游历的见闻时,邹韬奋也曾批评过一些格调低俗的报纸:"赫斯特的报,往往迎合低级趣味的社会心理,把男女的秘闻,强盗的行径,穷形尽相的描述与夸大……"④

如今一些媒体和自媒体过于注重流量和"趣味性",内容却肤浅空洞,甚至宣扬低俗趣味。很多有价值的文章,面目又过于严肃,语言乏味无趣。实现趣味性和有价值的有机统一,需要媒体人把社会效益放在第一位,深入研

① 《编后随笔:本刊在报头上面原有"有趣味有价值的周刊"几个字》,《生活》周刊 1929 年第 5 卷第 1 期。
② 《〈意中事〉编者附言》,《韬奋全集》第 1 卷,上海人民出版社 1995 年版,第 673 页。
③ 聂震宁:《韬奋精神六讲》,生活·读书·新知三联书店 2015 年版,第 88—90 页。
④ 《美国的新闻事业》,《韬奋全集》第 7 卷,上海人民出版社 1995 年版,第 425 页。

究受众的关注点和兴趣点,使报刊得以贴近生活,贴近受众。

3. 要有受众本位意识和为大众服务的精神

邹韬奋在《生活》周刊上发表的《本刊与民众》一文中,提及"本刊的动机完全以民众的福利为前提,今后仍本此旨,努力进行。而且本刊向来的态度是尽量容纳读者的意见,不但读者通信栏专为此而设,即其他文字,凡来稿之有价值有趣味而与此旨相合者,无论意见或有异同,无不公布以作公开的讨论,今后仍本此态度,容纳民众之意见,使本刊对于民众有相当的贡献。"①他在《生活》周刊上开设"小言论""读者信箱"等特色栏目,始终以为社会和读者服务为鹄的,而不为一己私利。在移动互联网飞速发展的时代,传播环境发生巨变,信息传播"去中心化"的发展趋势明显,各种媒介之间的竞争越来越激烈。一些媒体不重视受众的诉求和兴趣,过于注重自身利益,不能使得受众受益,甚至还带来视觉污染。在网络媒体赋权和草根崛起的时代,面对主流媒体话语权被解构的威胁,新闻出版工作者要不断创新内容和形式,形成新的话语表达体系,从群众关切的内容出发,做出有故事、讲情怀的报道。

为了加强与读者的交流沟通,了解社会的现实生活动态,掌握群众的思想状况,从而使刊物更好地为人民大众服务,邹韬奋在接办《生活》周刊后不久就设立"读者信箱"专栏,并为此花费了极大的心血。他把处理读者来信看成是为群众服务的机会,因而总是全力以赴地为读者解决思想、工作、生活上的种种问题。最初,读者的信件一天有几十封,后来逐渐扩大到一天几百封,有时甚至一天收到一千多封。并不是所有的信都适合在周刊上公开发表和解答,但"有的信虽不能发表,我也用全副精神回复;直接寄去的回复,最长的也有达数千字的"②。邹韬奋起初亲自回复这些信件,忙得不亦

---

① 编者:《本刊与民众》,《生活》周刊第 2 卷第 21 期,1927 年 3 月 27 日。
② 《经历》,《韬奋全集》第 7 卷,上海人民出版社 1995 年版,第 201 页。

乐乎,随着信件的大量增加,才不得不让别人帮着回复。给读者回信并未使得他觉得麻烦,反而认为是无上荣幸。正是这样全心全意为民众服务的态度,使得广大读者对《生活》周刊的信任度日益增加,越来越多的读者有困惑时乐于向邹韬奋寻求意见。对于读者来信中提到的问题,他都会细致、耐心地解答。如果遇到不懂的问题,他还会咨询相关方面的专家,再给读者进行回复。这样的交流方式,进一步拉近了报纸和读者的距离,也使得《生活》的受众面进一步扩大,周刊由此赢得一定的公信力。一些读者来信反映社会上的不良现状,如《轰动武汉的马场贿案》《放大眼光》等,也为《生活》拓展了稿源和报道范围,同时令编者得以了解受众的思想状况和各方面需求,更有针对性地组织策划相应文章。

邹韬奋不但力求刊物内容的精彩,还注意排版格式的创新和照片的醒目,努力使版面美观大方。他在每期发稿以前,都会精确地计算每篇稿件的字数;付排以后,校样都要仔细看几次,尽力不让刊物上出现一个错字,"看清样的聚精会神,就和在写作的时候一样"。①《生活》周刊的文章在文风方面也贴近民众。《生活》的读者对象是普通大众,他们的语言特点是平实朴素、幽默风趣,这就要求文章生动具体、通俗简洁,因而《生活》力避"佶屈聱牙"的贵族式文字,采用"明显畅快"的平民式文字。②这样的风格也促进了该刊销售量的增长。

正如有读者来信称赞的那样:"我国出版界,近年以来,非常踊跃,报章书籍,名目繁多。这现象似乎是一个进步之特征。书籍方面,姑且不论。但报章方面,出版虽多,好者却少。政治的消息,深惧触犯执政者,每不肯尽量登载,真是一个很大的缺点。社会消息,则拼命的迎合一班下流社会的心理,海淫海盗,不堪寓目;对于如何可以提高民智民德,完全不顾,深为可叹。……贵刊宗旨高尚,笔墨洁净,对于恶习惯极尽诤言,描写社会消息,毫

① 穆欣编著:《邹韬奋》,湖北人民出版社1981年版,第42页。
② 编者:《本刊与民众》,《生活》周刊第2卷第21期,1927年3月27日。

不轻薄,字里行间,常含有一种君子的态度,Gentlemanlike 真不愧为有趣味有价值的周刊。"①

《生活》周刊之所以能够创下当时 15.5 万份的报刊发行量的奇迹,不仅因为刊物的内容和质量精良,更源于邹韬奋的社会责任感和敬业精神。他坚持新闻记者的职业操守,坚持新闻报道的真实性和贴近性。如今的新媒介环境中,一些媒体和自媒体过于追求"流量"而忽视社会责任,过分关注明星绯闻、奇闻逸事等,而对一些社会问题视而不见。受众在这样的媒介环境中可能陷入"娱乐至死"的境地。应该提高媒体从业者为人民着想的职业意识,为社会谋福祉的奉献意识。

在读者来信中,有相当一部分是要求帮助解决日常生活中遇到的具体事务,这些繁琐事务其实是报刊编辑的"分外事",可是邹韬奋和同事们却"不怕麻烦,不避辛苦,诚心诚意地服务"。《生活》周刊 1930 年 9 月创办的"书报代办部"(即后来生活书店的前身),专门为读者代购书籍报刊,以及处理读者委托代办的各种事情,如代购衣料、鞋子等物品,甚至代找律师、医生、旅馆等等。代办部的工作都是义务的,用特殊批发折扣的一些收入进行开销。这更是拉近了读者和《生活》的距离,使得《生活》在社会上为人所熟知,他们所出版的刊物受到争相查阅。

邹韬奋在他临终前未完成的遗著《患难余生记》一书中有这样的回忆:

> 我们往往忙得夜以继日,汗流浃背,为某一读者办成一件事,手软脚酸,筋疲力尽,不但不以为苦,且以能为读者有所尽力,在实际上做到"好朋友",视为至乐。有时很琐屑的事情,例如南洋群岛有读者来信嘱托我们配购几尺什么颜色的什么布,有同事即在马路上做巡阅使,奔走竟日,达到目的,欣然回来,其神气就好像哥伦布发现了新大陆似的,和

---

① 严砺平:《不断的奋斗》,《生活》周刊第 4 卷第 17 期,1929 年 3 月 24 日。

我谈起始末,简直手舞足蹈。①

邹韬奋后来开办生活书店,也本着竭诚服务大众的原则。生活书店创办于 1932 年,逐渐发展为在全国及海外开了 55 个分支店。邹韬奋在与友人的谈话中,总结生活书店白手起家的过程:"广大读者是支持我们的,一订就是一年。知道《生活》被国民党逼迫停刊,都来信说:'不要你们退款。订《生活》的款子就捐给你们了,连封感谢信也不要你们破费,你们什么时候重新出,我们什么时候再寄钱向你们重新订!'这样,生活书店就越来越大了。所以,生活书店应该是属于人民的!"②若脱离人民大众,生活书店就不会出现这样的追随者。

全心全意为人民大众服务,是邹韬奋在主持《生活》周刊的编辑工作中,最引人注目的特点。邹韬奋从主编《生活》起,就决心"帮助读者解决种种困难,凡是在自己力量内所能勉力办到的事情,必须尽忠竭诚为读者办到"。他认为:"尽一人的心力,使社会上的人多得到他工作的裨益,是人生最愉快的事情。"他始终坚持真实地反映大众的生活,反映人民群众的呼声,尤其替受苦的群众发出"对于社会的呼吁"。他还特别注重与读者的情感交流,如一位在法国留学的热心读者解中苏先生因用功过度引发咯血旧疾而去世,其夫人是《生活》周刊驻法特约撰述,写信告知此事,邹韬奋特地在《生活》上表示哀悼。③

4. 经营管理:兼顾"事业性"和"商业性"

邹韬奋在办刊中提出要正确处理"商业性"与"事业性"的关系。"商业

---

① 《患难余生记》,《韬奋全集》第 10 卷,上海人民出版社 1995 年版,第 904—905 页。
② 端木蕻良:《生活的火花(摘要)》,邹嘉骊编:《忆韬奋》,生活·读书·新知三联书店 2015 年版,第 283—284 页。
③ 《志悼》,《生活》周刊第 5 卷第 4 期,1929 年 12 月 22 日。

性"即刊物要靠自己的收入维持生存;"事业性"即刊物要从事"进步的文化事业",为大众提供引人向上的"精神食粮"。两者应该兼顾而不应对立。若只顾事业性而在经济上做无限牺牲,则必然导致"经济破产"。而如果只顾赚钱而不顾"文化食粮的内容",事业与商业必然都要衰落。因此,要处理好两者之间的关系,一要"量入为出",二要为事业发展,在不违背事业性的范围内必须"尽力赚钱"。①

邹韬奋坚持独立办刊,追求言论自由。而这就要求报刊必须经济独立。戈公振在《中国报学史》中说:"夫自常理言之,报馆经济不独立,则言论罕难公而无私,但近观此种商业化之报纸则不然,依违两可,毫无生气,其指导舆论之精神,殆浸失矣。"②邹韬奋在报刊编辑出版中特别注重独立性和公正性。1931 年,《生活》周刊揭露交通部长王伯群贪污交通建筑费造洋房娶女学生的行为。王伯群派人拿十万巨款,以资助的方式希望能不登这篇报道,被邹韬奋拒绝。

在《新闻记者活动的正确动机》《新闻记者》等文中,他指出了记者"要为社会大众的福利而活动,不要为自己的私图而活动",应该不畏强权、不趋炎附势,坚持职业操守,履行好自己的职责。1936 邹韬奋在香港创办《生活日报》时经济比较困难,他曾戏称《生活日报》为"贫民窟里的报馆",并在自传性作品《经历》中作了生动详尽的描写。尽管如此,他也不接受有可能损害其言论公正的资助。广东军阀陈济棠曾特地派副官接他去广州谈话,事后要送他三千元,他予以谢绝。"我坚决地认为大众的日报不应该是一两个大老板出钱办的,所以我无意恳求一两个大老板的援助;又坚决地认为大众的日报应该要完完全全立于大众的立场,也不该由任何一党一派出钱办的,所以我也无意容纳任何党派的援助。"③

---

① 参见《事业性与商业性的问题》,《韬奋全集》第 9 卷,上海人民出版社 1995 年版,第 683 页。
② 戈公振:《中国报学史》,中国传媒大学出版社 2018 年版,第 21 页。
③ 《经历》,《韬奋全集》第 7 卷,上海人民出版社 1995 年版,第 263 页。

为开拓经济来源，支撑《生活》周刊发展，广告人员主动夹着公文包，带上设计好的各种宣传材料，以十二分的热诚，凭着"三寸不烂之舌"到企业、工厂招揽广告，使《生活》周刊的广告量迅速增加，达到每期有五六十个广告，广告收入除支付《生活》周刊的印刷费外还有盈余。徐伯昕先生还充分发挥其美术才能，为客户设计广告。他们不厌其烦地作"销数公正"，将"邮局立券寄递的证件及报贩收据制版印出"，经会计师严格统计后，将真实的销数公布在刊物上。因此，《生活》周刊的广告客户越来越多，而且不少客户和广告业务人员成了朋友。

邹韬奋批判了一些报刊什么广告都登，并且将特刊的地位当广告卖的不道德行为。《生活》周刊对在该刊所登的广告是有要求的，总体来看其面貌积极向上，对读者有益。我抽取了 1930 年、1931 年的几期进行查阅，发现其广告以新书刊出版信息，食品保健品类如代乳粉、鱼肝油、牛奶、丝绸、日用品，银行等广告比较多，没有那些格调低下的广告。《生活》周刊在发行方面也采取了种种灵活的策略，如实施凡一人订满五份的，订者即可享受赠阅一年的优惠方法，又用对新订阅者增加服务吸引广大读者，使得订户越来越多。

邹韬奋极其敬业的精神也是值得称道的。《生活》周刊每期都准时送到读者手里。有一次，邹韬奋病了，头痛得爬不起来，由他执笔的《小言论》和《每周大事记》还没有写成。他"在病榻上眼花头晕中握着笔晃头晃脑"写了一阵，再也写不下去了，就请一位同事来到他床头，逐句口述文章的内容，由同事记下来。这位同事看他病得很痛苦，劝他安心静养，《小言论》可请别人执笔。但他坚决不肯，要在病痛中完成任务；最后清样还要送给他过目，才放心地交给印刷所。①

---

① 穆欣编著：《邹韬奋》，湖北人民出版社 1981 年版，第 40—41 页。

第三章
论邹韬奋《生活》周刊"小言论"的特色

邹韬奋是著名的报刊编辑、出版家及新闻记者,同时也是杰出的政论家。从 1926 年主编《生活》周刊起,他发表了数量众多、形式各异的评论性作品,在读者中产生极大的影响。《生活》周刊的"小言论"是其中具有代表性的栏目,邹韬奋为之撰写了大量兼具时事性和艺术性的言论作品。有学者统计,自《生活》周刊第 2 卷 47 期开辟"小言论"专栏,到 1933 年 7 月邹韬奋被迫流亡海外止,邹韬奋从未间断过小言论的撰写,仅署名"韬奋"的小言论就有四百多篇。①《生活》周刊发行量最高时达到 15 万份,而邹韬奋所撰写的言论文章无疑在吸引读者注意力、打造期刊品牌方面扮演了重要的角色。

邹韬奋办刊强调"一头一尾",即言论和读者来信,注重报刊的指导性和服务性是其鲜明特点。这类"小言论"是融新闻性、政治性、知识性于一体的小型化评论,少则几百字,多则千字左右,涉及面比较广,针对性较强,从个人修养、求职、婚恋等到国家政治、军事问题、社会问题等,兼具思想深度和趣味性,非常值得当今的报刊编辑出版工作者学习,但以往未引起学界足够的重视。本章拟对这些"小言论"的特点进行分析,以期为实际工作提供借鉴。

---

① 滕朝阳:《韬奋小言论新闻性》,《新闻与写作》1996 年第 2 期。

邹韬奋于 1931 年 10 月将他在《生活》周刊上发表的"小言论"结集为《小言论·第一集》，由生活周刊社出版，后来又出版了二集、三集，还有一些言论作品未收入这些言论集中，但有着类似的特点，本章的分析也有所涉及。《小言论·第一集》卷首加上《预告读者的几句话》一篇短文。我们从这篇短文中得以窥见邹韬奋写作这些言论作品的主旨和特点，即与《生活》周刊注重"启迪理智能力，增富知识见闻"的宗旨和面貌是一致的。

（一）读者诸君在这本书里寻不到什么专门学术，也寻不到什么高深主义，不过寻得一个很平凡的朋友作很平凡的谈话而已。我恐怕诸君失望，所以首先老实声明。

（二）《生活》最近注重"启迪理智能力，增富知识见闻"。这本书的希望也不外乎此；但深愧力拙望奢，倘能由此引起诸君运用思考，增加研究兴趣，区区心愿已算达到了。

（三）这本书的内容是从十七年底到廿年上半年末了两年半间的《生活》周刊"小言论"里选编的，共二百廿四篇；各文的事实和管见多有时间性关系，故于每篇文末均附注最初发表时的年月日，俾便参考。①

一、"小言论"充分反映了邹韬奋的
启蒙主义思想和爱国热忱

"小言论"看似篇幅短小，却是邹韬奋全力以赴写成的。他说这是"每周最费心血的一篇，每次必尽我心力就一般读者所认为最该说几句话的事情，发表我的意见。"②小言论的取胜之道主要在于其思想性。可以看出，邹韬

① 《预告读者的几句话》，《韬奋全集》第 3 卷，上海人民出版社 1995 年版，第 463 页。
② 《经历》，《韬奋全集》第 7 卷，上海人民出版社 1995 年版，第 198 页。

奋本人深受五四新文化运动的浸润,其"小言论"反映出的思想面貌,与追求个性解放、自由、民主和科学的五四时代精神是一以贯之的,具有明显的进步意义。邹韬奋希望通过兴办报刊来开启民智,提高国民的素质,进而建设现代国家,这也体现在他的《小言论·第一集》"预告读者的几句话"中:"《生活》最近注重'启迪理智能力,增富知识见闻'。这本书的希望也不外乎此;但深愧力拙望奢,倘能由此引起诸君运用思考,增加研究兴趣,区区心愿已算达到了。"[①]

过去研究者对邹韬奋抗日救国题材的言论给予较多的关注,而对于品评社会万象这类看似"琐碎"的小言论不是太重视。我认为,这类言论同样散发着熠熠光彩,反映了邹韬奋的启蒙主义文化观、人生观等,在指引青年进行正确思考和选择人生道路等方面发挥了重要作用,具有历史进步性。我们可以看到,"小言论"从恋爱、婚姻、求学,到社会问题、政治、军事等,都是围绕一些社会热点及读者特别关心的问题取材的,许多言论在今天看来仍有价值。阅读这些"小言论"可以感受到,邹韬奋对青年的人生理想、职业规划、道德修养等都有着独到见解。在《肉麻的模仿》中,他写道:"模仿本来不是坏事情,而且有意义的应需要的小模仿反是一件极好的事情。例如模仿外国货以塞漏卮,模仿强有力的海陆军以固国防,模仿良好品性以正身修心,何尝不好? 但是无意识的模仿,便有不免令人肉麻的地方!"[②]并且批判了一些刊物模仿《生活》周刊的排印格式等缺乏创造性的现象,告诫青年"要有自动的精神,有创作的心愿,总能有所树立,个人和社会才有进步的可能"。在《大失所望》一文中,他觉得"中国有许多旧式婚姻,女子嫁与素不相识的人,并不是心爱的人,嫁后仍勉强敷衍,或不得不卫护着,也无非是'良人者,所仰赖以终身者也'的心理占大部分"[③],同时提倡青年人追求心满意

---

① 《预告读者的几句话》,《韬奋全集》第 3 卷,上海人民出版社 1995 年版,第 463 页。
② 韬奋:《肉麻的模仿》,《生活》周刊第 3 卷第 39 期,1928 年 8 月 12 日。
③ 韬奋:《大失所望》,《生活》周刊第 2 卷第 47 期,1927 年 9 月 25 日。

足的真诚的纯粹的爱,从而得到真正的幸福。另外,不少提倡现代教育、对择业的指导的言论也很有现实意义。

邹韬奋特别关注妇女问题,对于女子选择职业、追求婚姻自由等发表的观点明显受到了西方民主思想的影响,如《一封万分迫切求救的信》《一位不嫁的女书记官》《令人敬仰崇拜的女接线生》《以后谁娶黄女士的便是 hero》等文鼓励女青年要自立自强、充分实现自我价值,同时抨击了封建的妇女贞操观和婚恋观,对不幸被骗失足的女性给予了深深的同情,反对社会对她们的歧视和打压。联想到当今社会舆论中仍然存在着对受害女性的所谓"荡妇羞辱",进行二次伤害的现象,这样的言论实属难能可贵。《这是现代的女子啊!》一文,则反映了邹韬奋对现代女子体格的新要求。他反对传统思想中对女子温顺柔弱的定位,主张我国女子也应该像西洋女子,以体格强健、发育平均、精神活泼为美观的重要条件,并认为这不但"关系着女子的一生幸福,家庭的美满姻缘,而且关系未来的国民体格"。①联想起邹韬奋生活的时代背景,当时封建道德思想尚在社会生活中广泛存在,这类小言论的针对性和历史进步作用是不言而喻的。

作者推崇新闻自由,注重言论的批判功能,对社会上一班腐败官僚、假公济私的官吏,以及种种社会不良风气等都是不遗余力地加以抨击,充分发挥了媒体的舆论监督作用,如《多么为国争光的教育局长!》《民穷财尽中的阔人做寿》《柏林大学找不出这位博士》《门房代理校长》《饭桶领事应即撤回》等。《多么为国争光的教育局长!》一文写到,某省三十几个县教育局的局长同往日本考察,他们在船上装有拉水马桶和小便器等设施的洁净卫生间里,大便完不冲水、在便器外小便一地;在旅店房间里的地毯上随便吐痰;深夜里"偏要破例涨着喉咙高谈阔论,狂呼疾叫,也屡次被那个向未受惯自由幸福的旅馆执事所干涉"。②这篇短文将这些"知识阶级领袖"的丑恶嘴脸

---

① 韬奋:《这是现代的女子啊!》,《生活》周刊第 3 卷第 30 期,1928 年 6 月 10 日。
② 韬奋:《多么为国争光的教育局长!》,《生活》周刊第 4 卷第 50 期,1929 年 11 月 10 日。

活灵活现地刻画出来,也让人们对中国教育事业的前途产生忧虑:

> 还有一部分良好成绩是到日本之后,在旅馆里表演的。听说他们
> 所住的房间倒也还讲究,每日需费八元。但是在上面所说的那几位教
> 育大家,讲究反而糟糕,因为讲究的房间里不幸铺了讲究的地毡,他们
> 却很不讲究的在毡上随便吐痰。旅馆执事似乎不好意思直斥顾客,当
> 着他们的脸把服侍的下女(日本女仆之称)大骂一顿,说她不善收拾,限
> 定立把毡上弄干净。一波方平,一波又起,这几位教育家里面有一位病
> 了,大吐,吐得满地都是,此时地毡不地毡,当然更顾不得许多。有病当
> 然可算特别原因,旅馆执事只得请求赶紧送入医院里去,怎奈这位教育
> 家不知怎地只愿请医生来看,不愿进医院(我国内地原有许多人怕西
> 医,更怕进什么医院),旅馆怎肯罢休,相持不已,后来总算我国的留日
> 学生监督觉得再闹下去更有光荣,用了九牛二虎之力,才勉强把他半推
> 半就的送入医院里去。①

在《生活》周刊前期,小言论内容侧重讨论"个人的修养";而面临国家危
亡之际,国民党的不抵抗政策使得爱国的邹韬奋思想受到了震动,开始由民
主主义者逐渐向共产主义者转变。九一八事变前后,他撰写了大量以抗日
救亡为主要内容的小言论,如《决死之心和怯懦自杀之区别》《战与不战的问
题》充分表现了邹韬奋对祖国的热爱、对民族危机的忧思,对积极抗日者的
热情讴歌,以及对奉行不抵抗政策者的无情鞭挞。他揭露日军侵华真相,不
遗余力地对马占山将军的抗日行动加以赞誉、并组织社会捐款,呼吁全国上
下一致团结对外,许多言论有着振聋发聩的作用,如:"国人所感受的耻辱,
可谓无以复加,在此鲜廉寡耻的黑暗境界之中,突然涌现一位为民族争光屡

---

① 韬奋:《多么为国争光的教育局长!》,《生活》周刊第 4 卷第 50 期,1929 年 11 月 10 日。

以死抗暴日兽军的黑龙江代理主席马占山将军,我们不得不以满腔热诚对马将军以及他的忠勇愤发为国效死的将士顶礼膜拜,致其无上的敬意。"①

发表于 1931 年 10 月 17 日《生活》周刊的《宁死不屈的准备应战》热切地鼓舞民众积极准备应战,认为即使战死也比做亡国奴强:"暴日之谋我已二三十年,而我国只耗精神财力于内战,国防可谓无丝毫准备,至今日而始言准备应战,实在是一件极痛心的事情。但国难至此而尚不作应战的准备,更为全世界上最无耻的民族。以我国目前军备之远不如人,谓为可由开战而胜,我苦于说不出理由,并且虽听见不少人举出的理由,也都不能认为可靠。然我犹主张宁死不屈的准备应战者,以为不战而死,不如战而死,全国死战偕亡,胜于忺忺睍睍做亡国奴;况且真能全国死战抗敌,或许于一部分之牺牲外,尚得死里求生。同时我国在外交方面应极力打破孤立的局面,观察全局,联络中山先生所谓'以平等待我之民族',在互利而不辱国的条件之下,向前奋斗。"②

而《做阴寿式的国耻纪念》发表于九一八事变一周年的前一天。当时日寇紧逼,国民党却推行不抵抗政策,中华民族的命运成为国人最关心、焦虑的问题。邹韬奋面对迫在眉睫的局势,揭露日寇暴行,抨击国民党表面上大做国耻纪念、却制止爱国运动且不积极收复失地的行径,告诫大众"如果国耻忘却,却更无雪耻的时候"。

二、"小言论"折射出作者敏锐的社会观察力及卓越识见

邹韬奋在《征求一位同志》一文中指出,选拔撰写评论的人至少应注重四个条件:最最重要的品性是要能严格的大公无私;锐敏的观察与卓越的识

---

① 韬奋:《为民族争光的马将军》,《生活》周刊第 6 卷第 47 期,1931 年 11 月 14 日。
② 韬奋:《宁死不屈的准备应战》,《生活》周刊第 6 卷第 43 期,1931 年 10 月 17 日。

见;文笔畅达;至少须精通一种外国文。①小言论的"小"并不是无足轻重,除
了体现在文章体裁的短小精悍外,还表现为它在选材上往往是大处着眼、小
处着手,用较短的篇幅表现出有价值的思想主题,这其实对作者的思维能力
和写作水平要求是很高的。邹韬奋认为短文的优点是"作者替读者省下了
许多搜讨和研究的时间,省下了许多看长文的费脑筋的时间,而得到某问题
或某部门重要知识的精髓"②。而要达到这样的效果,就要求作者有着丰富
的人生阅历,敏锐的观察力,以及卓越的识见。

邹韬奋在自传中是这样谈及其"小言论"的写作体会的:"这一栏也最受
读者的注意;后来有许多读者来信说,他们每遇着社会上发生一个轰动的事
件或问题,就期待着看这一栏的文字。"③他的小言论大多具有较强的时效
性,往往取材于生活中最新发生的、有代表性的事件,这与他密切关注时事,
能够及时、准确地了解新闻事件的重要性及来龙去脉有关,同时与作者的社
会责任感和新闻敏感也是不可分的。邹韬奋的"小言论"多采用夹叙夹议的
写作手法,使得其新闻性和思想性水乳交融,显得立体丰满、有血有肉。邹
韬奋在提出问题、分析和解决问题的过程中是游刃有余的,将深刻的思想与
简洁、通俗的事件描述有机地结合在一起。

九一八事变发生不久,邹韬奋在 1931 年 9 月 26 日出版的《生活》周刊
第 6 卷第 40 期上,少见地一次发表了四篇"小言论",即《应彻底明瞭国难的
真相》《唯一可能的民众实力》《一致的严厉监督》《对全国学生贡献的一点意
见》,揭露日本侵华真相,呼吁全国上下一致团结对外,发挥了积极的作用。
能够在事变发生后仅仅一星期左右的时间里,从不同侧面发表对国事的看
法,分析问题切中肯綮,并提出可行的建议,可见邹韬奋有着媒体人的使命
感和极强的政治及新闻敏感。如:"这个态度便是督促全国上下一致团结对

---

① 韬奋:《征求一位同志》,《生活》周刊第 5 卷第 34 期,1930 年 8 月 3 日。
② 《经历》,《韬奋全集》第 7 卷,上海人民出版社 1995 年版,第 205 页。
③ 同上书,第 198 页。

外。无论何人,无论何派,到了这个危急存亡的时候,如再图私利,闹私见,而有妨碍一致团结对外的举动,我们全体国民应群起反抗。"①

因其有着卓越的观察力和对社会现实的深入认识,邹韬奋往往善于撷取生活中的一些小事或者新闻事件,以之为由头引发议论,并且从中发掘出深刻的道理。同时,圣约翰大学毕业的邹韬奋精通英语,具有开阔的视野,常常将种种社会现象与国外的情况作比较,并积极借鉴西方国家的先进理念及经验,旨在促进社会改良,使其言论更具有说服力。

比如《民穷财尽中的阔现象》一文写到,一天上午,作者送朋友到车站去乘京沪特快,买到了票子却几乎乘不着车子,因为朋友准备乘三等车,而火车头拖着的十一节车子中,头二等车占去了八节、三等车只有三节,且塞得很厉害。然后将这一现象与法国为工人设廉价票、日本政府将火车票降价作对比,以反语的方式,对政府不重视普通民众利益的行为提出批评:

> 再进一步说,头二等多而三等独少,正可以表示阔人数量较前突增,未尝不是于民穷财尽中略争国家无上的体面! 据报纸所传,京沪、沪杭两路车票原有头等减价二三等加价之拟议,或许也是出于要想提高国民经济地位的苦衷,以后那个火车龙头所拖着的车子索性尽是头等,岂不更阔?
>
> 据本刊法国通讯所说,巴黎通达各村的铁道,不但早晚特为工人增加车辆,并有廉价的常期票及来回票;日本政府自"狮子总理"上台后,虽大行其所谓"紧缩政策",但据本刊日本通讯,则已定于本年四月一日起将火车票减价,以便平民。他们竟不明白提高国民经济地位的道理,真有点令人不懂!②

①　韬奋:《一致的严厉监督》,《生活》周刊第 6 卷第 40 期,1931 年 9 月 26 日。
②　韬奋:《民穷财尽中的阔现象》,《生活》周刊第 5 卷第 10 期,1930 年 2 月 16 日。

《奴性十足的舞弊本领》揭露了香港华捕对本国同胞借口检查而勒索钱财，而对于外国人则不敢有此行径。文章使用了鲜明的对比手法，更凸显出香港华捕"奴性十足"的特点。作者感叹到中国人处处受人侮辱，原因之一是只顾自己一个暂时的省事，而并不想到社会方面所受的恶影响，这也是一种"助桀为恶的劣根性"；而外国人往往不能容忍，必要报告上级人员，所以华捕不敢勒索外国人。这一对国民性的批判发人深省：

> 前两天在下有一位亲戚路经香港来沪，在香港上岸住了几天再上船，竟发现一件香港华捕优待本国同胞旅客的事情。据说你上岸的时候，如果没有多带什么行李，还不觉得有这种优待；如果你不幸多带了几件行李，巡捕藉口检查，把你的箱子开起来，一件一件衣服很仔细的翻开来，把许多原来很整齐紧凑放在箱内的衣物，乱七八糟的翻堆成山，一面且翻且堆，一面向你开口"讲价钱"，如你"勿识相"，他翻了一箱又一箱，给你一个好机会去耽误时间及享受重新收拾的麻烦！像我那位亲戚带了十七件行李，那认真办公的巡捕先生竟开口索五十块钱，后来翻了许久，叽哩咕噜的拿了几块钱去，才把尚未翻乱的箱子免查。上岸时如此，上船时也如此。据我那位亲戚所见，不但他得着这种优待，许多中国人作旅客而多带了一些行李的都享得着同等的待遇，但是这种如狼如虎的巡捕，一遇着外国人，却一概不敢丝毫露出这种认真办公的手段。①

三、题目简洁生动，语言充满幽默感

邹韬奋的小言论写作精良，有着比较浓厚的文学色彩，文风清新自然，

---

① 韬奋：《奴性十足的舞弊本领》，《生活》周刊第 4 卷第 32 期，1929 年 7 月 7 日。

通俗易懂,在谈笑风生中阐明自身观点和态度。小言论时而风趣幽默,时而沉稳严肃,独具特色,引人入胜。"小言论"的"小"也体现在其形式精巧上。邹韬奋《经历》一书谈到他办《生活》周刊的经验时,强调"要使读者看一篇得一篇的益处,每篇看完了都觉得时间并不是白费的。要办到这一点,不但内容要有精彩,而且要用最生动最经济的笔法写出来"。①

　　邹韬奋幼年时受到了以中国传统文化为主的良好教育,他中学以后就读的新式学校也重视国文培养。他不仅在课外阅读了许多中国文学经典,以及梁启超、黄远生等的言论、通讯作品,还积极向报刊投稿。良好的教育背景以及自觉的阅读、写作训练,使邹韬奋拥有扎实的语言文学功底。邹韬奋的"小言论"中,记叙与议论、抒情的普遍结合,使文章很有感染力。他的作品字里行间充溢着丰富的情感,往往直抒胸臆,毫不掩饰自己的爱憎。由于受到五四新文化运动、特别是"文学革命"的熏陶,其作品语言通俗易懂,有口语化和大众化的特点,邹韬奋本人也说过:"本刊力避'佶屈聱牙'的贵族式文字,采用'明显畅快'的平民式的文字。"

　　这些小言论的题目简洁而鲜明,常常只用几个字、一目了然地概括出这一则评论最精华的内容,如《门房代理校长》《国庆与国哀》《国联无再研究之必要》《滥用与搜刮》《卧着拿薪水》等,标题浓缩凝练,能够使读者产生阅读兴趣。文章语言非常幽默、形象,经常运用细节描写,把场景刻画得十分生动。比如,在《白忙了一顿》一篇,邹韬奋以纯熟的白描手法,勾勒了教育部派员视察审核上海一所私立大学立案的情况。学校当局手忙脚乱地大大准备了一遍,令教务处焕然一新,而视察员"太不体谅",瞧了教务处之后,还要参观学生寄宿舍和图书馆:"他走进学生寄宿舍之后,当时已在上午十时后了,却瞥见好几处尚有学生在榻上高枕而卧,呼呼的睡梦正酣,把上课的时间暂时借为睡觉的时间,引导参观的几位先生只得面面相觑,无话可说。学

---

① 邹韬奋:《经历》,《韬奋全集》第 7 卷,上海人民出版社 1995 年版,第 205 页。

校训育和个人修养都须重在平日的工夫。个人在平日缺乏修养,临事便易于心慌意乱,手足失措;学校在平日对学生既随随便便.高兴上课就上课,高兴睡觉就睡觉,临时要他们认真起来,把睡觉时间和上课时间暂时分分清楚,倒也不是一件很容易的事情。""闲话少讲,且说那位特派视察员由寄宿舍而图书馆,一看各书架上金字辉煌的洋书虽不很多,倒也不很少。他这样东张西望的瞧瞧也罢了,无故又抽出几本翻开来看看,看见书上写有私人的姓名,再抽几处,也有同样的特色。原来该校图书馆书籍本来不多,所用的管理员又志在不管不理,常常身在馆外瞎跑,于是书籍更大大的不胫而走。临时才把许多教员和学生的书暂时搬来排列。"①

又如《门房代理校长》一篇对一所学校的无政府状态进行了抨击,所用语言多为反语,充满讽刺意味,也是让人忍俊不禁,同时令读者对当时教育的不良现状有了较为深刻的认识:"据说从前那个中学的校长,是由身在省会的一位政客遥领的,所以学校里实际上本无所谓校长。至于教职员呢,没有一个不是鸦片同志,雀战大王,除此两字以外,一切不问。他们这样高明,怎样能够拿书本上课呢? 这个地方不得不谢谢那些宽洪②大量的学生。"③

门房代理校长

最近在下遇着一位老朋友,他是刚到内地某县省立某中学做了半年的新校长,寒假中才回到上海来看看亲友的。他和我谈起那个中学半年以前的情形,真是增长了我不少的知识!

据说从前那个中学的校长,是由身在省会的一位政客遥领的,所以学校里实际上本无所谓校长。至于教职员呢,没有一个不是鸦片同志,雀战大王,除此两字以外,一切不问。他们这样高明,怎样能够拿书本

上课呢？这个地方不得不谢谢那些宽洪大量的学生。那个学校里的学生居然有三百余人，约可分为四等人物：第一等是只在校里吃饭，一年到底不上课堂的；第二等是到课堂里勉坐片刻，等教员点完了名就溜的；第三等是坐到一半时间堂而皇之的退出的；第四等是在学生方面看起来算是十足的"阿木林"，而在学校当局看起来算是再好没有的，是照上课时间始终坐在课堂里看小说！所以做教员的尽管多多请假，高兴的时候命驾来瞎三话四一番，没有人和他计较的，因为并没有一个人在那里听他说些什么！教员匆匆下了课，归心如箭的出校去于他们的"黑化"和"碰！"的要事。有一位新来的教党义的教员，还不知道学生们的宽洪大量，因为自己对"三民主义"的内容弄不清楚，怕上课，十课就有九课请假，只要他的小舅子生了一个儿子，他的阿姊死了一个小叔，都是他请假的好机会！上课以后的时间，便是上面所说的四等人物"造反"的时间，可以闹得天翻地覆，无奇不有。这个时候，校里教职员都早如鸟兽散，其先还有一位庶务先生，后来因为实在对付不了，也溜之大吉，全校除学生外，只剩下一个门房里的茶房，于是门房就等于代理了校长！无论什么人如有事和这个学校接头，只有向这位代理校长的茶博士说话！

那个学校九年没有考试过，无论大考小考都没有，能否毕业，不问成绩，只问在校里吃满了几年饭！

这样造成的人材对国家社会当然有不可思议的大贡献！有一位朋友说，你不要这样少见多怪，内地这样好的学校恐怕不少啊。我听了更不禁为我国教育前途庆幸！我们常听见人说中国办了三十余年的新教育，有什么成绩？他们独不想，像这样的成绩，世界万国，有那一国的学校造得出？及得到？还说没有成绩，未免太奢望了。

我那位朋友去接手的时候，带了六位很认真的教员，不到一个月，校里原有的教员大贴布告，痛斥这是"文化侵略"，可是学生看见新教员教得好，并不受他们的煽惑。我那位朋友首先恢复考试，学生说只要教员能教我们懂得，考试也无妨。现在该校已渐渐的上轨道了。这样看来，办学的人不要只怪青年，自己先要拿点"颜色"出来。①

邹韬奋的写作功力还体现在用词的精当上，寥寥几笔就描写出一个事件、场景的全过程。同时，善于采用多种修辞手法、使得文章腾挪跌宕。如运用对比的手法，将普通民众的生活惨状与国民党官吏的奢靡生活进行对比，同时注入作者的情感，使读者对社会问题得以有直观而深刻的认识；"试读陕民最近乞赈之电，'路旁白骨，村中绝户'，'流亡载道，死丧枕藉'，'惨情苦况，亘古罕闻'，苟有人心，能无悲恻；而又一方面却看到一掷巨万阔阔的青天白日下的高级官吏，不知他的钱是那里来的，本人不以为耻，社会不加制裁，且有'党政军界各要人各团体等'趋跄恐后的凑热闹！"②"据说由俄归国的华侨均鸠形垢面，衣不蔽体，对人述及俄方虐待，至于泪下，现在衮衮诸公尚有勉强笑颜以表示欢迎的机会，尚得瞻仰'贵宾'的'高视阔步'，荣幸多矣！"③而对仗、排比等手法的运用，则增加了文章的气势和感染力，如"既惨苦而尚须勉强作欢声，既伤心而尚须勉强作笑颜，此时精神上的痛苦实比千刀万剐还要难受！"④

邹韬奋一向把读者放在平等的地位，"无意做导师，而是做朋友"，他充分发挥了服务读者和引导读者的精神，善于答疑解惑，文章思想主题进步，风格平易近人、深入浅出，强调"雅俗共赏"，为广大读者所乐于接受。邹韬奋的"小言论"影响了一代青年，如赵超构（林放）在读中学时开始接触邹韬奋的作品，并且从思想和文风上受到了其影响，开始了时评的写作，"学着走韬奋的路子"，终成杂文大家。

---

① 韬奋：《门房代理校长》，《生活》周刊第 4 卷第 16 期，1929 年 3 月 17 日。
② 韬奋：《民穷财尽中的阔人做寿》，《生活》周刊第 6 卷第 1 期，1930 年 12 月 13 日。
③④ 韬奋：《勉强以笑颜表示欢迎》，《生活》周刊第 5 卷第 15 期，1930 年 3 月 23 日。

　　赵超构在《邹韬奋先生》一文中对邹韬奋"小言论"的宝贵价值给予中肯的评价："他最好的文章,也就是那些谈最平常的道理的文章,一句话,他是'常识家'。然而不幸,——我们中国社会所最缺乏的,偏偏就是常识！常识在中国,反成为最不平常的知识了,这是可悲的。但因此,也成就了韬奋先生的贡献。若从这一方面说,他那一种通俗明白的文字,是很有社会教育的效果的。小言论和萍踪寄语两书,尤其满足了都会市民的胃口,后来的文字稍为政论化了,反而和一般市民发生了距离,失去旧有的魅力,这是从常识家转到政论家的必然结果,当然不能说是他的文字失去光彩的缘故。"①邹韬奋的"小言论"如今看来仍有着跨越时代的魅力,其成功之处值得深入探讨和学习。

---

①　赵超构:《邹韬奋先生》,林珊:《赵超构》,人民日报出版社 2005 年版,第 116 页。

第四章
邹韬奋海外通讯的特色及其文化史价值

  我国现代新闻史上曾出现一批有着深远影响的海外通讯作品,如瞿秋白的《饿乡纪程》《赤都心史》、胡愈之的《莫斯科印象记》、杨刚的《美国札记》、萧乾的《南德的暮秋》《银风筝下的伦敦》、赵敏恒《伦敦去来》等,此类作品通常是报道某个国家或民族生活中的政治、经济、文化、社会现象,多采用夹叙夹议的手法,将对事实的叙述与画龙点睛式的评析相结合,以其纵观中西社会文化的开阔视域和精良的写作艺术而产生了积极的影响。邹韬奋的海外通讯作品在其中占据了重要的地位,在中国现代新闻史和文化中上均有其独特的价值。

  邹韬奋一生除主持多家新闻出版机构外,在新闻业务方面也很有建树,撰写了大量新闻和言论作品。1933—1935 年,邹韬奋因参与民族救亡活动,被迫流亡海外两年多。他于 1933 年 7 月 14 日秘密离沪,游历了意大利、瑞士、荷兰、法国、英国、比利时、德国、苏联、美国等国,本来还打算去日本,因"《新生》事件"发生,于 1935 年 8 月底回国。邹韬奋在游历欧美的同时,系统地学习了马克思列宁主义理论著作,做了许多读书笔记,后来写成《读书偶译》一书,介绍了马克思的生平及其思想,以及恩格斯和列宁的思想。这一段人生经历,对他从民主主义者转变为无产阶级新闻战士有着重要意义。这期间及回国后,邹韬奋陆续发表了一系列通讯作品,后结集为《萍踪寄语》《萍踪忆语》等。它们既是新闻通讯作品的经典之作,以其开阔的视野和丰富的内容吸引了广大读者,也颇具文学性,又被视为优秀的散文作品。本文拟对这些通讯作品的主要特点以及其思想文化史价值进行分析,旨在为邹韬奋研究及海外通讯作品写作提供参考。

一、凸显作者中西社会文化比较的视野及洞察力

邹韬奋的《萍踪寄语》一、二、三集,以及《萍踪忆语》等,分别就欧洲几国、苏联、美国等国家的社会文化现象做了广泛而深入的考察,为当时迫切想要了解世界的国人提供了很好的材料。周恩来曾这样称赞《萍踪忆语》:"关于美国的全貌,从来不曾看过有比这本书所搜集材料之亲切有味和内容丰富的"。[①]廖沫沙在《记忆中的韬奋先生》一文中也对邹韬奋先生和他的作品赞誉有加:"他这种谦抑,几乎使人不能想象,他就是那写过《萍踪寄语》和《萍踪忆语》那样识见广博、研究精湛的韬奋先生,也使人不能想象,他就是那主编《生活》、唤起千千万万青年的爱国热情、指导千千万万青年走上救亡图存大道的韬奋先生,更使人不能想象,他就是那历经险阻、为人民为民族坚持民主团结、百折而不挠的斗士!"[②]邹韬奋的海外通讯作品受到了时人普遍的关注和认可。

在欧洲资本主义国家,邹韬奋重点考察了意、法、英、德等国。其中,英法是所谓西方民主国家,德意是法西斯国家。邹韬奋最先在意大利考察了十天,意大利人办事马虎,许多地方脏、乱、差严重,让人缺少安全感。邹韬奋到意大利时,恰逢法西斯十周年纪念展览会还没有闭幕,意当局鼓励人们去"览"。邹韬奋"特别注意的是他们究竟替意大利人民干出了什么成绩",所以也去"览"了一下,结果"一无所得","原来他们只不过按年

---

① 《患难余生记》,《韬奋全集》第 10 卷,上海人民出版社 1995 年版,第 833 页。
② 廖沫沙:《记忆中的韬奋先生》,《众说韬奋》,学林出版社 2000 年版,第 59 页。

把该国法西斯一党发展中的杀人照片,‘烈士’照片,所用的刺刀旗帜等等,陈列出来,尤多的当然是他们的老祖宗墨索里尼的大大小小各种各式的照片"。①

1933 年 8 月 17 日,邹韬奋离开意大利进入"世界公园的瑞士",瑞士的山水之美令人陶醉。邹韬奋此次赴欧,主要是为了学习和观察,"并不含有娱乐的雅兴",所以瑞士并不是他重点关注的国家。但是因为路途经过之便,也去过瑞士的五个地方,在青山碧湖的环境中,惊叹"世界公园"的名不虚传。"全瑞士都是在翠绿中,除了房屋和石地外,全瑞士没有一亩地不是绿草如茵的,平常的城市是一个或几个公园,瑞士全国便是一个公园。"②类似地,邹韬奋还以优美的笔调写到了荷兰处处整洁的景观,并与我国作了比较:

当天下午三点三刻到海牙,到的时候却太阳当空,晴光四射,我因在荷兰没有什么熟友,便提着两个小衣箱,叫一辆汽车直驶中国使馆,一坐入汽车,第一印象便是整洁,向汽车的玻璃窗外面看看,第一印象也是整洁。那辆汽车是街上零租的野鸡汽车,但是汽车外面却油漆一新,揩擦得干干净净,里面的绒垫以及车旁的绒垫,都是很新很清洁的,这种汽车,在上海只能在私人自备的汽车中看得见的;再望望前面坐着的汽车夫,穿着黑呢的剪裁合身的制服,戴着黑呢的军帽,头发和胡子都修得很整齐,俨然好像是个军官似的。我最初以为我也许是碰巧乘着这样的汽车,但望望街上别部汽车,都相似。街道上也处处给人以整洁的印象,路旁的花草整齐而美,房屋的窗饰整齐而美,马路上和两旁行人道的清洁,简直好像用刷子刷洗过的。乃至来来往往的男女老幼,

---

① 《萍踪寄语·表面和里面——罗马和那不勒斯》,《韬奋全集》第 5 卷,上海人民出版社 1995 年版,第 673 页。

② 《萍踪寄语·世界公园的瑞士》,《韬奋全集》第 5 卷,上海人民出版社 1995 年版,第 680 页。

也个个整洁。①

邹韬奋对西方社会方方面面的考察及描写比较客观、深入。他的作品肯定了西方社会中文明现代的一面,普遍市容整洁、交通便利,科技发达,有许多值得我们学习的地方。如邹韬奋对意大利的印象是:人们做什么事都马马虎虎,但该国交通极为便利,铁路网联络全国各城市,这比中国只有几条老铁路的状况先进得多。"我们却老是这几条老铁路,好像就此终古似的","我们除开五千年亘古文明外,现在有什么胜过人家! 意大利不过是欧洲各国中的一个'瘪三',但却仍比我们胜一筹,说来惭愧"!② 邹韬奋在巴黎考察了一个多月,他认为"资本主义的破绽随处可见,但也并非一无是处"。就法国来看,表现在运用科学技术于交通上,使交通发达,效率提高,市政设施齐全,市民享用便利;另外,社会组织也很严密。对此邹韬奋认为:"资本主义社会里常会拿这样的小惠来和缓一般人民对于骨子里还是剥削制度的感觉和痛恨,但比之连小惠都说不上的社会,当然又不同了。"③

邹韬奋对西方社会的认识有一个发展过程,早期他比较理想化,醉心于欧美国家的自由民主,这与其深受五四时代精神的浸润有关,创办《生活》初期,他对胡适推崇备至,在《生活》周刊上发了一些有关胡适的文章及传记,可以看出他还是一个改良主义者。九一八事变后,他逐渐对国民党的统治失望,开始受到马克思主义影响。而在海外游历的两年多时间里,邹韬奋在切身体验西方先进科技和社会发展的同时,也对西方社会的大量矛盾及不和谐现象产生疑虑,思想进一步转变。他以富有洞察力和穿透力的叙述,揭示了繁华都市背后那些贫穷与不公正现象,如《离意大利后的杂感》《瑕瑜互

① 《萍踪寄语(二集)·唯一的女性统治的国家》,《韬奋全集》第 5 卷,上海人民出版社 1995 年版,第 807 页。
② 《萍踪寄语·离意大利后的杂感》,《韬奋全集》第 5 卷,上海人民出版社 1995 年版,第 678 页。
③ 《萍踪寄语·瑕瑜互见的法国》,《韬奋全集》第 5 卷,上海人民出版社 1995 年版,第 695 页。

见的法国》《独立观念的叫化子》《德谟克拉西的教育真相》等文,对资本主义制度进行了反思。

邹韬奋是具有平民意识的知识分子,特别关注普通人的生活。在伦敦,他租住在一个孤苦伶仃的老太太家里,并且根据自己的观察写出了一篇名为《华美窗帏的后面》的通讯作品:

> 记者上次曾经谈起伦敦一般居民的住宅,除贫民窟的区域外,都设备得很清洁讲究,在马路上就望得见华美的窗帏。但在这华美窗帏的后面究竟怎样,却也不能一概而论。像记者现在所住的这个屋子,从外面看起来,也是沿着一条很清洁平坦的马路和行人道,三层洋房的玲珑雅致,也不殊于这里其他一般的住宅,华美的窗帏也俨然在望,但是这里面的主人却是一个天天在孤独劳苦中挣扎地生活着的六十六岁的老太婆!……①

老太太的丈夫因为有精神病,多年来一直被关在疯人院里;两个儿子因世界大战而死去,女儿嫁给钟表店的伙计。老太婆作为这栋房子的二房东,每天辛苦地为房客整理房间、准备早饭和汤水。

她因为怕影响女儿的家庭幸福而情愿独自生活和劳作。

> 这个屋子她租了二十年,房屋依然,而前后判若两个世界,她还得做二房东以勉强维持自己的生活,租了六个房客(中国房客就只记者一个),因租税的繁重,收入仅仅足以勉强糊口,每天要打扫,要替房客整理房间,要替各个房客预备汤水及早餐,整天地看见她忙得什么似的。她每和记者提起她的儿子,就老泪横流,她只知道盲目地怨哀,她的儿

---

① 《萍踪寄语·华美窗帏的后面》,《韬奋全集》第5卷,上海人民出版社1995年版,第718页。

子给什么牺牲掉,她当然不知道。处于她这样前后恍然两世的环境中,在意志薄弱的人恐怕有些支持不住,而她却仍能那样勤苦的活下去,我每看到这老太婆的挣扎生活,便觉得增加了不少对付困难环境的勇气。①

邹韬奋的这篇通讯主要采用了白描手法,见微知著地反映出第一次世界大战后及世界性的经济危机中发达资本主义国家的社会面貌、平民的生存惨况,以及战争带给人们的深重灾难。作者透过现象揭示本质,表达了对普通民众真挚的同情。该文已成为通讯史上的经典作品。充分反映出作者人文主义关怀精神的,还有《法国的农村》《如此救济》《黄石公园和离婚胜地》《大规模的贫民窟》等文章。

在《瑕瑜互见的法国》一文中,邹韬奋首先客观公正地分析了资本主义制度发达的法国的种种优点,比如交通方面由于运用新科技而带来很大便利。"在法国凡是在五千户以上的城市,都可由电车达到;在数小时内可使全国军队集中;巴黎的报纸在本日的午后即可布满全国;本国的信件,无论何处,当天可以达到……"②此外,一般市民享用的设备也很发达,有随处可见的公园,到处都有花草和种种石像雕刻的点缀,马路宽阔平坦,市办的浴室也干净价廉,这些都是值得我们学习的。而另一方面,又介绍了法国社会的组织严密,每人得随身带着"身份证"备查。并且评论到,这种严密的办法,对于在极力挣扎维持现有的不合理的社会的统治者,反而可以用来"苟延他们的残喘"。

《大规模的贫民窟》一文描写了伦敦贫民窟的情形,这里居住环境差,房屋破烂拥挤,卫生条件差,"很少令人和疾病不发生关系"。作者进而联系社会经济背景,深入分析指出,贫民窟问题也是资本主义制度下的一部分的产

---

① 《萍踪寄语・华美窗帷的后面》,《韬奋全集》第 5 卷,上海人民出版社 1995 年版,第 718 页。
② 《萍踪寄语・瑕瑜互见的法国》,《韬奋全集》第 5 卷,上海人民出版社 1995 年版,第 693 页。

物。"土地的私有专利,房租的高抬,工人的贫穷,都一概不顾,只想如何如何叫工人从贫民窟里搬到新屋里去,便以为这问题可以解决了,这真是在饥荒时代劝人吃肉糜的办法!"①《世界上最富城市的解剖》则写了美国贫民窟的情形。邹韬奋勾勒了纽约、华盛顿等大都市的奢华,同时更加深入到"为一般旅客所忽略的另一角",揭露劳动人民的窘迫、失业救济的虚伪、黑人的备受歧视……这些篇章既客观、全面地反映了事物的真实情况,也倾注了作者的情感,容易引起读者共鸣。

与当时一些人一味地赞美西方社会和文化相比,作者因带着对社会发展趋势的深入思考,以及拥有新闻记者敏锐的观察力,避免了蜻蜓点水似的描写,而是深刻地揭示了西方社会那些实质性的内容。尤为可贵的是,邹韬奋对正在兴起的法西斯势力非常警惕,通过切身地观察德国、意大利等国家的社会政治面貌,写了《所谓领袖政治》《褐色恐怖》《种族的成见和梦想》《纳粹统治下的教育主张》等文章,尖锐地揭露了法西斯的独裁恐怖本质、种族主义成见、这些国家人民迷茫的精神状态,并分析了法西斯主义形成的经济和社会心理原因,折射出作者的马克思主义理论水平和卓越见识。

1934年7月14日,邹韬奋从伦敦坐船去苏联访问。他在船中遇到美国全国学生同盟的旅行团,应邀结伴同行,19日抵列宁格勒,20日到莫斯科。

邹韬奋在对苏联的考察中,多采用对比、对照等手法,突出了苏联的工农业成绩、社会进步、劳动人民生活改善等,为国人了解这个崭新的国家提供了一扇窗。他写了一系列报道,如《中央文化休养公园》《幼稚园》《诊疗院和工人住宅》《社会化的工资》等,介绍了普通劳动者可以在克里米亚度假胜地休养,工人和农民的子女得以在托儿所、幼稚园里得到好的照顾,工人的养老和医疗均得到保障等新鲜事物,并结合自己掌握的马克思主义学说对之作了分析。在与欧美资本主义国家及中国的现状作比较中,凸显了新生

---

① 《萍踪寄语·大规模的贫民窟》,《韬奋全集》第5卷,上海人民出版社1995年版,第766页。

的社会主义国家的优越性。不过,邹韬奋对苏联的新制度不遗余力地赞美,而对其中一些不尽如人意的现象的批判则稍显薄弱。

1935 年 5 月 11 日,邹韬奋乘德轮欧罗巴号离伦敦赴美,在三个月的时间里,邹韬奋从东部到西部,从北方到南方,从城市到乡村,对美国的政治、经济、社会、文化各方面,如政治背景、劳工运动、农民运动、青年运动、杂志和新闻事业等等,都作了全面的深入考察和研究,"尤其注意的是旧的势力和新的运动的消长,由此更可明了资本主义发达到最高度的国家的真相和它的未来的出路"。①邹韬奋既考察了纽约等城市的摩天高楼林立的繁华景象和现代物质文明的便利,也考察了在美国工人受到的残酷的剥削压迫。尤其通过在美国南方的考察,邹韬奋对于资本主义本质的认识更加深刻了。

作为一位爱国主义者,邹韬奋追求的是中华民族的解放与强盛,所以格外注意考察这些方面的问题。有学者总结到,邹韬奋到了法国、英国等,觉得资本主义有一些不合理之处。在游历了苏联之后,觉得社会主义很好。到了美国北部纽约等城市参观一些工厂学校,又觉得资本主义还是不错的。这时他的想法是,只要中国人发奋,好好干,社会主义与资本主义都是出路;不好好干,社会主义、资本主义都没有办法。可是,这次在美国南部看到了露骨的贫困、凶残、压迫以及黑人与白人共产主义者的艰苦工作、坚决奋斗,他才深刻地体认到资本主义的本质。②7 月初,邹韬奋在与留美的中国共产党人讨论如何加入共产党的问题时说,许多中国人在那里歌颂美国资本主义的文明与繁荣,但是美国自己的人民,尤其是工农大众的先进分子,却正在努力着来推翻他们的资本主义,正在计划着用真正文明的社会主义和共产主义来代替。他因此觉得社会主义与资本主义不是可以任意选择的两条路。中华民族的彻底解放,只有在社会主义的无产阶级政党的共产党领导

---

① 《萍踪忆语·弁言》,《韬奋全集》第 7 卷,上海人民出版社 1995 年版,第 293—294 页。

② 参见徐永煐:《韬奋的共产主义思想》,邹嘉骊编:《忆韬奋》,生活·读书·新知三联书店 2015 年版,第 191 页。

之下，才能获致。而且也必定朝着社会主义的方向走去。①

邹韬奋在《〈萍踪寄语选集〉弁言》中写道："我把这本小小的《选集》贡献于读者诸君，倘能由此使国人里面有更多的人了解世界的大势，看到别人的流弊知所避免，看到别人的优点知所取法，那便是作者所最欣幸的事情了。"②邹韬奋的海外通讯涉及当时欧美几个主要国家，很有代表性；而且题材广泛，既包括海外通讯常见的反映异域风土人情、介绍历史典故等内容；更注重研究现实的社会政治问题，并与中国的情况作比较，探求不同社会形态的本质，揭示其对中国的发展道路的参考意义。邹韬奋具有致力于民族解放和国家富强的强烈责任感，以及对社会万象充满理性的批判目光，使得他的海外通讯作品主题深刻、视野开阔，报道客观公正，这是其通讯的精华所在。他采用了第一人称叙事视角，使记者不仅仅是旁观者，也是一些事件的亲历者、参与者。这种写作手法类似于现在的"体验式报道"，以"我"的所见所闻所感为线索，去铺展整个社会的画卷，提升了通讯作品的现场感和立体感，从而达到了良好的传播效果。

二、特别关注海外新闻事业的情况及其优劣之处

在国外游历的两年多时间里，邹韬奋考察了欧美多个国家，因其从事新闻出版业，尤其注重对这些国家的新闻事业发展历史及现状进行观察和探究。在他的海外通讯作品中，有不少这方面的内容。他对《泰晤士报》等一些著名报刊的"个案分析"也很有启迪性。20 世纪 30 年代，我国的新闻事业相较欧美国家还比较落后。邹韬奋这些作品，不仅在当时对中国的新闻

---

① 参见徐永煐：《韬奋的共产主义思想》，邹嘉骊编：《忆韬奋》，生活·读书·新知三联书店 2015 年版，第 191 页。

② 《〈萍踪寄语选集〉弁言》，《韬奋全集》第 6 卷，上海人民出版社 1995 年版，第 344—345 页。

事业发展很有借鉴意义，也为后世的新闻史研究留下了珍贵资料。邹韬奋一方面对欧美新闻报刊的优点表示肯定，同时也对一些新闻报刊敌视中国的态度，以及其为资产阶级代言的本质进行了深刻揭露，有助于读者了解欧美国家新闻事业的整体面目及特点。这类通讯对研究邹韬奋这一时期的阶级和民族意识也很有帮助。

一些通讯作品将西方的报刊之间，以及与我国报刊的编辑出版情况加以比较，说明西方报刊在采编及印刷等方面有何长处，以彰显其特点。《世界新闻事业的一个中心》一文主要讲英国的报纸。邹韬奋将它们进行了比较，认为突出的特点是英国报纸都有其个性，"各报有各报的特点，极少雷同"。不但在言论上因各报的立场不同而内容互异，即在消息上也因为"各报的注意点不同"而取材迥然各异；有的消息，简直尽可以这报有，那报没有，就是遇着异常重大的国事或国际问题，问题尽管相类，而彼此所载的详略或注意点也不一样。"像每期销数达二百万份的《每日快报》(Daily Express)，向靠登载'惊人消息和男女秘闻'(sensation and scandal)著名的，该报在第一页用大标题描写的'社会新闻'，在注重政治要闻的《泰晤士报》上面，往往连页末小小的地位都占不到。"①

英国报纸有着鲜明的个性特点，不作表面上的模仿，以及报社设备上的科学化，相比我国当时不少报纸互相模仿、内容相近、风格大同小异的状况是有其长处的。此外便是于新闻里常常注意插图的加入，"以引起读者的特殊兴趣"。除"老气横秋"的《泰晤士报》外，各报对这点都很注意，尤其是《每日快报》，但还不及法国《巴黎晚报》新闻插图的新颖生动而丰富。"要加多这种新闻插图，不但摄影记者须灵敏而又具有吸取幽默材料的手段，而且印机也要好，印得明晰悦目，否则东一个墨团团，西一个一团漆黑，还是没有的好。"②

----

① 《萍踪寄语·世界新闻事业的一个中心》，《韬奋全集》第 5 卷，上海人民出版社 1995 年版，第 725 页。
② 同上书，第 727 页。

邹韬奋观察到巴黎著名的报纸《巴黎晚报》的一大特色,是有关新闻的相片不但很多,而且印刷得明晰:

> 它每遇有一重要的社会新闻,就有一二十帧的相片插图,夹在文字里面,使读者如亲历其境。它的相片插图不仅仅是登出几个有关系人的肖影,也不仅仅是和新闻有关系的呆板的房屋,尤其难得的是常能把当场发生事变的活动的人的举动情形摄入,这样的摄影记者的艺术和机敏就难能而可贵了。例如有一天的社会新闻里,其中有一幕是几个妇女在街上攘臂握拳打架,警察很尴尬地夹在中间解劝,被他们完全摄入,相片上的标题是"太太们开战"! 他们看了相片里的那样憨态可掬,再看到这幽默的标题,没有不失笑的。①

"文本固然也可以提供有价值的线索,但图像本身却是认识过去文化中的宗教和政治生活视觉表象之力量的最佳向导。"②后来邹韬奋在创办《大众生活》周刊、《抗战》三日刊等时,也采用了大量摄影技术精良、印刷清晰、"使读者如亲历其境"的照片,有时还以大幅照片作为封面。如在报道一二·九爱国学生运动时刊载了多幅有视觉冲击力的照片,还在封面刊登了一幅北平女学生陆璀拿着大喇叭进行宣讲的大图片,非常有震撼力。这大概也受到了海外知名报刊的影响。

邹韬奋谈及《孟却斯特导报》③的创造者史各特,最后写到史各特对新闻业的态度:"新闻业的根本意义,实包含忠实,纯洁,勇敢,公正,和对于读者及社会的责任的感觉……新闻纸的最基本的一种职务是在采访新闻,这

---

① 《萍踪寄语·再谈巴黎报界》,《韬奋全集》第 5 卷,上海人民出版社 1995 年版,第 701 页。
② Stephen Bann, "Face-to-Face With History", *New Literary History*,1998,29(2), pp.235—246.
③ *The Manchester Guardian*,今译为《曼彻斯特卫报》。

方面最重要的是要不畏艰险的保全真实,不应有丝毫成见参杂其间。评论尽可以自由,但是事实是神圣的,歪曲事情实以作宣传,这是最可痛恨的。反对者的声音也应有被听取的权利,并不应少于赞助者的声音所能得到被听取的机会……"①尽管这样的理念值得称赞,但在现实中客观公正是很难实现的。在肯定欧美报纸的一些优点的同时,邹韬奋在通讯中指出,西方报刊的立场也是很明显的,虽然它们标榜真实客观公正,但在新闻选材的取舍中也隐含着其阶级立场:

> 言论和消息,各有特殊的注重,以造成各报的个性,这原可算是报纸的一种优点。但是在资本主义的社会里面,也往往在这种"特殊"里面表现出很矛盾的现象。例如《每日工人》(*Daily Worker*,英国共产党的机关报)最近载有一段很凄惨的消息,据说有一个失业工人名叫诺烈斯(Walter Norris)饿着肚子在一个爱威尔橡皮厂(Irewell Rubber Co.)门前等候工作做,从早晨八点钟等到下午五点半,最后因完全无望,便跳入爱威尔河自杀。这是多么凄惨的一幕!但各报都没有,而差不多同时有个军官的小姐夜深由跳舞场乘汽车回家,因重雾,汽车误开到泰晤士河里面去,结果溺死,资本主义的报纸多把这新闻大载而特载,并把这位小姐的倩影放大登出来,表示不胜叹惜之意,而那位失业投河的工人,在新闻纸上的"惊人消息",却远比不上这位跳舞晚归乘着汽车驶入泰晤士河的小姐!②

《纸上自由》一文则指出英国和法国的报纸在纸面上拥有相当的自由,

---

① 《萍踪寄语·〈孟却斯特导报〉的创造者》,《韬奋全集》第 5 卷,上海人民出版社 1995 年版,第 736 页。

② 《萍踪寄语·世界新闻事业的一个中心》,《韬奋全集》第 5 卷,上海人民出版社 1995 年版,第 725—726 页。

甚至可以骂政府、号召推翻"统治阶级"。但实际上,资本主义的社会制度好像铜墙铁壁似的,"却不许你越雷池一步"。①由此可以看出,邹韬奋已经在用阶级分析的观点方法来分析欧美报业的发展状况。同时,从民族立场出发,他还特别注意到欧美国家的报刊对我国的态度,大多是轻视、不客观的。比如《英报背景和对华态度》一文指出,"除不是帝国主义喉舌的报纸外,不消说,对中国都存着轻视的态度"。②"西报上遇有关于中国的漫画,不是画着一个颠顶大汉匍匐呻吟于雄赳赳的日军阀枪刺之下,便是画着前面有一个拖着辫子的中国人拼命狂奔,后面一个日本兵拿着枪大踏步赶着,这样的印象,怎能引起什么人的敬重? 至于外国人中的'死硬'派,那更不消说了。这都是'和外'的妙策遗下的好现象!"③

《泰晤士报》是一份比较公正,且被邹韬奋颇为赞赏的报纸。邹韬奋在《谈〈泰晤士报〉》一文中回顾了该报创业的艰难,创办者始终不屈的奋斗,对英国报界言论自由的贡献等,以及该报报道新闻的准确和社论的高质量。在大段的赞誉之后,邹韬奋指出:"《泰晤士报》在英报中确可算为'铁中铮铮'者,不过在骨子里,对外仍是站在帝国主义的立场,对内仍是维持资产阶级势力的立场,却是很显然的事实,所以我们研究该报,仅就技术方面着眼,讲到政治立场,那又是另一回事了。"④

而再来看另一些祖护日本、颠倒是非的资产阶级报纸,"把中国骂得太坏了",甚至连他们国内的读者都不相信他们的话了:

> 法国报纸,除左派如社会党及共产党的机关报对中国不说坏话外,其余报纸对中国的态度没有不是坏的,尤其是在"九一八"之后受了日

---

① 《萍踪寄语·纸上自由》,《韬奋全集》第 5 卷,上海人民出版社 1995 年版,第 760—761 页。
② 《萍踪寄语·英报背景和对华态度》,《韬奋全集》第 5 卷,上海人民出版社 1995 年版,第 729 页。
③ 《萍踪寄语·船上的民族意识》,《韬奋全集》第 5 卷,上海人民出版社 1995 年版,第 648 页。
④ 《谈〈泰晤士报〉》,《韬奋全集》第 5 卷,上海人民出版社 1995 年版,第 733 页。

本的收买。像上面所说的《时报》，虽偏助日本，还不怎样明目张胆，还有和《时报》差不多的晚报，名叫《雄辩报》(*Journal des Débates*)，就更公开的骂中国而袒护日本。但《雄辩报》还不及早报名叫《巴黎回音》(*Echo de Paris*)对中国更坏，在中日事件发生后，该报天天骂中国，把中国骂得太坏了，骂得太不像样了，以致引起一般读者的怀疑，最后甚至不能相信他们的话！①

三、适当运用文学笔法，使通讯具有艺术感染力

在写作手法上，通讯较多地借鉴文学笔法，常常综合运用记叙、描写、议论、抒情等表达方式，以及象征、比喻、拟人等修辞手法。因此，优秀的通讯作品往往同时具有文学色彩，在确保真实性的基础上，善于生动形象地再现各种情景。邹韬奋既强调新闻作品的思想性，也注重其表现形式，认为不但内容要精彩，而且要用适当的方式展现出来。胡适曾多次谈到好文章的标准："我的主张，第一要明白清楚，第二要有力量，第三要美，文章写得明白清楚，才有力量；有力量的文章，才能叫作美，如果不明白清楚，就没有力量，也就没有'美'了。"②深受五四新文化思想浸润的邹韬奋，在主办《生活》周刊之初就在《本刊与民众》一文中提出"力避'佶屈聱牙'的贵族式的文字，采用'明显畅快'的平民式的文字"。③这种自觉追求使其通讯作品雅俗共赏，具有很强的生命力。

邹韬奋的海外通讯普遍采用夹叙夹议的手法，叙事和议论水乳交融在

---

① 《萍踪寄语·操纵于资产集团的巴黎报界》，《韬奋全集》第 5 卷，上海人民出版社 1995 年版，第697—698 页。
② 胡颂平：《胡适之先生晚年谈话录》，新星出版社 2006 年版，第 21 页。
③ 编者：《本刊与民众》，《生活》周刊第 2 卷第 21 期，1927 年 3 月 27 日。

一起，很少雕琢的痕迹。如《出了世界公园》一文，先通过讲述具体事例，让人了解到瑞士人对中国人的态度表面还好，但言谈中不时流露出将中国人视为"劣等民族"的意味。随后作者议论道："这个瑞士人的心理至少有两个要素：一是崇拜强权；二是老是把中国看作劣等民族，活该受人侮辱蹂躏！其实这不仅是这个瑞士人的心理，据记者出国后所听到国外侨胞的诉说，尽可说是欧洲一般人的普通心理，不过不便在嘴上明说罢了。我常于深夜独自静默着哀痛，聪明才智并不逊于他国人的中国人，何以就独忍受这样的侮辱和蹂躏！"①通过叙述自然地引发议论，作者对祖国的热爱以及对民族前途的忧虑溢于言表，使文章主题得到升华。

修辞手法的普遍运用，以及语言风格幽默诙谐，使其通讯作品富有感染力。比如提及纳粹的种族主义政策时，邹韬奋议论道："现在德国的公务员，如三代祖宗中含有犹太血或有色人种的血，饭碗就在打破之列。因为他的祖宗里有的'勿识相'，和犹太人或有色人种发生了性的关系，在当时尚未入世的儿子，孙子，乃至曾孙，好像都要替他负责似的！……做子孙的要替百年前的祖宗的性的关系负这样大的责任，而且是无法负责的事情，真可说是含冤莫白！"②作者用幽默的语言，旗帜鲜明地表达了自己的爱憎，因为根据法西斯的种族主义逻辑，必然会推出"子孙为百年前的祖宗的性关系负责"的结论，从而凸显了希特勒法西斯主义种族学说的荒谬性。

当邹韬奋谈及对甘地的不合作主义的看法时，他这样说："这么一套固有两种效用……但老靠这类'打我右颊，就以左颊'的玩意儿，要想脱离帝国主义的束缚，绝对没有这样便宜的事情。他说如能达到人人实行'不合作'主义，英人亦无法统治印度，我说这就等于'俟河之清'了。"③这里用了"打

---

① 《萍踪寄语·出了世界公园》，《韬奋全集》第5卷，上海人民出版社1995年版，第685页。
② 《萍踪寄语（二集）·种族的成见和梦想》，《韬奋全集》第5卷，上海人民出版社1995年版，第838页。
③ 《萍踪寄语·惊涛骇浪后》，《韬奋全集》第5卷，上海人民出版社1995年版，第654页。

我右颊,就以左颊""俟河之清"等生动形象的词汇,其中又隐含着深意,在让读者会心一笑的同时,也立场鲜明地表达了自己的意见。

通讯作品中,无论是为了更好地展现人物性格、推进情节发展,还是描绘典型环境,都离不开准确而生动的细节描写,从而增强作品的艺术感染力。如果记者只是将自己的所见所闻平铺直叙,作品就很难引人入胜。邹韬奋的海外通讯善于抓取那些有代表性的情节,进行深入细致的描写和刻画,把作者的观察和感想融入其中,作品文笔优美,现场感也很强。

如邹韬奋在《月下中流——经苏彝士河》一文中写道:"船头前挂着两盏好像巨眼的大电灯,射出耀目的光线,使前面若干距离内的河身好像一片晶莹洁白的玉田,在狭隘的运河中特别显得庞大的船身徐徐地向前移进,假如不看前面而仅望左右,又恍若一辆奇大无比的汽车在广阔无垠的沙漠上缓缓前驶似的。"①写人物则活灵活现,写场景则让人如身临其境,细节描写的主要作用在邹韬奋笔下发挥得淋漓尽致,这篇通讯也成为写景状物的经典作品。又如写到新加坡的风土人情,有这样的文字:"尤美的还有植物园,面积广阔,路径平坦而曲折,汽车可直通无阻,这里面的鲜花奇草,更是目不暇接,树荫蓊郁,翠绿欲滴,有一处小猴随处跳跃,猴身高仅尺许,毛极细润清洁,不避人,亦无任何拘束,啖以香蕉,即当人前饱吃一顿,吃后缘树急爬而上,轻捷如履平地。"②"新加坡除沿海边的几条市街外,郊野的风景很美丽,平坦整洁的马路,两旁娇红艳绿,花草极盛,在绿荫中时时涌现着玲珑宏丽的洋房,我们坐在车里驶过时,左顾右盼,赏心悦目,好像'羽化而登仙'了似的! 但美是美了,却因市面的不景气,经济恐慌一天紧张一天,有许多好房子空着,没有人住。"③这里用字极为精炼,且语言风趣活泼,大有我国古代

---

① 《萍踪寄语·月下中流——经苏彝士河》,《韬奋全集》第 5 卷,上海人民出版社 1995 年版,第 659 页。
② 《萍踪寄语·到新加坡》,《韬奋全集》第 5 卷,上海人民出版社 1995 年版,第 642 页。
③ 同上书,第 641—642 页。

游记之风。

邹韬奋写到伦敦的"独立观念中的叫花子"时,也运用了细节描写的手法:"有的手上拿着一个口琴,在马路旁一面吹着,一面兜转着大跳而特跳,好像发疯似的。有的手上拿着一个风琴,大拉而特拉,那种两手用死劲儿拉着,全身都跟着大摇大摆的神气,使你觉得他实在是用尽了全副的精神。有的手上拿着一个喇叭,在路旁吹着开步走的军号。有的坐在路旁打着洋琴,叮叮当当打了好半天,没有人肯破钞,见有人走过便大声叫着'谢谢你!'(Thank you!)但我看去似乎仍然没有多大的效力!"①这是邹韬奋所亲见的社会场景,对其触动很大。他用简洁的语言将伦敦普通大众令人心酸的处境,传神地展现出来,让读者对资本主义制度下的社会万象有了直观的了解。

饱含情感和富于智慧的行文风格,加上语言的生动幽默,使这些海外通讯具有很强的可读性,并且反映出作者的爱国情感、爱憎分明的个性及乐观的生活态度,以及奋勇拼搏的精神。这样的例子不胜枚举。我们可以感受到邹韬奋的通讯中那种娓娓道来的亲切感,体会到作者最真实的喜怒哀乐,以及他对普通读者的尊重和关心。

四、邹韬奋海外通讯的思想文化史价值

邹韬奋主编的《生活》周刊、《大众生活》周刊等当时都曾创下期刊发行量纪录,其传媒观、编辑艺术、经营理念、广告发行手段等都值得当今的媒体人借鉴。梳理研究邹韬奋的海外通讯作品,有助于我们了解邹韬奋的生平和思想发展历程,进而剖析一位进步知识分子的成长道路。邹韬奋写有《经历》《抗战以来》《患难余生记》等几部自传性质的作品,虽然《萍踪寄语》《萍

---

① 《萍踪寄语·独立观念中的叫花子》,《韬奋全集》第 5 卷,上海人民出版社 1995 年版,第 767 页。

踪忆语》等书不是传记作品，但可以看作是对邹韬奋某段历史的补充，对作者思想发展的形象化的注释，从研究邹韬奋传记的角度看也有关联。《经历》等自传再加上《萍踪寄语》《萍踪忆语》等作品，可以说比较清晰地勾勒出了邹韬奋的主要人生轨迹。

流亡海外是邹韬奋人生中的一段重要经历。他的海外通讯作品将思想性与艺术性相结合，生动再现了这位著名文化人的一段重要的人生经历，并且从侧面诠释了作者思想发展历程，从邹韬奋研究的角度来看很有价值。邹韬奋经过两年多在国外的考察与思考，思想有了进一步变化，由激进的民主主义者转向马克思主义者，开始运用马克思主义观点研究问题。他肯定"世界大势发展的方向，资本主义必然要灭亡，社会主义必然胜利"，肯定"中国发展的方向，应该走苏联的道路，中国民族解放斗争，应以社会主义苏联为盟友"。[1]再看看后人所写传记，如穆欣《邹韬奋》、俞润生《邹韬奋传》、陈挥《韬奋评传》等，大多引用了不少邹韬奋海外通讯作品中的文字，可见其作品某种程度上具有"信史"的价值。

这两年多的海外考察经历，不仅在邹韬奋的思想人格发展过程中是一个极其重要的时期，而且在他的新闻出版生涯中也具有重要意义。如果说，邹韬奋从事新闻出版活动，主要是以一位编辑出版家而著称于世，他提供的丰富经验，主要是报刊编辑工作的经验和评论写作的经验，那么，他这两年的海外经历却为后人提供了极有价值的新闻采访以及通讯写作的范例。从《萍踪寄语》《萍踪忆语》等通讯作品集来看，邹韬奋在采访写作方面的经验，与其编辑出版、撰写评论的经验同样是值得珍视的。

《萍踪寄语》《萍踪忆语》等海外通讯具有重要的史料价值。邹韬奋说过："新闻记者的思想和行动是要立在时代的最前线的，所以对于知识的补充和当前切要问题的内容，都须有继续不断的研究和探讨。"[2]邹韬奋在"中

---

[1] 参见范长江：《韬奋的思想的发展》，《韬奋全集》第14卷，上海人民出版社1995年版，第669页。

[2] 《新闻记者活动的正确动机》，穆欣编：《韬奋新闻工作文集》，新华出版社1985年版，第40页。

国民权保障同盟"总干事杨铨被特务暗杀后被迫流亡海外,他的出走不是消极退避,而是开始一段新的奋斗历程。他以坚忍不拔、乐观向上的态度,对20世纪30年代几个主要国家进行了深入细致的采访,客观、真实地反映了国内外的社会政治情况,并通过比较,自然而然地得出了社会主义优于资本主义的结论,不仅能帮助广大读者了解国内外形势,而且为后人审视当时的中西社会文化提供了独特的视角,为相关领域的研究者保留了可贵的史料。

邹韬奋的海外通讯作品反映了西方资本主义社会的种种矛盾,以及殖民主义者的种族歧视。由于国民党政府腐败无能的统治,中国侨胞在海外受到了种种侮辱和蹂躏,其生活的困顿无助令人痛心。他也揭露了德国的法西斯统治,指出"这种残酷的恐怖就简直是向文明人类挑战",他还报道了正在朝气蓬勃地建设社会主义新生活的苏维埃人民。他既指出了资本主义国家民主的虚伪性,又认为比起旧中国尚未摆脱的封建专制来说,这种民主仍不失为一种进步。这些记载对于研究当时的国内外形势很有帮助。

《萍踪寄语》等海外通讯考察英、法、德、苏、美的新闻界而获得的一手资料,反映了作者运用马克思主义观点方法对20世纪30年代国际报刊出版情况的科学剖析,这在当时是较为罕见的,为我国新闻出版界提供了参考。他的论述生动、活泼,现实针对性很强,对新闻史研究也很有价值。另外,《萍踪寄语》等作品对海外通讯的发展起到积极作用。稍后出现了萧乾反映二战时期欧洲战场情况的通讯作品、杨刚的《美国札记》等优秀作品,尽管不能确定邹韬奋的海外通讯与它们是否有联系,但《萍踪寄语》《萍踪忆语》发表后就引起广泛反响,其示范作用是显而易见的。邹韬奋有很高的文学修养,其海外通讯作品既是新闻作品、又有鲜明的文学性,在中国文学史上也应有一定位置。对其海外通讯作品进行深入研究,也有助于全面把握邹韬奋在整个中国现代思想文化史上的地位。

第五章
邹韬奋人民报刊思想与《大众生活》
办刊特色研究

　　邹韬奋先生在 20 世纪 30 年代主办的上海《大众生活》周刊,是继《生活》周刊后颇具社会影响力的刊物,最高发行量达 20 万份,创当时期刊发行纪录。《大众生活》具有鲜明的"人民性"特征,兼具思想性和可读性,被不少学者认为是邹韬奋办得最出色的刊物。[①]相较于这份刊物的重要价值,以往学术界对之研究还不够充分。本章运用马克思主义新闻思想,探究《大众生活》如何在编辑出版中贯彻了人民报刊思想,进而产生如此大的社会影响力? 邹韬奋的报刊实践活动是否有一以贯之的思想逻辑? 这对探讨邹韬奋的思想发展轨迹和文化成就,丰富对其在近现代文化史上的地位的认识,以及当今新闻出版工作者践行马克思主义新闻观具有现实意义。

一、邹韬奋的思想转变轨迹及其人民报刊思想的形成

　　马克思主义新闻观高度重视人民群众推动历史进程的作用,秉持历史是由人民群众创造的观点,根据相信群众、依靠群众、尊重群众的历史唯物

---

① 俞月亭:《韬奋论》,河北教育出版社 1991 年版,第 200 页。

主义原理,提出新闻传播事业是人民群众联合起来的事业。①邹韬奋后期的报刊编辑出版实践充分体现了这些思想,突出地反映在《大众生活》《生活日报》等报刊的编辑出版活动中。

有新闻史研究专家指出:"毛泽东说:'热爱人民,真诚地为人民服务,鞠躬尽瘁,死而后已,这就是韬奋先生的精神,这就是他之所以感动人们的地方。'这是对韬奋精神的精辟诠释。由于体现了这种精神,邹韬奋所办报刊,个个受到人民大众的欢迎。而在他的亲身体验基础上形成的报刊思想,是一种切合中国实际的人民报刊理论。"②

邹韬奋起初是一位民主主义者。从其自传《经历》可以看出,邹韬奋对新闻事业的挚爱,源于其在新式学堂里受到西方现代民主思想的影响,形成"为大众代言"的观念,这使得他全身心地投入《生活》周刊的编辑出版工作。1929年世界经济危机发生后,邹韬奋对资本主义的负面性有了一定认识,九一八事变后,特别是1933年到1935年流亡海外及阅读大量马克思主义著作的经历,使其思想进一步转变,接受了辩证唯物主义和历史唯物主义的世界观和方法论,成为初步的共产主义者。后来邹韬奋深情回忆道:"我离开英国的时候,除了几个很知己的英国朋友外,最使我留恋不舍的,要算是英国博物院(British Museum)里的图书馆。""马克思和列宁在伦敦时,都曾用着大部分时间在这里面研究。"③

邹韬奋将其在大英博物馆图书馆学习和研究的心得作了大量笔记,于1937年整理出版《读书偶译》一书,名义上是翻译作品,其实比较全面地介绍了马克思的生平及其思想,并介绍了恩格斯和列宁的思想。共产党员胡愈之等进步知识分子,在邹韬奋思想转变过程中也起到了重要作用。邹韬

---

① 谢天武:《新媒体时代马克思主义新闻观的挑战、创新与发展》,《思想政治工作研究》2017年第6期。
② 方汉奇主编:《中国新闻事业传播史》,中国人民大学出版社2014年版,第181页。
③ 韬奋:《最留恋的一个地方》,《大众生活》1935年第1卷第3期。

奋回国后创办的上海《大众生活》和《生活日报》，便是他在报刊编辑及经营中运用马克思主义新闻思想的实践。研究《大众生活》对考察邹韬奋思想转变情况非常重要。

马克思在 1843 年 1 月首次使用"人民报刊"（die Volkspresse）这个概念，他于 1 月 1 日至 16 日之间在《莱茵报》上发表了 7 篇关于《莱比锡总汇报》被查禁的通讯，其中提到的"人民报刊"是指相对于普鲁士官方、半官方报刊而言的民间的即人民的报刊，也可译为"民众报刊"。在专制制度下，这两类报刊的对立往往会使后者相当程度上反映人民的愿望和呼声，因而马克思首次使用"人民报刊"便是这样一句话："真正的报刊即人民报刊"。①

从马克思此后一些论述中可以看出，"人民报刊"包括两个重要维度：一是强调报刊与群众的密切联系，报刊要"生活在人民当中，它真诚地和人民共患难、同甘苦、齐爱憎"，成为"人民日常思想和感情的表达者"，②以及"人民用来观察自己的一面精神上的镜子"③；二是报刊对社会的功能与作用，主要是"根据事实来描写事实"，强调报道的真实性，要准确地揭露社会现实、教育引导民众。"报纸最大的好处，就是它每日都能干预运动，能够成为运动的喉舌，能够反映出当前的整个局势……"④人民报刊的人民性也随着滚滚激流不断发展前行。人民从人民报刊的真实与纯洁中了解自己的境况，这种了解随着人民报刊自身的发展必将会越发显明。⑤

主编《大众生活》及稍后的《生活日报》时，邹韬奋已接受马克思主义思想，明确提出依靠群众来办"人民的报纸"，"我们要做到真正的民治民有民

① 陈力丹：《马克思的人民报刊思想》，《新闻界》2015 年第 17 期。
② 《〈莱比锡总汇报〉的查封》，《马克思恩格斯论新闻》，新华出版社 1985 年版，第 103—104 页。
③ 《第六届莱茵省议会的辩论（第一篇论文）》，《马克思恩格斯论新闻》，新华出版社 1985 年版，第 63 页。
④ 《〈新莱茵报·政治经济评论〉出版启事》，《马克思恩格斯论新闻》，新华出版社 1985 年版，第 259 页。
⑤ 林爱珺、张炯：《马克思主义"人民报刊"思想的当代发展与实践》，《暨南学报》（哲学社会科学版）2020 年第 2 期。

享。什么叫民治？言论要完全做人民的喉舌，新闻要完全做人民的耳目；什么叫民有？我们要设法使大多数中国人都做《生活日报》的股东；什么叫民享？就是《生活日报》要使大多数的人民都能享用"。①邹韬奋已具备明确的阶级观念，其"大众"观念从早期的城市平民及学生，发展到容纳了工人农民阶级等广大群众，他所宣扬的民主是面向大多数普通民众的民主，与资产阶级民主有本质不同。其阶级观点、对群众的热爱与信赖，明显受到马克思主义思想的影响。

在为《新华日报》写的纪念文章中，邹韬奋将报刊宣传的主要任务概括为"领导社会"和"反映社会大众的公意"。能对社会起领导作用，前提是能够灵敏地意识到社会大众的真正要求，代表大众的真正利益，在此立场上"教育大众，指导大众"。②邹韬奋的人民报刊思想强调报刊是人民的"耳目喉舌"，并承担着教育引导等功能，应该成为实现民族解放、大众解放大目标的工具；办报刊要有创新精神，形成个性与特色，文风要"明显畅快"等。这是对马克思主义新闻观的承继与发扬，并在《大众生活》的编辑出版活动中集中体现出来。

二、上海《大众生活》周刊的创办情况及其特色

邹韬奋 1935 年 11 月在上海创办了《大众生活》这份以时事述评为主的综合性周刊。由于其反对国民党对日妥协政策，呼吁国共团结抗战，《大众生活》不断受到国民党反动派的压制，最终于 1936 年 2 月被查封。虽然只出版了 16 期，《大众生活》却是当时发行量大、社会影响深远的周刊，办刊经验值得总结借鉴(《大众生活》后于 1941 年在香港复刊，香港版不在本文的

---

① 韬奋:《〈生活日报〉的创办经过和发展计划》,《生活日报》第 55 号,1936 年 7 月 31 日。
② 《领导与反映》,《韬奋全集》第 10 卷,上海人民出版社 1995 年版,第 8 页。

讨论范围内）。

邹韬奋办刊特别注重创新性，"最重要的是要有创造的精神。尾巴主义是成功的仇敌"。①《大众生活》栏目及内容很丰富，继承《生活》周刊的栏目或相似的有："星期评坛""专论""通讯""画报""杂文""漫笔""小说""大众信箱"等。"星期评坛"类似于社论，由邹韬奋每期撰写三篇左右小文章，评述国内外重大新闻事件，如《国事紧张中的言论自由》《学生救亡运动与民族解放联合战线》《埃及学生示威怒潮复发》。"画报""专论""杂文""大众信箱"栏目几乎每期都有，而"小说"栏目只在几期出现过。②《生活》周刊在每期中夹入几页画报或附加出版几页，而《大众生活》将画报作为封面和封底，使整个刊物富有现代感，而且让读者对本期的重点内容一目了然。

《大众生活》新设栏目有"评论之评论""漫画""图画的世界""文艺修养"等。"漫画"其实在《生活》周刊里已出现，不过是插在其他文章之间，而《大众生活》突出了"漫画"的社会功能，有了专门版面。"评论之评论"是针对其他报刊上发表的评论文章加以评论，多是进行辩驳，见解大胆犀利。如第6期上永生的《为胡适先生"进一言"》一文，针对胡适在天津《大公报》上发表的《为学生运动进一言》，评论只有政治上负责者真正能够担负起"御侮"的责任，保障全国领土和主权的完整，然后青年学生才可以安心向学。③《大众生活》上刊载了一些对胡适的言论进行批驳的文章，对比之前邹韬奋对胡适的推崇备至，折射出邹韬奋政治思想的转变。

1. 办刊宗旨：从"暗示人生修养"到促进民族解放及大众进步

邹韬奋在《大众生活》创刊号上发表了《我们的灯塔》一文，阐明其办报宗旨："力求民族解放的实现，封建残余的铲除，个人主义的克服：这三大目

---

① 《经历》，《韬奋全集》第七卷，上海人民出版社1995年版，第205页。
② 参见张文明：《邹韬奋新闻出版实践与思想研究》，社会科学文献出版社2015年版，第61—63页。
③ 永生：《为胡适先生"进一言"》，《大众生活》1935年第1卷第6期。

标——在汪洋大海怒涛骇浪中的我们的灯塔——是当前全中国大众所要努力的重大使命；我们愿竭诚尽力，排除万难，从文化方面推动这个大运动的前进！"①对比此前《生活》周刊注重个人修养和社会改良，可见马克思主义思想和当时共产党的报刊理念对邹韬奋的影响，此时邹韬奋的人民报刊思想已走向成熟。

邹韬奋早年认为保障民众利益在于力求"政治的清明"与"实业的振兴"②，并将"暗示人生修养，唤起服务精神，力谋社会改造"定为《生活》周刊的宗旨③。"《生活》周刊是以读者的利益为中心，以社会的改进为鹄的，就是赚了钱，也还是要用诸社会。"④这其实包含着一种自发的人民性思想。创办《大众生活》时，邹韬奋已经向共产主义者转变，他顺应时代潮流，将办刊宗旨推进一步，强调人民报刊推进民族解放、大众进步的社会功能："现在不是由个人主义做出发点的所谓'独善其身'的时代了，要注意怎样做大众集团中一个前进的英勇的斗士，在集团的解放中才能获得个人的解放。"⑤

《大众生活》创刊不久，中国共产党领导了北平爱国学生的一二·九运动。邹韬奋立即发表评论予以肯定支持："你们紧挽着臂膊冲过大刀枪刺的英勇行为，是全国大众所要洒热血抛头颅为民族解放牺牲一切的象征。"⑥该刊以时事评论、通讯、漫画、图片等多种形式进行报道，并发表了北平、天津、上海、广州等地学生和各界群众请愿游行示威的 56 张照片，形象而真实地反映了一二·九抗日救亡运动中学生的奋斗，各界民众的支援，和反动当局的镇压等情况。⑦

当时国内大部分报刊对这一运动的报道点到即止，持续报道的只有《大

① 韬奋：《我们的灯塔（发刊词）》，《大众生活》1935 年第 1 卷创刊号。
② 编者：《本刊与民众》，《生活》周刊第 2 卷第 21 期，1927 年 3 月 27 日。
③ 韬奋：《我们的立场》，《生活》周刊第 6 卷第 1 期，1930 年 12 月 13 日。
④ 编者：《〈生活〉周刊究竟是谁的》，《生活》周刊第 4 卷第 1 期，1928 年 11 月 18 日。
⑤ 《期望》，《大众生活》1935 年第 1 卷第 2 期。
⑥ 《学生救亡运动》，《大众生活》1935 年第 1 卷第 6 期。
⑦ 俞月亭：《韬奋论》，河北教育出版社 1991 年版，第 88 页。

公报《申报》和《大众生活》。《申报》报道以简单的纪实为主,只关注运动的基本发展态势。①《大众生活》正确评价一二·九运动的伟大意义,及时指导和帮助运动沿着正确的道路发展,并从事件本身的报道过渡到对民族生死存亡的探讨,发挥了人民的"耳目喉舌"作用。《大众生活》第11期上刊载邹韬奋所写的《大众生活社致北平全体学生的一封信》,表达对争取民族独立自由的爱国学生运动的支持,并且希望爱国学生能及时传递来救亡工作和消息,"建立供给救国消息的通讯网和推销救国刊物的发行网"。

第6期封面是清华大学女生陆璀在一二·九运动中,右手拿着一个大喇叭,左手捏着一张稿纸演讲的大幅照片,这张富有冲击力的图片,后来成为一二·九运动的一个象征。第8期封面上是一张俯拍的北平学生救亡运动第二次大示威的照片,浩浩荡荡的队伍行进在大街上。封二发表4张上海数千学生赴京请愿的照片;封底是各地学生继续游行示威的照片,形象地反映了这次运动的浩大声势,以及爱国民众的力量。

担任过生活书店总经理的毕云程,这样回忆《大众生活》刊名的由来:"大家认为今后工作应该注意大众生活,因此我们认为采用《大众生活》四字是比较合适的。"②创刊号上发表的文章,如金仲华的《谈民族的自信力》、毕云程的《大众的人生观》等集中体现了这一主题。《大众生活》受到读者喜爱的重要原因,是它关心和反映普通群众的生活,致力于促进民族解放及大众进步,符合社会潮流发展方向。该刊创当时全国期刊发行量纪录,显示了邹韬奋人民报刊思想的胜利。

2. "大众信箱"与"通讯":联结广大人民群众的新的社会交往方式

邹韬奋在其报刊活动中极其重视群众的作用,真正把报刊当作人民的

---

① 蒋含平等:《阅读·表达·互动:〈大众生活〉"一二·九运动"报道新探——一种阅读史的视角》,韬奋纪念馆编:《邹韬奋研究》第4辑,上海三联书店2016年版,第58页。

② 毕云程:《韬奋和生活书店》,《文史资料选辑》1979年第1辑(总第23辑),上海人民出版社1979年版,第31页。

耳目喉舌来办。他充满深情地描述了自己处理读者来信的情景:"编者每日一到夜里,独处斗室之中,就案旁拥着一大堆的来信,手拆目送,百感猬集,投函者以知己待编者,编者也以极诚恳的极真挚的感情待他们……"①如此殚精竭虑地与读者建立血肉联系,在中国新闻史上堪称楷模,这是邹韬奋人民报刊思想的重要组成部分。

《生活》时期开办的"读者信箱"是邹韬奋所办报刊的一大特色。起初"读者信箱"较多地解答恋爱、婚姻、职业修养等问题,深受读者欢迎。九一八事变后,《生活》周刊向时政杂志方向转变,发表了不少探讨中国出路问题的来信。"大众信箱"继承这一传统,讨论的多为读者关注的时事、社会问题,有时一个月来信达一万多封。创刊不久,一位读者来信劝邹韬奋在文字上要慎重,邹韬奋公开答复:"我们也和先生一样地希望着,不过当然还要以不投降黑暗势力为条件,因为无条件的生存,同流合污,助桀为恶的生存,虽生犹死,乃至生不如死。"②邹韬奋为人民立言的社会责任感和不怕牺牲的精神,激励着广大读者。

诚如塔尔德(Gabriel Tarde)所说:"各地分散的群众,由于新闻的作用,意识到彼此的同步性和相互影响,相隔很远却觉得很近;于是报纸就造就了一个庞大、抽象和独立的群体,并且将其命名为舆论。"③"大众信箱"在一二·九运动期间成为一个重要的舆论阵地和公共空间。除讨论时事问题的信件外,那些以读者来信形式提供的新闻,是迅速而又真实、生动的第一手材料。大众信箱深入介入到共产党领导的爱国学生与群众运动中,成为联结广大人民群众的新的社会交往方式。

1935 年 12 月 28 日,第 7 期中的"大众信箱"刊登了《北平第二次示威

① 编者:《新女子最易上当的一件事》,《生活》周刊第 4 卷第 10 期,1929 年 1 月 20 日。
② 《期望》,《大众生活》1935 年第 1 卷第 2 期。
③ [法]加布里埃尔·塔尔德:《传播与社会影响》,何道宽译,中国人民大学出版社 2005 年版,第 246 页。

运动》《警棍枪靶和联手臂》《文化城里所见》《中国人打中国人的狠毒》4篇群众来信,给读者以一二·九运动中北平学生和市民第二次游行示威的真实而全面的报告,且有不少细节。如:"先生:我亲见某校一个同学鼻子被砍,血冻成红色的冰,我那时不知怕不知苦,只感到全身如火烧,愤怒得快发狂。先生:为什么中国人要打中国人?学生游行是爱国,为甚要用大刀砍呢?"①

为集中报道、评论民族解放运动的情况,《大众生活》扩大了"大众信箱"篇幅,并增加了各地通讯(北平通讯、南京通讯、天津通讯、广州通讯等)。第8期"通讯"栏目发表了几篇各地读者发来的通讯,如李文的《复活》(南京通讯)、湘子的《武昌学生大示威记实》(武昌通讯)、子光的《雨中十小时》(杭州通讯),将全国各地的学生运动及时而又详尽地介绍给广大读者。

人民的报刊要勇于反映大众的呼声,并揭露不良社会现象。《大众生活》为关注中华民族存亡发展的民众提供了一个重要的阅读空间。一位内蒙古的读者述说了自己的心声:"它每期所讨论的问题,都是跟我们目前现实生活有密切关系的问题,它告诉我们许多抗敌救亡的道理,和各地救亡运动血泪的记录……它还时时提醒我们,告诉我们,应该怎样做,指引我们朝正确的方向前进。"②《大众生活》如何以先进思想引领广大读者,由此可见一斑。

接受了马克思主义的邹韬奋强调生产大众参加办报工作的重要意义。他说:"(报纸)必须成为一切生产大众的集体作品,必须由全国各地的工人、农民、职员、学生直接供给言论和新闻资料,而不是仅由少数的职业投稿家和新闻记者包办一切。"③像"一二·九"这样大规模的运动,大众信箱与通

---

① 蒋代燕:《中国人打中国人的狠毒》,《大众生活》1935年第1卷第7期。

② 章叶频:《悼〈大众生活〉》,章叶频编:《20世纪30年代内蒙古西部地区文学作品选》,内蒙古教育出版社2000年版,第543页。

③ 编者:《关于〈生活日报〉问题的总答复》,《生活日报星期增刊》第1卷第3号,1936年6月21日。

讯栏目里亲历者的详尽来稿,对民众了解和讨论这一运动很有意义。《大众生活》与广大群众根本利益一致,自然深受全国读者的欢迎。

《大众生活》这一舆论阵地引起了统治阶级的恐慌,1936 年 2 月,国民党政府下令邮局停邮《大众生活》。第 16 期上发表的《韬奋紧要启事》写道:"我个人既是中华民族的一分子,共同努力救此垂危的民族是每个分子所应负起的责任,我决不消极,决不抛弃责任,虽千磨万折,历尽艰辛,还是要尽我的心力和全国大众向着抗敌救亡的大目标继续迈进。"

依靠少数专家办报刊还是依靠群众办报刊,是资产阶级和无产阶级两条不同的办报路线。马克思主义新闻观认为,要使报刊真正成为"人民的耳目",就必须发动人民群众参加办报。新媒体时代,互动开放的网络平台构建了多元化的公共讨论场域,为群众表达需求提供了更多途径。然而在商业逻辑的影响下,人们并非拥有平等的获取信息和表达意见的机会,主流新闻媒体也应引导更多的普通群众进入新闻产品的制作过程。

3. 漫画:凸显大众文化与视觉性特征的创新形式

《大众生活》周刊在邹韬奋主持下取得空前的发行量,与其创新性密不可分。邹韬奋在自传中谈及自己办刊的几个原则:"其次是内容的力求精警……要使读者看一篇得一篇的益处,看完了都觉得时间并不是白费的。要办到这一点,不但内容要有精彩,而且要用最生动最经济的笔法写出来。"①《大众生活》材料丰富、观点精当,且编排新颖美观。有论者指出,邹韬奋如此重视报刊形式的美化,是因为其报刊以一般大众为读者对象,这样能更好地发挥报刊宣传教育作用。②考察当今一些报刊版面、栏目大同小异,题材同质化严重,很难在激烈的市场竞争中立足。

图文并重是该刊一大特色。"文本固然也可以提供有价值的线索,但图

---

① 《经历》,《韬奋全集》第 7 卷,上海人民出版社 1995 年版,第 205 页。
② 参见俞月亭:《韬奋论》,河北教育出版社 1991 年版,第 292 页。

像本身却是认识过去文化中的宗教和政治生活视觉表象之力量的最佳向导。"①《大众生活》周刊以全页的篇幅登载几幅甚至一幅漫画，可谓大胆创新。其"漫画"栏目以"时事漫画"和"社会漫画"两类为主。"时事漫画"主要反映国内外重大时事；"社会漫画"由蔡若虹创作，展现国内各阶层的生活百态，尤其是形象地勾勒出劳苦大众的悲惨生活。漫画线条简明、内涵丰富，而且印刷得很清晰，将读者的注意力吸引到时局和社会问题上来。

如图1《大众生活》第5期刊登的社会漫画《野餐》共有四幅图，其实只有第一幅图是真正的"野餐"场景，表现几个身材肥硕的富人男女在郊外享受着丰盛的食物，且兴高采烈地聊天。第二幅图描绘了一些骨瘦如柴的流民、正靠着大树，有气无力地吃着树皮草根；而第三幅图中衣着褴褛的儿童正在翻垃圾堆四处寻觅食物；第四幅图则是身穿打满补丁的衣服、劳作了一天的工人，蹲着吃简单的饭食。"野餐"这一主题非常耐人寻味。漫画用直观的表现手法，使得不同阶级的生活在视觉上形成强烈对比，反映了当时社会的不公平、底层民众的疾苦。

图2《大众生活》第10期上的《社会漫画》一共有四幅图，分别为"失业者之家""做夜工的丈夫遇见了做日工的妻子""马路儿女""不愿在床上睡觉的人"，表现了贫苦市民艰辛的"家庭生活"。对穷苦阶级生存境况的符号化、夸张化的表现手法，反映出作者鲜明的阶级意识，从而增进了读者对不公的社会现状的认识。图3《时事漫画》整版只有一幅画，表现了一二·九学生运动中群情鼎沸的场景，颇具冲击力。对群众群相的刻画，凸显出人民群众才是历史的主体，群众的力量可见一斑。"视觉及其影响之所及，总是与观察主体的可能性密不可分，这个观察主体既是历史的产物，也是特定的实践、技术、体制，以及主体化过程的场域。"②漫画形象直观、切中时弊、很受

---

① Stephen Bann，"Face-to-Face With History"，*New Literary History*，1998，29(2)，pp.235—246.

② ［美］乔纳森·克拉里：《观察者的技术》，蔡佩君译，华东师范大学出版社2017年版，第10页。

图1 社会漫画（一）　　　　　图2 社会漫画（二）

图3 时事漫画

读者欢迎。邹韬奋始终考虑到受众的接受反应,靠近普通大众的智识水平,并且努力引导大众。

"图画的世界"栏目以"时事在地图中"为口号,是以漫画形式表现世界各地新近发生的大事。每期"图画的世界"由两个版面组成,以一整幅世界地图为背景,配上几个大圆圈,每个圆圈里面是一幅漫画,再加上少量文字,反映一周内世界上的重大事件。地图下面还有"图说",对每幅画的内容进行阐释。邹韬奋本人评介道:"'图画的世界'是就精绘的世界地图上,依世界的动态,加上隽永的漫画表现出来。在中国出版界算是创举。"①据我统计,"图画的世界"栏目出现在《大众生活》第 1、3、5、7、9、12、14、16 期上,频率还是比较高的。从中可以看出当时交通便利和国家间来往密切,世界一端发生的事会很快影响另一端,这样的编排可见刊物的编者颇具全球视野。

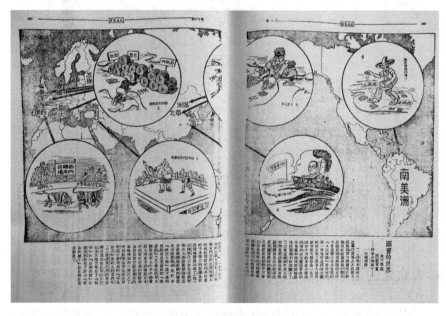

图 4　图画的世界

———————————

① "图画的世界",《大众生活》1935 年第 1 卷第 3 期。

1936 年的第 1 卷第 12 期还刊登了一幅金仲华创作的《国难地图》(见图
5),把日军侵略的我国省份,以及日军对华武力威胁的路向清晰地标注出来,
以警醒国民。邹韬奋友人柳湜回忆道:"韬奋一贯在刊物上很恰当地利用插
图,这也是他的风格的一种表现。插图有很多种类。时事必附地图,增强文字
的效果。抗战以前的《国难地图》,抗战中的《战争发展图》,都曾驰誉一时。其
他如《图画世界》《时事漫画》《社会漫画》,都受到读者最大的欢迎。韬奋总是
兴致勃勃地参加设计、审稿、制版等过程,关注每一个工作细节。"①

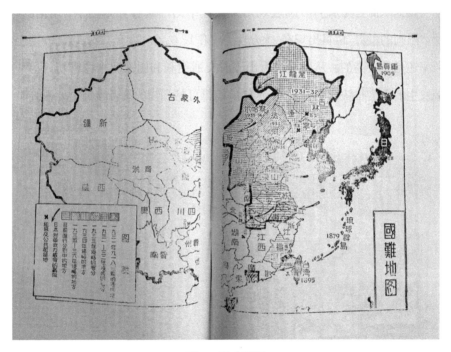

图 5　国难地图

4. 大众化的话语表达:发挥对最广大群众的引领作用

邹韬奋重视报刊的人民性,还表现在他力避"佶屈聱牙"的贵族式文字,

---

① 柳湜:《韬奋的风格》,林阳、田源选编:《名人轶事录(上) 大家流韵》,天马出版有限公司 2004 年
版,第 361 页。

采用"明显畅快"的平民式文字,①将服务群众与教育引导群众相结合。胡愈之中肯地评价过邹韬奋的文风与大众的密切联系:"由于他是为大众的,从大众学习的,说的是大众的话,所以他从不无病呻吟,亦决不无的放矢。"②《大众生活》的读者面比较广,为适应普通群众的水平,语言较为通俗,标题多简明扼要,令人一目了然,如《国庆在牢监里》《施剑翘女士的愚孝》《谈侵略的艺术》等。

"漫笔"栏目发表了邹韬奋的《家丑》《有闲》《走狗》等 16 篇文章。这些文章短小犀利,以抨击时弊为主,运用隐喻、象征等修辞手法,充满幽默感,且蕴含着作者对社会问题的敏锐观察力。比如《走狗》一文描绘主人如何松开带子、让狗成为"走狗",狗则百般讨好主人。"至于这主人是怎样的人,平日干的什么事,叫它干的是什么事,有什么意义,有什么效果,在这疲于奔命的走狗,并没有什么分别……""人类里面的走狗,最大的特色,无疑地也是这个和狗'比美'的美德。"③文章运用白描手法,形象地抓取了人类走狗与狗的某些共同特点,指出他们甚至连走狗都不如,从而对其奴隶思想进行了批判。这与当时的左翼文化运动是相呼应的,对国人"奴才"思想的批判,鲁迅的杂文就有一系列经典论述可供参照。

《个人的美德》讲到,一位老前辈在某机关里办事,机关替他备了一辆汽车,他想到中国有许多苦人,便不再乘坐了。而邹韬奋认为,应努力促成一种使剥削者无法存在、大众在需要时都有汽车可坐的社会环境。这要靠集体的力量实际斗争得来,而不是靠"个人的美德"来感化的。④《有闲》一文描述了苏联劳动者的休闲生活,指出大众的有闲,不是"游手好闲"的闲,却是努力工作之后的闲;不是少数不劳而获者的闲,却是共劳共享的社会里大众

---

① 编者:《本刊与民众》,《生活》周刊第 2 卷第 21 期,1927 年 3 月 27 日。
② 胡愈之:《我的回忆》,江苏人民出版社 1990 年版,第 363 页。
③ 韬奋:《走狗》,《大众生活》1935 年第 1 卷第 2 期。
④ 韬奋:《个人的美德》,《大众生活》1936 年第 1 卷第 16 期。

的闲。由《生活》初期倡导个人奋斗和进步,转而谋求集体斗争及社会的"根本改造",折射出了邹韬奋思想的不断进步。他以最广大人民的利益为出发点,运用马克思主义的阶级论和群众观点来分析社会现状,并大力倡导社会制度的变革。

"漫笔"这种体裁通常注重抒发作者的个人体验及情感,而邹韬奋的一些作品却深入浅出地向读者传播马克思主义思想,如《领导权》《社会的成份》《群》等,题目简洁而颇具深意,其宣传策略值得当今的新闻出版工作者学习。《领导权》一文,指出领导权"在表面上似乎是领导着大众,而在骨子里却是受大众所领导。大众才是领导权所从来的真正的根源",进而指出"在表面上列宁和他的一群似乎是在那里领导着大众向着正确的路线前进,而在骨子里却是他和他的一群受着大众的要求所领导而向前迈进着"。[1]

《大众生活》的漫笔、漫画、图片乃至"文艺修养"等栏目都表现出鲜明的人民性特征。"文艺修养"由林矛(应为左翼作家徐懋庸的笔名)撰写,主要介绍文艺理论及对文学作品进行评论,如《高尔基和香菱》《李杜文学》《文艺和社会科学》等。思想面貌也是和当时的左翼文学运动,以及中国共产党的"文艺大众化"理念相呼应的。如《李杜文章》一文特别赞扬了杜甫为人民创作的精神。[2]

大众读物应追求平民化,但若迁就读者的低层次需求,便会损害其社会功能。邹韬奋批评过一些格调低俗的报纸:"赫斯特的报,往往迎合低级趣味的社会心理,把男女的秘闻,强盗的行径,穷形尽相的描述与夸大,同时便在这种引人注意的技术里散布他的反动的毒素。"[3]《大众生活》上的广告也与刊物的精神气质相近。该刊大量刊载文具、图书、函授学校招生,以及护肤品、保健品等广告,呈现出积极向上的风貌,决不刊载格调不高的广告。

———————————

① 韬奋:《领导权》,《大众生活》1936年第1卷第11期。
② 林矛:《李杜文章》,《大众生活》1935年第1卷第5期。
③ 《萍踪忆语·美国的新闻事业》,《韬奋全集》第7卷,上海人民出版社1995年版,第425页。

如今新媒介技术迅猛发展,社会传播环境发生了巨变。让·鲍德里亚(Jean Baudrillard)的媒介异化论认为技术的异化是在造物关系中,人是技术的创造者,是主体,技术是客体;但在实际使用的关系中,人被其所创造的技术所控制,丧失了主观能动性,并对技术产生强大的依赖感。这是值得警惕的。在技术赋权和草根崛起的时代,面对主流媒体话语权被解构的威胁,新闻出版工作者应在内容及形式上不断创新,形成新的话语表达体系,从群众关切的内容出发,做出有故事、讲情怀的报道。

邹韬奋主办的报刊名称大都有"生活"或"生"字,有学者从品牌运作角度进行阐释,认定邹韬奋在持续性期刊品牌经营的先驱地位。[1]不过归根结底,这是邹韬奋服务于读者的"生活精神"的延续,即对报刊人民性的自觉追求。邹韬奋的新闻出版实践是当时先进文化的一部分,他从事报刊工作伊始就致力于为读者服务,接受了马克思主义后,其人民报刊思想得以升华,《大众生活》等刊物与人民群众联系更为紧密,报刊的教育引导功能得以更好发挥。习近平在关于新闻舆论的系列讲话中,提出"以人民为中心的工作导向",反复强调了"党性和人民性相统一"。邹韬奋主编《大众生活》周刊时表现出的社会责任感及其努力打造特色报刊的实践,对当今的新闻出版工作仍有借鉴意义。

---

[1]　转引自李频:《井冈山归来读韬奋》,韬奋纪念馆编:《邹韬奋研究》(第2辑),上海三联书店2005年版,第137页。

第六章
邹韬奋抗战时期的新闻出版思想及实践

　　抗日战争大致可分为抗日救亡和全面抗战两个阶段。九一八事变标志着中国进入了抗日救亡时期;而 1937 年的卢沟桥事变,以及淞沪会战爆发,成为中国全面抗战的开端。全面抗战时期,邹韬奋先生以极大的爱国热忱,推动进步文化工作,同时以国民参政员的身份与国民党政府压制民主和言论的行为作公开、合法的斗争。邹韬奋在新闻出版工作中提出了一系列正确引导舆论的思想,而且努力践行之,在今天,特别是新闻出版工作者学习习近平总书记在党的新闻舆论工作座谈会上的重要讲话精神的语境下,对新闻出版工作仍具有很高的借鉴价值。

　　1936 年 11 月,邹韬奋等救国会七君子因从事抗日救国活动而被捕入狱,直到七七事变后才获释。不久邹韬奋就创办了《抗战》三日刊。该刊一度改名《抵抗》,后与《全民》周刊合并为《全民抗战》三日刊,由邹韬奋和柳湜担任主编。他还曾出版《抗战画报》六日刊、《全民抗战》战地版、通俗版等。《全民抗战》综合了《抗战》和《全民》周刊的优势,无论在内容上还是形式上,都比以往更精彩,并编印战地版,大量送往前线,以激励士气,受到广大群众和将士的喜爱,销售量突破 30 万份,是当时中国发行量最大的刊物。《全民抗战》1941 年 2 月被国民党当局查封。1941 年 5 月,邹韬奋在香港重办《大众生活》周刊,销数很快达到 10 万份,同年 12 月太平洋战争爆发后停刊。

　　为有效地传播抗战理论,引导大众坚持抗战,在中共地下组织和爱国民主进步人士的参与下,生活书店相继在各地开办分店。到 1939 年,生活书店先后在武汉、广州、西安、重庆、长沙、成都、桂林等处开设分支店 55 个,发行点遍及全国 14 个省份,并在新加坡建立分店。生活书店还建立了不少外围出版机构,在投资合营与化名自营的出版机构中,出版了不少马克思主义政治读物、理论著作和进步的中外文艺作品。在全面抗战时期的新闻出版活动中,邹韬奋或公开写文章,或在内部刊物《店务通讯》上发表一些文章,阐述他的新闻出版思想,并在具体活动中践行之。对其抗战时期的新闻出版思想进行梳理和分析,对于研究邹韬奋新闻思想的发展、其文化事业的成功经验,以及当今新闻出版工作如何学习借鉴韬奋精神,具有理论和现实意义。

一、重视新闻出版工作在发动群众方面的作用

全面抗战初期,国民党政府在发动民众方面用力甚少,这使得群众不仅对战局的进展一无所知,就连基本的战争常识也很欠缺。此时《申报》等新闻报刊坚持出版,所刊载的有关战争的消息成为市民了解战争进程的重要渠道。而邹韬奋在此民族危难之际创办《抗战》三日刊,其历史意义显而易见。邹韬奋从"七君子之狱"被释放后,一回到上海便积极筹备《抗战》三日刊的工作,并立即召开撰稿人会议,确定邹韬奋为编辑人,胡愈之、金仲华、张仲实、柳湜、钱俊瑞、沈志远、胡绳、艾思奇等为撰稿人。《抗战》三日刊一度更名为《抵抗》,后又恢复《抗战》这一刊名。该刊在发动群众抗战中发挥了重要作用,甚至部分地取代了政府的声音,冯玉祥将军这样称赞《抗战》三日刊:"贵刊内容丰富切实,而眼光尤为正确远大,诚为今日抗战中之指针。"[①]

---

① 《冯玉祥先生的信》,《抵抗》三日刊第 11 号,1937 年 9 月 23 日。

1937 年 8 月 19 日出版的《抗战》创刊号上,邹韬奋撰写了《上海抗战的重要意义》一文,分析了日本帝国主义妄图灭亡中国的野心,批判了那种"亡国论"的思潮,豪情满怀地说:"现在上海我国陆空军的顽强抵抗,已在事实上给予这些幻想和谬想以重大打击了;在积极方面,更巩固了中华民族的自信力。这和民族解放的光明前途有着很密切的关系,是很显然的。"①

邹韬奋在这一时期的工作非常紧张。对战局的变化所引起的各个方面动向及思想动态,他是紧抓不舍的。批判了汉奸和准汉奸的"亡国论"之后,又有一种急于求成的"速胜论"思想引起了他的注意。邹韬奋于《抗战》第 4 号上,发表了《持久战的重要条件》,深入地分析了持久战的主客观因素。他指出,日本侵略中国,渴求速决战以达到掠夺的目的,而被侵略的中国必须与之相反用持久战来促成敌人的崩溃。持久战的条件,除"军事方面的不失时机,坚持抗战;外交方面的积极推动,运用灵敏"外,还有"心理的基础和物质的基础"。在心理上要认清"这次为抢救危亡而抗战的历程是艰苦的历程","应该存着百折不回义无反顾的沉着的心理"。在物质上,我们一面抗战,一面仍须注意生产的继续,"在整个的国防经济建设的计划之下,作加速的更紧张的工作"。②

在当时的形势下,积极努力地排除关门主义的干扰,是为了更好地团结动员广大群众起来战胜日本强盗。邹韬奋在《抗战》上和后来的《抵抗》上,都是按照这个方针而开展工作的。1937 年 9 月 26 日,邹韬奋在《抵抗》第 12 号上,发表《全国团结的重要表现》一文。文中,邹韬奋对国民党的"中央通讯社"发表《为公布国共合作宣言》表示十分欢迎的态度,充分肯定国共合作的重要意义,指出宣言和蒋介石谈话的发表,"是全国团结御侮的一个非常重要的表现"。"这样的全国团结,是保障抗战胜利最重要的一个条件,是

---

① 韬奋:《上海抗战的重要意义》,《抗战》三日刊第 1 号,1937 年 8 月 19 日。
② 韬奋:《持久战的重要条件》,《抗战》三日刊第 4 号,1937 年 8 月 29 日。

对日本帝国主义的一个重大的打击!"①

　　针对抗战时期新闻出版等文化工作对于动员国民的重要意义,1937
年,邹韬奋在《申报》上发表《文化工作与国民动员》一文,指出:"造成正确的
舆论,唤起国民御侮的意识与坚决国民奋斗的意识,文化工作的重要是谁也
不能否认的。"②文中特别提到苏联在集体农场的伟大事业中是怎样动员民
众的,以之为民众动员重要性的佐证。而所谓"正确的舆论",在此民族危亡
之际无疑就是积极倡导抗日民主统一战线,教育和发动群众团结抗日。在
发表于《新闻记者》杂志上的《新闻记者当前的任务》一文中,邹韬奋对新闻
舆论工作的使命和实现途径作了阐释,指出除了报道战场新闻外,"就整个
抗战建国的前途说来,宣传国策,教育民众,反映民意,督促并帮助政府对于
国策的实施,在在都须彻底认识新闻记者所负责任的重大与工作的艰
苦"。③他还发表了《全面抗战开展以后》《战争时期的文化工作》《中国当尽
量运用自己的优点》等文,反复强调了新闻舆论的重要性,呼吁文化工作要
凝聚人心、为抗战大局服务,并且探讨了有效进行舆论引导的艺术。

　　第二次国共合作形成之后,国民党当局对中国共产党的抗日救亡主张
和政策仍然严加封锁,同时利用其党营媒体中央通讯社、《中央日报》等,对
共产党及其敌后活动进行歪曲宣传。国民党甚至利用媒体散布谣言,如"八
路军和新四军是游而不击,不敢与日军正面交锋,只是借抗战之名行保存实
力之实"。④广大群众很难了解到共产党抗日活动的真相。而邹韬奋主编的
刊物一方面及时报道分析全国各地抗战形势的发展、国民政府的抗战政策
和正面战场的战绩,以及二战国际战场上的种种局势;更为可贵的是积极宣
传民族统一战线、呼吁团结,报道共产党的抗日言行,以及我党通过游击战

---

① 韬奋:《全国团结的重要表现》,《抵抗》三日刊第 12 号,1937 年 9 月 26 日。
② 《文化工作与国民动员》,《韬奋全集》第 8 卷,上海人民出版社 1995 年版,第 140 页。
③ 《新闻记者当前的任务》,《韬奋全集》第 8 卷,上海人民出版社 1995 年版,第 25 页。
④ 转引自董小玉、刘成文:《外宣媒体的党性坚守——兼谈〈新华日报〉的改版》,《经验与历程　建
　党件 90 周年"中国共产党新闻思想研讨会"论文集》,复旦大学出版社 2013 年版,第 108 页。

开辟敌后战场、建立抗日根据地,教育和发动民众、与敌人作艰苦卓绝的斗争的伟大事迹,在引领正确的舆论导向方面起到重要作用。

邹韬奋满腔热情地在《抗战》三日刊上刊登《中国共产党对时局宣言》(《抗战》第 32 号)等党的文件及一些重要文章,宣传中国共产党在抗日战争中提出的方针、政策,报道八路军抗战的事迹和政治工作结合军事工作的经验等。在 1937 年 11 月 13 日的《抵抗》三日刊第 26 号上,邹韬奋以《怎样争取持久战的胜利》为题,特别介绍彭德怀的小册子《争取持久抗战胜利的先决问题》,并给予高度评价,使读者对中国共产党关于持久抗战的思想和游击战争的策略有了进一步的认识。由于《抗战》采取了三日刊的形式,在发刊时间上比较宽裕,以供给新闻为原则,既有日报的功能,能及时报道战争局势,起到信息传递作用;又有系统的分析和深度报道,在当时起到引导社会舆论的重要作用。

1937 年,共产党在延安创办了中国人民抗日军事政治大学和陕北公学,旨在培养抗日的军事和政治干部。邹韬奋对这两所学校给予了较多关注和介绍。如《抵抗》第 25 号刊登了《信箱:第八路军驻京办事处又来信——又是关于陕北公学》。[1]1938 年,邹韬奋主编的《抗战》三日刊连载了舒湮的《边区实录》,对陕甘宁边区的政治、经济、文化教育、司法制度以及民众运动等情况作了系统报道,并以通讯的形式对两所学校的情况作了详尽而生动的描述。这些文章无疑促使中国的进步青年对这两所学校有了比较正确的了解。我党著名新闻工作者陆灏的女儿回忆:"1937 年秋,爸爸连续在邹韬奋先生创办的《抵抗三日刊》上看到延安陕北公学的招生简章和有关报道……陕北公学招生的消息给了他极大鼓舞,使他萌发去延安学习的念头。"[2]

---

[1] 《信箱:第八路军驻京办事处又来信——又是关于陕北公学》,《抵抗》三日刊第 25 号,1937 年 11 月 9 日。

[2] 许小莹口述、施宣圆整理:《陆灏:活跃在晋察冀边区的战地记者》,澎湃新闻,http://www.thepaper.cn/newsDetail_forward_1362862。

关于共产党领导的抗日活动的报道,如《抗战》1938 年第 44 号上叔羊写的《救亡运动在山西》,介绍了有关平型关大捷和牺盟会的活动情况。牺盟会的各级组织中的领导者多为共产党员,故也是从侧面宣传了党的抗日组织活动。《全民抗战》1940 年第 107 号上芟衷的《中条山的民众在怎样战斗?》介绍了共产党领导下的游击队式的民众武装。著名作家沙汀发表在《全民抗战》上的几篇文艺通讯作品《同志间》(1940 年第 132 号)、《游击县长》(1940 年第 140 号)、《知识分子》(1940 年第 146 号)等,生动、真实地描述了敌后抗日民主根据地的崭新面貌和人民翻身做主人的可喜情景。

特别值得一提的是,《抗战》三日刊社还创造性地推出图文并茂的《抗战画报》,并以较多篇幅刊登与八路军有关的信息,以及八路军缴获的战利品等。《抗战画报》1937 年第 4 号的大幅照片《新任第八路军军长朱德现已率部抵晋》、1937 年第 9 号的《威震晋北之第八路军》《游击战士的英姿》《三个八路军将领,自右至左:林彪、彭雪枫、萧克》等凸显了八路军将士的威武形象。《威震晋北之第八路军》的图片说明为:"'敌进我退,敌退我追,敌止我扰,敌守我攻'。这是八路军游击战术的四句要诀。第八路军运用了这种神速的战术,最近在晋北山地中东西活跃,不仅屡予南下的敌军以重创,而且使紧迫的山西战局完全改了观。"[①]邹韬奋反复强调正确舆论的重要作用,并且身体力行地宣传共产党抗日主张及其功绩,引导国民坚定信念、使之为抗战而奋斗。邹韬奋的种种努力在这些文章和图片的撰写编排中可见一斑。

二、新闻出版工作应将服务精神与战斗性相结合

邹韬奋在创办《生活日报》时曾提到"我只有一个理想,就是要创办一种

---

① 《威震晋北之第八路军》,《抗战画报》第 9 号,1937 年 10 月 13 日。

为大众所爱读,为大众作喉舌的刊物"①、"言论要完全作人民的喉舌,新闻要完全作人民的耳目"②。韬奋精神,一言以蔽之,就是"服务精神"四个字。邹韬奋为大众服务的精神,正是他留给当今新闻出版人和新闻出版事业最宝贵的遗产。③无论传媒形态如何变化,无论传播业务如何变化,服务精神是新闻出版事业的立身之本。

"民众""大众""人民"在邹韬奋的语境里大致是同义的。邹韬奋在其论著中曾反复提及为民众办报、为大众服务的思想,但考察其"大众""民众"概念的内涵,在不同时期还是有差别的。1927 年,韬奋在《本刊与民众》一文中对"民众"主要从外延上作了说明:"我以为搜括民膏,摧残国势的军阀与贪官污吏不在内;兴波作浪,朝秦暮楚,惟个人私利是图的无耻政客不在内……除此之外,一般有正当职业或正在准备加入正当职业的平民都在内;尤其是这般人里面受恶制度压迫特甚的部分。"④

20 世纪 20 年代的《生活》周刊,有着浓郁的都市文化生活期刊色彩,以"暗示人生修养,唤起服务精神,力谋社会改造"为宗旨⑤,其重要栏目"读者信箱"解答的也多为个人恋爱、婚姻、职业修养等问题。根据《生活》周刊上发表的几篇对胡适推崇备至的文章,可见邹韬奋此时受到了胡适的改良主义和启蒙思想的影响,还是一个民主主义者。而"九一八事变"之后,邹韬奋思想发生转变,《生活》周刊向进步时政杂志方向发展,揭露日本军国主义的野蛮行径,反对国民党反动派的不抵抗政策,主张抗敌御辱,唤醒读者积极投身救亡运动。在回忆主办《生活》周刊的历程时,邹韬奋写道:"也许是由于我的个性的倾向和一般读者的要求,《生活》周刊渐渐转变为主持正义的

---

① 《〈生活日报〉的创办经过和发展计划》,《生活日报》第 55 号,1936 年 7 月 31 日。
② 同上。
③ 黄瑚、李楠:《学习邹韬奋的服务精神——纪念韬奋诞辰 115 周年》,《新闻记者》2010 年第 12 期。
④ 编者:《本刊与民众》,《生活》周刊第 2 卷第 21 期,1927 年 3 月 27 日。
⑤ 韬奋:《我们的立场》,《生活》周刊第 6 卷第 1 期,1930 年 12 月 13 日。

舆论机关。"①

邹韬奋接办《生活》周刊后尽心竭力地解答读者的各种疑问，使"读者信箱"成为刊物的品牌栏目，以后其主编的报刊也保留了类似栏目。在抗战初期主编《抗战》三日刊时，邹韬奋写道："我每日替《抵抗》三日刊拆阅无数读者来信，看到他们爱国的真诚，愿为国家的抗战遭受任何牺牲而无悔的表示，未尝不深深地受到感动。"②王琳在其硕士论文中作了统计："《抗战》三日刊出版 86 号，共发表了 152 篇读者来信。其中读者来源地遍布中国各地的大中小城市，甚至远到国外的巴黎。"③读者的年龄层次从小朋友到青年到中年乃至老人，其职业分布也很广泛，有教师、公务员、工人、难民、战场上的士兵等。可见邹韬奋所办报刊的受众范围已经大大扩展了。

邹韬奋在生活书店 1939 年《店务通讯》第 34 号《我们的工作原则》一文里，对生活书店的工作提出了三条原则，即促进大众文化、供应抗战需要、发展服务精神。④他指出生活书店"一向是站在前进的立场"，"所谓前进，并不是使自己跑开大众很远，把大众远远地抛在后面……我们必须使最大多数的群众都能受到我们文化工作的影响。"⑤在另一篇文章中指出："我们要深切地明白，无论民族解放的胜利，或革命事业的开展，不能仅靠比较少数的前进分子，同时还要依靠最大多数群众的觉醒与努力……"⑥此时期，邹韬奋一再强调其服务的大众的"广大"性，他心目中的"大众"范围明显扩大了，这显然是因为其受到了马克思主义的影响，并和共产党的抗日民族统一战线相呼应的。

在抗日战争期间，邹韬奋的社会地位、社会声望很高，被国民党政府聘为国民参政会的参政员。他在国民党统治区内继续从事出版事业。由于他

① 《经历》，《韬奋全集》第 7 卷，上海人民出版社 1995 年版，第 203 页。
② 《中国当尽量运用自己的优点》，《韬奋全集》第 8 卷，上海人民出版社 1995 年版，第 138—139 页。
③ 王琳：《〈抗战〉三日刊研究》，北京印刷学院 2006 年硕士学位论文，第 27 页。
④⑤ 韬奋：《我们的工作原则》，《店务通讯》排印本（上），学林出版社 2007 年版，第 322—323 页。
⑥ 韬奋：《加强认识我们服务的广大对象》，《店务通讯》排印本（中），学林出版社 2007 年版，第 546 页。

支持共产党的抗战、团结、进步的方针,反对国民党实行的消极抗日积极反共的政策,他和他所办的杂志、出版社成为国民党统治者的眼中钉。在1939年到1940年间,他主持的生活书店分布在国民党统治区各地的多个分支店,先后被封闭。1941年在发生"皖南事变",整个政治形势恶化的时候,共产党组织为保护邹韬奋,安排他离开重庆到香港工作。

马克思、恩格斯创立的唯物史观与唯心史观的根本区别之一,就在于它始终坚持人民群众是历史的创造者。邹韬奋在马克思主义新闻观的影响下,思想从教导民众向依靠民众转变。这体现在创办《全民抗战》战地版和通俗版中。邹韬奋在主编《全民抗战》的过程中,得知前方将士缺少精神食粮,于是决定发行《全民抗战》战地版并赠送给他们。该刊出版后受到前方将士的欢迎和社会的高度评价,各界人士纷纷捐款赞助。①1939年8月,《全民抗战》通俗版问世,为32开小册子形式。栏目主要有社论、谈时事、小消息、专论、插画、文艺作品等。文章篇幅短小,而且用语非常浅显易懂,口语化倾向明显。文艺作品较多地采用了歌谣、评词等民间文艺形式。②相较这一时期我党倡导的"文艺大众化"运动,可见其在宗旨和表现形式上都有相似之处,其宣传策略值得总结和借鉴。

邹韬奋注重报刊的大众性和服务性,还表现在他提倡大众化的文风,力避"佶屈聱牙"的贵族式文字,采用"明显畅快"的平民式文字。③这一思想抗战前后也得到进一步发展。他将"文字大众化"明确为办报刊的重要方针:"本报的文字要力求大众化。要尽可能用语体文字来写论文和新闻……我们要注意最落后的大众,使一切初识字半通文的妇女们,孩子们,工友们,农夫们,都能看懂《生活日报》,才算达到了我们的目的。"④邹韬奋还欢迎、鼓

---

① 张文明:《报刊通俗化、大众化——邹韬奋出版〈全民抗战〉战地版与通俗版浅探》,《传播与版权》2014年第11期。
② 参见张文明:《邹韬奋新闻出版实践与思想研究》,社会科学文献出版社2015年版,第140—142页。
③ 编者:《本刊与民众》,《生活》周刊第2卷第21期,1927年3月27日。
④ 《〈生活日报〉的创办经过和发展计划》,《生活日报》第55号,1936年7月31日。

励普通民众踊跃投稿,反映他们的真实生活,使《生活日报》真正成为"大多数人的报纸"。

把握舆论导向突出地体现在报刊言论中,邹韬奋认为民众的存在是形成报刊言论的基础,言论必须反映大众的意志和要求。他为《新华日报》创刊三周年写的《领导与反映》提到:"舆论机关的重要任务一方面在领导社会,一方面在能反映社会大众的公意。"①"我们可以说在列宁正确领导下的《火星报》对当时的俄国革命运动起了坚强的领导作用,但是这种领导之所由来,并不是由于代表着他个人的意志,却是由于代表着当时社会大众的真正要求。"②这显现出邹韬奋对新闻舆论工作的人民性原则已有深刻的认识。当时与大众利益最密切相关的自然也就是团结抗战问题。他在《文化工作者的责任》一文中指出,文化工作应该和抗战时期的迫切需要密切地联系起来。把文化事业与民族解放事业紧密结合,这充分体现了韬奋将服务性与战斗性相结合的新闻舆论思想。他与时代共同进步,对广大民众起到积极的舆论宣传和思想引导作用。

马克思主义政党历来把新闻舆论工作作为进行革命斗争的有力武器,我们党始终注重运用新闻媒体传播真理、组织群众、推动工作。③无论是在革命岁月、建设时期,还是在如今的社会主义新时代,党的新闻舆论工作都形成了强大力量,发挥着重要作用。做好党的新闻舆论工作,是治国理政、定国安邦的大事。邹韬奋在抗战中的新闻出版实践,很好地诠释了如何用先进的思想去引导舆论、凝聚力量,组织群众为关系民族存亡的事业英勇斗争。

---

① 《领导与反映》,《韬奋全集》第 10 卷,上海人民出版社 1995 年版,第 8 页。

② 同上书,第 9 页。

③ 《人民日报社论:担负起新闻舆论工作的职责和使命》,人民网,http://opinion.people.com.cn/n1/2016/0219/c1003-28136102.html。

三、倡导民主和言论自由、引导舆论斗争

言论自由既是韬奋毕生追求的一种民主政治目标,也是他在这种追求中逐步树立起来的一种人生境界。而且言论自由是保证抗战胜利的前提条件。在全民抗战期间,邹韬奋作为救国会的主要领导之一,被国民党政府邀请为"国民参政会"的参政员。后来邹韬奋在香港《华商报》上连载并结集出版了自传性质的著作《抗战以来》,以较多篇幅写到他参加国民参政会的所见所闻,以及同国民党的反动文化政策作无畏斗争的经历。此外,他还写了大量提倡民主和言论自由的文章,积极引导舆论斗争。如 1941 年 8 月在香港《华商报》上发表的《言论自由与民主政治》,认为言论必须能反映民意,才能取得多数人的同情和信仰,才能发生舆论的力量。而只有在民主政治实现的条件下,人民的言论自由才能得到充分的保障。①

抗战初期政治环境比较宽松之时,生活书店出版了 1 000 多种图书,其中不乏抗日救亡读物和马克思列宁主义书籍。1939 年以后,国民党开始对生活书店进行大肆摧残。一方面是蛮横地查禁图书,甚至关店抓人;另一方面诱逼生活书店跟国民党办的正中书局、独立出版社合并,而遭到邹韬奋的坚拒。到 1941 年 1 月皖南事变发生时,生活书店的几十个分店陆续被以各种名目封闭,只剩下重庆分店一处,被捕的书店工作人员达四五十人。在这种情况下,邹韬奋于 1941 年 2 月辞去国民参政员的职务,秘密出走香港。邹韬奋在《抗战以来》《患难余生记》等自传性作品中详尽地写出了这一事件的全过程,为后人留下了珍贵的史料。另外,生活书店内部出版的各期《店务通讯》中,对于各分店被国民党蛮横查封的过程,也有着详尽的记叙。

---

① 《言论自由与民主政治》,《韬奋全集》第 10 卷,上海人民出版社 1995 年版,第 708—709 页。

　　邹韬奋在文中揭露了许多国民党制造"文化摩擦"的例子。国民党反动派对进步人士的文化事业,采取各种手段予以控制和消灭。比如:"一个湖南学生因偶在抽屉内被发现一张《新华日报》,被立刻剥去冬季制服,驱逐出校,便是一例。又像前面谈过的郑代巩因创办《战时青年》办得发达,被'特老''赏识',认为是'异党分子'而被绑,又是一例……"①

　　1941 年元旦,邹韬奋鉴于国民党统治者的日趋反动,在《全民抗战》社论《欢迎胜利的一九四一年》一文中提出六项主张:"一、加强团结,坚持抗战;二、实现民主政治,保障言论、出版、集会、结社的自由;三、加强亲苏联美的外交政策;四、实施战时的财政经济政策,平抑物价,安定民生;五、实施抗战建国教育,保障学术讲习的自由;六、保障妇女在政治、经济、社会、教育、职业各方面的平等。"这可作为邹韬奋在被迫出走香港前的主张之代表。

　　一些新闻史著作也抨击了国民党压迫民主运动、打击进步文化的暴行,不过主要是在整体上否定新闻检查制度。而邹韬奋作为新闻出版界的知名人士,通过一些具体而生动的事例,以小见大、形象地反映出了新闻检查制度的法西斯本质。由于作者是亲历者,而且距事件发生之时日尚短,其记忆是清晰的。其自传和文章中的记叙为当今学人了解这段历史提供了宝贵的资料。

四、邹韬奋抗战期间在香港的办报刊活动

　　邹韬奋于 1941 年 2 月辞去国民参政员的职务,秘密出走香港。1941 年 5 月 17 日,邹韬奋主编的《大众生活》在香港复刊,并很快成为香港最有影响的杂志,同年 12 月 6 日出至第 30 期,《大众生活》因为太平洋战争爆发而

---

① 《患难余生记》,《韬奋全集》第 10 卷,上海人民出版社 1995 年版,第 883 页。

停刊。起初由于邹韬奋具有明显的进步思想倾向,港英当局并不欢迎他来香港办报刊,于是在注册上做文章,不让他登记。邹韬奋只好再想其他办法。所谓"有志者事竟成",邹韬奋终于找到一位发行人。原来有一位曹先生(他的父亲是所谓港绅),早已登记好了要办一个周刊,但因找不到适当的主编,故而那刊物还没出世。这位曹先生年纪还轻,读过韬奋的著作及其所编的刊物,可以说是对于韬奋的道德文章有相当认识,对于韬奋怀着敬佩之心的一个人。经过第三者的介绍,事情就成功了。这就是后来坚持到香港沦陷后停刊的《大众生活》周刊。从这件事也可见韬奋的为国家为人民长期以来不懈奋斗的精神和毅力,在一般人中(而曹先生是其中之一)建立了非常高的威信。

据茅盾先生在纪念文章中回忆,邹韬奋组织了一个编辑委员会,可是参加编委会的朋友都是另有工作的,他们对于韬奋的帮助只能是:每星期开会一次,决定下一期刊物的主要内容,并在这范围内担任写稿一篇,或者是负责向编委以外的朋友拉一篇那一期刊物所需要的稿。邹韬奋必须自己做的就有下列的一大堆事情:撰写每期登在卷首的社评,那是有一定的篇幅的,太长或太短都会影响到刊物的整个编排的计划性;审阅来稿(包括特约稿和外来的投稿);给读者的来信作"简复"。"简复"是刊物很重要的一栏,刊物与读者的联系固然赖此一栏,而尤其重要的,是借这一栏发表一些还不宜于用其他方式(例如短评等等)来发表的主张或批评。不曾在那种环境下办过刊物的人不会了解"简复"读者来信这工作在彼时彼地是怎样重要而且又是怎样的不简单。邹韬奋常说:他花在"简复"上的时间和精力,比花在社评上的要多得多。①

邹韬奋在香港复刊《大众生活》时,已经主编过好几个刊物。香港《大众生活》中的栏目大多是对以前刊物所开设的栏目的继承和发展。香港《大众

---

① 参见茅盾:《邹韬奋和〈大众生活〉》,邹嘉骊编:《忆邹奋》,生活·读书·新知三联书店 2015 年版,第 210—211 页。

生活》的主要栏目有"社论"、"周末笔谈"、"专论"（又称为"论文"）、"通讯"
（或报告）、"文艺作品"（含诗歌、小说、故事新编三种）、"杂文"、"信箱"、"简
复"、"漫画·木刻·地图"、"生活修养"、"大众之声"、"书评"、"特载"等。这
些栏目中，除"大众之声"这个栏目外，其他栏目在邹韬奋以前所主编的刊物
中都已经出现过。"大众之声"与"信箱"栏目中的读者来信性质差不多，只
不过"信箱"的内容非常广泛，而"大众之声"主要刊载的是读者对时事或一
些社会问题的呼吁。

　　邹韬奋尽心尽力地要将这些栏目办好，不断丰富刊物的内容。除了上
文所讲的定期召开编委会，给编委会的成员分配稿件任务外，邹韬奋还积极
地向当时的文化界名人和专家征稿，向广大读者征集稿件。香港《大众生
活》比较多地刊登了茅盾、柳亚子、张友渔、羊枣（杨潮的笔名）等人的文章。
香港《大众生活》创刊的新 1、2 号上都刊登了征稿启事："本刊各栏都向读
者开放着，欢迎投稿。文章请勿过长，最好不超过三千字；千字左右的短论
杂文尤其欢迎。本刊也需要大后方，战区中的通讯，海外华侨的动态的报告
也同样为我们所重视。本刊准备讨论读者所提出的任何问题，并发表读者
的任何零碎的意见，只要那是值得发表的。从下期起设立的'信箱'一栏将
是本刊中最主要的一栏，希望读者多多提出问题，提出意见。来稿请寄香港
邮政信箱一三〇三号大众生活编辑部。请留底稿，恕不退还。"①

　　除主办《大众生活》周刊外，邹韬奋在香港《华商报》的创办和发展中也
起到了重要作用。1941 年的皖南事变，是蒋介石发动的抗战以来最大的一
次反共高潮。根据周恩来的指示，八路军驻香港办事处在香港创办共产党
自己的报纸，来宣传党的统一战线主张：坚持抗战，反对投降；坚持团结，反
对分裂；坚持进步，反对倒退。②1941 年 4 月 8 日，《华商报》创刊，负责筹备
的是邹韬奋、茅盾、范长江、夏衍、乔冠华、金仲华等。《华商报》实质上担负

---

① 《征稿启事》，《大众生活》1941 年新 1 号。
② 秦亢宗：《抗战中的民国商人》，团结出版社 2015 年版，第 225—226 页。

着中共在香港进行对外宣传抗日的重要使命。从创刊号开始,《华商报》连续发表邹韬奋的自传性作品《抗战以来》。在这部作品中,邹韬奋根据自己的切身经历和许多无可辩驳的事实,对国民党反动派消极抗战积极反共,扼杀言论自由,以及残害人民的种种罪恶,作了无情的揭露。《华商报》把《抗战以来》编成单行本,在两三个月内就印了三次,销数达 1.5 万册。从此《华商报》在国内外的影响日益扩大。

如今新传播技术的发展,不仅产生了网络等诸多新的信息传播手段或媒介,还改变着新闻舆论的生成机制和传播机制,舆论引导工作更加富有挑战性。虽然邹韬奋在全面抗战时期的新闻出版活动,距今已有八十多年,但邹韬奋就舆论力量的来源、新闻舆论的重要地位、报刊等舆论机关的任务,如何保障舆论自由等的论述及实践,仍然值得如今的新闻出版工作者借鉴。

第七章
抗战时期邹韬奋对国民党新闻统制的抗争

马克思主义新闻观高度重视人民群众推动历史进程的作用,秉持历史是由人民群众创造的观点,根据相信群众、依靠群众、尊重群众的历史唯物主义原理,提出新闻传播事业是人民群众联合起来的事业。①邹韬奋后期的报刊实践活动充分体现了这些思想,尤其反映在抗战时期对国民党新闻统制制度的批判和抗争中。

邹韬奋起初是一位民主主义者。从其《经历》等自传中可以看出,邹韬奋对新闻事业的挚爱,源于其在新式学堂里受到西方现代民主思想的影响。1929年世界经济危机后,邹韬奋对资本主义的负面性有了一定认识,九一八事变发生后,特别是1933年到1935年流亡海外时进行的实地观察,以及在伦敦阅读大量马克思主义著作的经历,使其思想进一步转变,成为初步的共产主义者。邹韬奋于1937年出版《读书偶译》一书,较为全面地介绍了马克思的生平、理论及其思想来源,并介绍了恩格斯和列宁的思想。

全面抗战时期,邹韬奋已接受了马克思主义思想。他强调报刊承担着人民的"耳目喉舌"的重要职责,并且要依靠群众来办"人民的报纸"。邹韬奋已具备明确的阶级观念,"大众"观念从早期的城市平民及学生,发展到容

---

① 谢天武:《新媒体时代马克思主义新闻观的挑战、创新与发展》,《思想政治工作研究》2017年第6期。

纳了广大工人农民阶级。其阶级观点、对群众的热爱与信赖，明显受到马克思主义思想的影响。

在为《新华日报》写的纪念文章中，邹韬奋将报刊宣传的主要任务概括为"领导社会"和"反映社会大众的公意"。而能对社会起领导作用，前提是能够灵敏地意识到社会大众的真正要求，代表大众的真正利益，在这个立场上，"教育大众，指导大众"。因此舆论机关能否负起它的领导的任务，"全看它是站在进步的立场，还是站在开倒车的立场。"邹韬奋还举出了列宁办《火星报》的例子。[1]邹韬奋对国民党政府新闻统制的抗争中，体现出其对马克思主义新闻观的学习和发扬。

一、从学理层面反对新闻统制制度，倡导新闻出版自由

马克思说过："没有新闻出版自由，其他一切自由就是泡影""新闻出版就是人类自由的实现"。马克思将书报检查制度视为精神创造物的刽子手。1842年，他专门写了一篇文章《评普鲁士最近的书报检查令》，揭露新报刊检查令的虚伪性。邹韬奋在抗战期间倡导新闻出版自由，与国民党政府反动的文化专制政策进行斗争，这与马克思主义新闻观的言论出版自由理念是相符的。

1927年国民党反动统治建立后，很快就建立起一个以统制为本的新闻法律制度，简称新闻统制制度。南京政府建立初期，国民党就提出了"以党治报"的方针，并制定了一大批实行新闻统制的法律、法令。要求国统区所有的新闻事业，包括非国民党的新闻事业，都必须接受国民党的思想指导和行政管理。九一八事变后，国民党强化了镇压手段，大量汲取了德国、意大

---

[1] 《领导与反映》，《韬奋全集》第10卷，上海人民出版社1995年版，第8页。

利等国家的法西斯主义新闻思想与经验，以进一步严密控制新闻界，甚至将出版后审查制度改为出版前检查制度，史称新闻检查制度。国民党政府在抗战期间进一步加强了新闻统制。①

新闻统制是新闻检查的总体法律基础，新闻检查是新闻统制的核心内容。新闻出版界人士对国民党压制民主及言论出版自由的新闻统制制度深恶痛绝，邹韬奋与之作斗争具有进步性。

全面抗战期间，邹韬奋作为救国会的主要领导之一，被国民党政府邀请为"国民参政会"的参政员，直到1941年2月其出走香港。后来邹韬奋在中国共产党领导的香港《华商报》上，连载并结集出版了自传性质的著作《抗战以来》，以较多篇幅写到他参加国民参政会的所见所闻，以及同国民党的反动文化政策无畏斗争的经历，让读者对国民党假民主真独裁的面目有了直观认识。此外，抗战时期邹韬奋还写了大量提倡民主和言论自由的文章，积极引导舆论斗争。

言论自由既是邹韬奋毕生追求的一种民主政治目标，也是他在这种追求中逐步树立起来的一种人生境界。他认为言论自由是保证抗战胜利的前提条件。1941年8月，邹韬奋在香港《华商报》上发表的《言论自由与民主政治》，认为言论自由是一种最重要最基本的民主权利，对民主政治的实现有着重要意义。言论必须能反映民意，才能取得多数人的同情和信仰，才能发生舆论的力量。而只有在民主政治实现之下，人民的言论自由才能得到充分的保障。②

1941年2月，邹韬奋写了《舆论的力量》一文，而国民党图书杂志审查委员会以"完全出于派系私利的立场"为罪名扣留了此文。五十多年后，工作人员在编纂《韬奋全集》的过程中，在南京中国第二历史档案馆的国民党档案里发现一些当年被扣留的韬奋的文章，包括《舆论的力量》。邹韬奋在

① 参见黄瑚：《中国新闻事业发展史》，复旦大学出版社2009年版，第165—175页。
② 《言论自由与民主政治》，《韬奋全集》第10卷，上海人民出版社1995年版，第705—709页。

《抗战以来》中也介绍过这篇被扣留的文章的核心内容。他在文中强调舆论的力量就在于其能正确地反映广大人民的心声,歪曲事实不会让民众信服,压制舆论是不可取的。

他在文中写道:"这些说明言论固然可以发生舆论的力量,但却不是一切言论都可以发生舆论的力量。只有根据正确事实和公平判断的言论,才可能发生舆论的力量。例如你是努力抗战的人,我一定要说你是破坏抗战的人;或你是在分散抗战的力量,我一定要说你是在加强抗战的力量;这好像可以随便由我嘴里说出算数,但是人们听了能否信服,却不是因为我一定要这样说,却要研究我所说的是否根据正确的事实和公平的判断。"①

针对国民党审查书报原稿的政策,邹韬奋指出,各国都十分注重舆论,在宪法范围内予以自由发表言论,而审查原稿以后的报纸已经失去民间舆论反映的效用了。并且就国民党政府对其机关报与民间报纸分别对待提出批评,认为两者不可偏废:"各级党政机关好像是政府的股肱,民间舆论的反映好像是政府的耳目,不过在形式上各党政机关之直接为政府机构的一部分是比较明显的,民间的舆论机关之间接地亦为政府机构的一部分是比较隐蔽的,但在效用上却很像股肱与耳目之不能偏废,所以我们希望能受到同等的待遇。"②

邹韬奋分析了审查书稿妨碍学术文化发展等弊端,以及其在实行中面临的种种问题。在《再论审查书报原稿的严重性》一文中写道:"中央和各地方审查机关欲延揽许多富有各部门高深学问的专家学者担任审查,在事实上是不可能的。这既不可能,若勉强由党政军警机关派代表担任,实在是不妥当。这并非我们敢于轻视党政军警机关没有人才,却是说各有所长,勉强担任,徒然使全国的学术界蒙受莫大的损失。这是客观形势所必然,我们诚

---

① 《舆论的力量》,《韬奋全集》第 10 卷,上海人民出版社 1995 年版,第 44—45 页。
② 《审查书报原稿的严重性》,《韬奋全集》第 8 卷,上海人民出版社 1995 年版,第 186 页。

恳希望政府为着全国的学术前途计,加以审慎的考虑。"①

　　1941 年元旦,邹韬奋鉴于国民党统治者的日趋反动,在《全民抗战》社论《欢迎胜利的一九四一年》一文中提出六项主张:"一、加强团结,坚持抗战;二、实现民主政治,保障言论、出版、集会、结社的自由;三、加强亲苏联美的外交政策;四、实施战时的财政经济政策,平抑物价,安定民生;五、实施抗战建国教育,保障学术讲习的自由;六、保障妇女在政治、经济、社会、教育、职业各方面的平等。"②一以贯之地追求民主政治和言论出版自由,这可作为邹韬奋在被迫出走香港前的主张之代表。邹韬奋在学理上进行阐释,并在报刊实践中身体力行,在当时与国民党的反动文化政策作斗争中,发挥了积极的作用。

二、在国民参政会中提交议案进行斗争

　　国民参政会是抗日战争时期国民党政府成立的带有民意机关性质的最高咨询机关。中国共产党争取政治民主的主张和努力,在全国产生了很大的影响,直接推动和影响了抗战时期这一民意机关建立的进程。邹韬奋在 1938 年 1 月发表在《抗战》三日刊的《反映民意与抗战前途》一文中指出:只有实行民主才能"增加抗战的力量",因此"现有的政治机构中应有反映民意的机关。"③

　　国民参政会的参政员由国民党政府遴选产生,虽也包含各抗日党派的一些代表,但是国民党员占大多数。1938 年 7 月 6 日,国民参政会第一届第一次会议在汉口开幕,到会参政员 130 余人,听取政府各部部长关于内政、

①　《再论审查书报原稿的严重性》,《韬奋全集》第 8 卷,上海人民出版社 1995 年版,第 189 页。
②　《欢迎胜利的一九四一年》,《韬奋全集》第 9 卷,上海人民出版社 1995 年版,第 778 页。
③　《反映民意与抗战前途》,《韬奋全集》第 8 卷,上海人民出版社 1995 年版,第 380—381 页。

外交、教育、财政、交通等方面的报告,通过一些提案,选举张君劢、董必武等25 人为驻会委员,宣告国民参政会成立。

邹韬奋对民主政治与抗战的关系有着深刻的认识,他说:"为保证全面抗战的胜利,要使民族统一战线巩固起来。巩固民族统一战线的基础是什么呢? 是民主政治。"①起初邹韬奋对国民参政会还是抱有很大期望的。在国会参政会第一次大会上,邹韬奋提出了"具体规定检查书报标准并统一执行案",并获得了通过。提出该议案,主要是因为当时检查书报过于随意,许多机关的人员都可以随便到书店去随便指哪几本书是违禁的,拿了就走,不给收条也没理可讲。书报检查制度影响了进步文化事业的发展。

邹韬奋在 1938 年 7 月 19 日汉口《全民抗战》第 5 号发表的《参政会第一届大会的总结》一文中,及时而比较详细地记载了这一议案的情况:"与民运有连带关系的是言论自由的保障,关于这方面,记者也和其他参政员二十七人提出'具体规定检查书报标准并统一执行案',本案在办法方面要点有三:(一)由政府根据抗战建国纲领第二十六条保障言论的原则,规定检查书报的具体标准,并公开宣布;(二)检查书报必须有统一负责的执行机关,俾免政出多门流弊繁多;(三)对查禁的书报,须将理由通知,并准许编著人或出版机关向统一负责的检查机关提出解释或申诉。本案修正通过。"②

此后,他又在《抗战以来》中详细写出当时提出这一议案的相关背景:

因为这件事有关舆论的反映和出版自由的保障,与整个文化运动有重要的关系,所以有较详细讨论的必要。我在以前曾经提及过,在第一次会议中曾提出"具体规定检查书报标准并统一执行案",这并不是无病的呻吟,在当时有许多机关的人员,宪兵也好,警察也好,卫戍司令

---

① 《抗战以来·民主政治的初步展开》,《韬奋全集》第 10 卷,上海人民出版社 1995 年版,第 177 页。
② 《参政会第一届大会的总结》,《韬奋全集》第 8 卷,上海人民出版社 1995 年版,第 58—59 页。

部的特务人员也好，党部的特务人员也好，军委会的特务人员也好，都可以随便到各书铺里去随便指那几本书是违禁的，随便拿着就走，没有收条可付，也没有理由可讲。有一次我亲眼看见有一位这样的仁兄到一个书铺里去，指着国母孙夫人所著的《中国不亡论》为禁书，要拿着就走，店铺里的职员对他说这是孙夫人对外国发表的呼吁国际朋友援助中国抗战文章的译文，他说不管内容援助不援助，他是来执行命令的，结果还是被他掠夺而去！这只是一个随手拈来的例子，诸如此类的事情很多。我在第一次大会中，所以有那个提案，就是要想纠正这种混乱的情形，但是据说却成了"原稿审查"的根据，你看冤不冤！①

　　尽管邹韬奋的这一提案获得通过，1938 年 7 月底，距国民参政会第一次大会闭幕还不到半个月，国民党政府就公布了《战时图书原稿审查办法》和《修正抗战期间图书杂志审查标准》，反而加强了对抗战言论的控制。对此邹韬奋在《全民抗战》三日刊上（该刊起初为三日刊）相继发表《审查书报原稿的严重性》和《再论审查书报原稿的严重性》等文，先指出"各国贤明的当局"对于舆论都极重视，并且举了罗斯福总统每日浏览全国若干重要报纸的例子。同时深刻分析了审查书报原稿的危害性："关于图书要审查原稿，把思想自由的限度缩到过于严苛的地步，便使学术的研究与进步受到很大的障碍。"②

　　《全民抗战》9 月 3 日还特载全国出版界要求撤销《战时图书杂志原稿审查办法》及《抗战期间图书杂志审查标准》的声明，众多出版机构联合具文吁请有关当局要求撤销该项决定，签名者有商务印书馆、中华书局、开明书店、世界书局、生活书店等二十余家。

　　此后，邹韬奋在国民参政会第二次大会上提出"请撤销图书杂志原稿审

---

① 《抗战以来·忙得一场空》，《韬奋全集》第 10 卷，上海人民出版社 1995 年版，第 219—220 页。
② 《再论审查书报原稿的严重性》，《韬奋全集》第 8 卷，上海人民出版社 1995 年版，第 189 页。

查办法以充分反映舆论及保障出版自由案",并且该议案得到七十多人的"联署",在大会中得到最大多数的通过。但国民党当局依旧大肆检查图书杂志原稿,或检扣原稿、或删改原文,报刊上经常被迫开天窗。这使邹韬奋逐渐对国民党实行假民主真独裁的本质有了深刻的认识。在第四次大会上,邹韬奋提出要求"改善审查书报办法",并附带要求"实行撤销增加书报寄费",并获得通过,但实际上仍未能实行。他在《抗战以来》一书中,非常生动地叙述了他是怎样与审查人员及秘书辩论讲理,抢救其主编的报刊上的文稿的事例。①通过对国民党的新闻统制制度的深刻揭露,在舆论上与国民党的反动统治进行了斗争。

最后邹韬奋被迫秘密离开重庆去了香港,并留下一封辞职电:"夫一部分文化事业被违法摧残之事小,民权毫无保障之事大。国民参政会号称民意机关,决议等于废纸。念及民主政治前途,不胜痛心。韬奋忝列议席,无补时艰,深自愧疚。敬请转呈国民政府,辞去国民参政员,嗣后仍当以国民一分子资格,拥护政府,服从领袖,抗战到底。所望民权得到实际保障,民意机关始有实效,由此巩固团结,发扬民力,改善政治,争取抗战最后胜利,不胜大愿。"②

在香港,邹韬奋在给读者的回信中总结到:"他们不敢公开反对民主政治,这就某一种意义说,未尝不是好事,但是这样在纸面上或广播中吹着,好像已经可以满足似的。这却是一个很大的危险,所以我们不能以不兑现的支票而满足,必须共同努力要求民主政治的真正实现。即在目前,约法及抗战建国纲领中所规定的最低限度的人民权利,如不得违法拘捕及言论出版集会结社自由等等,必须得到切实的保障,这绝对不是仅属个人的自由,是

---

① 《抗战以来·老爷与老百姓不平等论》,《韬奋全集》第 10 卷,上海人民出版社 1995 年版,第 231—232 页。
② 《呈请国民参政会转呈国民政府辞职电》,《韬奋全集》第 10 卷,上海人民出版社 1995 年版,第 39 页。

和推进政治的改善有着重大的关系，因为督察官吏，反映人民要求，发挥舆论力量，都非有最低限度人民权利的保障不办。"①

三、撰文揭露国民党打压摧残先进文化的种种行径

抗战初期政治环境较为宽松之时，生活书店出版了一千多种图书，有不少抗日救亡读物和马克思列宁主义书籍。1939 年以后，国民党开始打压生活书店。一方面蛮横地查禁图书，甚至关店抓人；另一方面诱逼生活书店跟国民党办的正中书局、独立出版社合并，邹韬奋对之断然拒绝。到 1941 年 1 月皖南事变发生时，生活书店的几十个分店陆续被以各种名目封闭，只剩下重庆分店一处，书店的工作人员有四五十人被捕。邹韬奋于 1941 年 2 月辞去国民参政员的职务，出走香港。

《抗战以来》一书中不少文章如《审查与讲理》《老爷们高兴怎么办》《上山拜访审查老爷》《一大堆话的激辩》《老爷与老百姓不平等论》《审查老爷对文艺的贡献》《审查老爷对文艺又有贡献》《审查老爷对社会科学也有贡献》《审查老爷和舆论》《进一步的认识》等，以许多具体的事例，对国民党新闻审查制度的荒谬、审查人员的蛮横无理等进行了揭露。同时还详尽地写出了生活书店被国民党政府打压的全过程，为后人留下了珍贵的史料。

在生命最后阶段的病痛折磨中，邹韬奋坚持写作自传性作品《患难余生记》，没来得及写完就去世了。这部遗作记叙了邹韬奋的四次流亡过程；以及国民党政府在抗战中压制民主和爱国活动，制造人事、军事、文化摩擦，对进步文化大肆打压的情况，其中有不少生动的第一手事例。（与《抗战以来》内容有交叉）。另外，生活书店内部出版的各期《店务通讯》，对各分店被国

① 《简复周承新、欧阳海、李正华、黄翼山等诸先生》，《韬奋全集》第 10 卷，上海人民出版社 1995 年版，第 57 页。

民党查封的过程,也有着详细的记载。

邹韬奋在《抗战以来》及《患难余生记》中揭露了许多国民党制造"文化摩擦"的例子。国民党反动派对进步人士办的报刊、书店等文化事业,采取各种手段予以控制和消灭。比如:"一个湖南学生因偶在抽屉内被发现一张《新华日报》,被立刻剥去冬季制服,驱逐出校,便是一例。"①又如:"但是这样的苦干的精神却引起了当地党部的怀疑。他们说从来没有看到过'区区'两个人可以办起一个书店,这一定是共产党的作风! ……在'陋巷'中营业无法勉强维持,正在办理收歇,经理薛君往甘谷收账,着手关门大吉,终于不免捉将官里去。"②

《患难余生记》中写到警察宪兵在大街上乱打乱捕售卖《新华日报》的小贩,后来"自己也觉得不大方便",就雇用了小流氓小乞丐无缘无故随处打这些无辜小贩的耳光,引起吵闹后警察或宪兵出来把他们一同捉回,所有报纸全部没收。这种掩人耳目的做法,其实无论是中国还是国外的记者都知道是怎么回事。《新华日报》的排字工人也有几十位被特务绑去。③

一位文艺家在成都车站阅看邹韬奋主编的《全民抗战》,被宪兵干涉,说不可以看。这位文艺家提出抗议,说后面明明印有重庆图书审查会审查通过证的字样,为什么不可以看,宪兵说尽管审查通过,仍不可以看! 这位文艺家很气愤,一到重庆,就把这件事实告诉邹韬奋。④

国民党实行了专制主义的原稿审查制度,审查人员经常扣押作品,还任意删改作品。如著名小说家欧阳山著了一篇小说,题目是《农民的智慧》,里面描写一个伪军的司令叫做宋文楷的,说他是地主出身,"审查老爷"把全篇中的"地主"二字,用墨浓浓地涂得一团漆黑。文艺家描写人物原是要写得

① 《患难余生记》,《韬奋全集》第 10 卷,上海人民出版社 1995 年版,第 883 页。
② 《抗战以来·又来几个故事》,《韬奋全集》第 10 卷,上海人民出版社 1995 年版,第 337 页。
③ 参见《患难余生记》,《韬奋全集》第 10 卷,上海人民出版社 1995 年版,第 876—877 页。
④ 《患难余生记》,《韬奋全集》第 10 卷,上海人民出版社 1995 年版,第 898 页。

深刻,如今这篇小说里的这位主要人物被审查老爷这样用劲一涂,读者看到这篇小说时,根本不知道主要人物原来是干什么的。但是顾到读者如何如何,这只是编辑人和著作人的事情,审查老爷只要"涂"得痛快,读者如何如何,"在他们看来大概也不外是管他娘的事。"①

写到与重庆图书杂志审查会的交涉时,对于"秘书"先生的刻画,邹韬奋注重用细节描写表现出在作者义正词严的询问下,其手足无措的尴尬:"那位秘书先生究竟还是一个'好人',因为我看见他的面色有点变,靠在桌边的十个手指都在发抖。我觉得可怜他,原谅他,我把严厉的声音改缓和了,我说我没有别的目的,只是要救救那篇重要的好文章。他略略静默了一会儿,又忽忽地一溜烟跑过去和审查老爷商量一番,再溜出来,嗫嚅地说……"②

当时被国民党或香港新闻检查机构审查删节的文字,报刊在刊登时多用"□"或"×"表示,这在邹韬奋的文章中也有所体现。他的《抗战以来》在连载发表时有删掉的文字的文章,均依照发表时的原样收入文集中,可谓形象、生动的一手资料。如:"自今年二月八日起,不到半个月,'生活'分店又接连着被摧残了四个,这是'生活'被摧残的第二个时期。到了这个时候,所剩下的只是重庆卫戍司令部已接到'密令'相机封闭的一个重庆分店,和党部的□□所不及的海外的一个,经十六年的惨淡经营备尝艰苦所培成的五十五个分支店,可谓被摧残殆尽,'不合并即须全部消灭'的'政策',在忍心害理,无视法律,不知羞耻,摧残文化事业的文化□□□方面,可以算踌躇满志了。"③国民党对于生活书店的摧残不遗余力,造谣说其接受共产党的津贴,甚至还殃及池鱼,连带有"生活"字样的商店都被查封。邹韬奋以幽默的笔调表达了内心的愤怒。

---

① 《抗战以来·审查老爷对文艺的贡献》,《韬奋全集》第 10 卷,上海人民出版社 1995 年版,第 234 页。

② 《抗战以来·一大堆废话的激辩》,《韬奋全集》第 10 卷,上海人民出版社 1995 年版,第 230 页。

③ 《抗战以来·今年二月后》,《韬奋全集》第 10 卷,上海人民出版社 1995 年版,第 367 页。

蒋委员长宵旰勤劳,一日万机,对于党老爷们"几家区区商店的封闭"(借用党报的说法),当然顾不了许多,但是因为"生活"在全中国文化界的地位还不算十分的"区区",所以蒋委员长渐渐也不无所闻,但是党老爷们在这种地方却颇具机智,设法放出更有趣的谣言,说共产党每月津贴"生活"十万元。①

从 1939 年到 1941 年,邹韬奋苦心经营多年的生活书店及几十个分店,陆续被国民党政府以各种名目摧残殆尽,作者在愤怒之中,详尽地写出了这一事件的全部过程,为后人留下了非常珍贵的史料。

不少新闻史及文学史著作,也批判了国民党压迫民主运动、实行新闻统制的行为。邹韬奋作为当时新闻出版界颇具影响力的人物,通过亲身经历、所见所闻,特别是一些具体而生动的事例,以点带面地反映出国民党新闻检查制度的法西斯本质,在当时具有进步意义。与国民党政府的新闻统制进行无畏斗争,是邹韬奋非常重要的一段人生经历。由于作者是亲历者,而且在事发当时或不久后就写文详细叙述及批判。相关记叙不但有助于全面了解邹韬奋的人格形象,也为历史研究提供了资料。

---

① 《抗战以来·"诸葛亮"和"阿斗"搏斗》,《韬奋全集》第 10 卷,上海人民出版社 1995 年版,第 357 页。

第八章
邹韬奋《经历》等自传写作的研究

中国的自传在古代一直不甚发达,可圈可点的自传性作品寥若晨星,这与古人含蓄的个性以及自我意识的淡薄有关。这种情形到 20 世纪上半叶有了一定的改观。五四新文化运动带来了"人"的觉醒和自我意识的张扬。由于受到西方民主思想和传记理论的影响,加上梁启超、胡适等人的大力提倡,30 年代前后出现了一批由文化人撰写的作品、基本上接近西方传记体式的自传或回忆录,与之前的沉寂情形相比,可谓形成了一个不小的高潮。

邹韬奋《经历》《抗战以来》《患难余生记》等三部自传性作品,就是在这种时代背景下产生的、比较典型的自传性作品。邹韬奋先生是现代著名的新闻出版工作者和爱国民主战士,其人生经历丰富而曲折。邹韬奋本人在少年和青年时代受到了中国传统教育与现代西式教育的双重影响,不仅有着很好的文化(文学)修养,更形成了根深蒂固的自由民主观念。从其自述中可以看出,邹韬奋具有鲜明的传记意识,而根据传记文学发展史的一般规律来看,传记(特别是自传)意识的产生和演进,本身也是人们思想解放、个体意识觉醒的具体表现之一。

作为一位不断追求进步的文化工作者,邹韬奋的成长经历、人格发展和思想演变过程,非常具有启示意义,因而记载了这些人生经验的自传作品,也就拥有了思想文化史方面的研究价值。同时,在那个波诡云谲的年代里,邹韬奋丰富的人生经历(六次流亡、一次入狱)呈现出较强的戏剧性色彩,具有某些构成文学作品生动情节的要素。这三部作品不仅是有代表性的现代知识分子自传,折射出了独特的时代风貌,同时也以其情感充沛、语言形象而颇具文学性。

作为现代新闻史上著名的左翼新闻工作者和文化人的代表,邹韬奋历来是中国现代文化史(尤其是新闻史)上的研究对象。新闻史、出版史及其他专业的学者对邹韬奋的生平思想活动,有着持续的和比较深入的研究,也形成了一批重要成果,如《邹韬奋年谱》(复旦大学新闻系编)、《邹韬奋传》(俞润生著)、《韬奋人格发展的轨迹》(潘大明著)、《韬奋新论:邹韬奋思想发展历程研究》(郝丹立著)、《韬奋评传》(陈挥著)等。但是,邹韬奋本人具有深厚的文学修养,他的新闻作品明显地带有文学色彩,尤其是他所写的《经历》等三部回忆性作品,其实也是中国现代传记文学史上的优秀作品,然而以往从事邹韬奋研究的学者对此缺乏足够的重视,可以说影响了对韬奋在整个中国现代文化史上的地位的认识。况且他的人生经历,在当时的进步知识分子中也具有典型性,对他的传记的研究,能够帮助我们拓宽视野,并为研究同类文化人物及其传记提供参考。

本章通过对邹韬奋的三部自传作品等进行个案性分析,揭示自传性作品写作与批评的一般性规律。通过系统地梳理邹韬奋的几部自传性作品写作的基本情况和内容、特点,并且着重从传记文学理论批评的角度,认定它们的价值,由此肯定邹韬奋的作品在中国现代思想文化史上客观具有的价值意义。进而通过对邹韬奋的自传性作品的个案考察,引申出对中国现代传记发展过程中某些带有规律性问题的认识。这对引导韬奋研究的深入是有意义的,而且这一研究力图将中国现代新闻史的研究,和中国现代文学史的研究打通,对于相关研究领域的拓宽,也有某种方法论上的启示意义。

一般来说,能否对传记事实进行客观的叙述和恰如其分的阐释、是否真实地反映了传主的人生轨迹与思想发展线索，这是评价传记质量好与坏的根本一点。而邹韬奋本人具有写作传记的自觉意识，《经历》等三部自传是对其人生经历的实事求是的回顾总结，从某种意义上讲具有"信史"的价值，并且流露出了进步的社会观与历史观，堪称优秀的传记作品。客观、真实是邹韬奋《经历》等自传的一个突出特点。

传记作品的文学因素也不应被忽视，因为它往往最直接地影响到传记作品的质量。中外著名传记作品一般都有较强的文学色彩。《经历》等三部自传性作品，将传记的"史学笔法"与"文学笔法"较好地糅合在一起，一方面，作者以逻辑思维来谋篇布局，主要采用记述、议论的形式，遣词造句多平实严谨；另一方面，又不乏对人物、事件的形象性的描绘刻画，各种修辞手法的运用恰如其分，字里行间充溢着丰富的情感，以及语言的生动、风趣，且整体上看颇具情节性和戏剧性，这些都使得这三部自传性作品个性鲜明，完全可以当作优秀的文学作品来读。

传记作品必须关注的一个基本问题，在于传主与他所处的社会时代的关系。优秀传记作品对于时代背景材料的介绍，与凸显传主的人格特点是交织在一起、相互辉映的，构成一部高质量的传记作品不可缺少的要素。《经历》等自传中涉及近现代教育的情况、20世纪上半叶报刊出版情况、新闻检查制度、新闻史及近现代史上一些重大事件等多个方面的内容，且叙述详尽，既保留了珍贵的第一手史料，也对表现作者形象起到了重要的作用。

本章最后总结了邹韬奋自传在中国现代传记发展史上的重要地位，对邹韬奋三部传记的价值作了认定。可以了解到，邹韬奋的自传与同类作品相比有其独特性，对于自我评价以及他人的评判准确客观，并因其客观性而具有了"信史"的性质，这表现在三部自传中的材料被邹韬奋的传记写作者们反复引用。这些对后人写作同类传记都很有启示意义，引导了现代知识分子传记的深入。

一、邹韬奋《经历》等自传概述

1.《经历》等三部自传的概况

邹韬奋本人对于传记写作有浓厚的兴趣,在不同时期,撰写过三部具有明显的自传性质的作品,即《经历》《抗战以来》以及《患难余生记》,其中《患难余生记》计划写四章,仅写出了不到三章。这三部书具有连贯性,内容又有交叉,构成一个自传体系,大致勾勒出邹韬奋一生的奋斗轨迹。

在这三部书中,邹韬奋对自己的求学经历、报刊从业活动、从事爱国运动及民主活动的经历、思想转变经过等个人历史,作了较系统的回顾,总结了许多可贵的经验,堪称中国现代传记史上有代表性的自传作品。这几部作品不只是作者个人经历的简单记载,也展现出了中国现代知识分子上下求索、寻求救国富民真理的足迹。

《经历》的基本情况。该书系邹韬奋于 1936 年底至 1937 年初写于苏州狱中,分为"二十年来的经历"与"在香港的经历"两部分。岳麓书社 1999 年版《经历》中共 59 节,而《韬奋全集》中该书为 60 节,前 59 节均与岳麓版相同,第 60 节题为《一封诚恳慰问的信》。

这部作品的时间跨度,从作者出生到 1936 年因"七君子"事件被捕入狱止。重点介绍作者几个人生阶段的主要活动:求学经过(1—13 节)、初入职场及踏入新闻业(14—25 节)、全身心地投入《生活》周报的出版活动(27—31 节)、参加爱国活动及被捕入狱(32—51 节)、入狱前在香港创办《生活日报》的经过(52—59 节)等。该书语言简洁、朴实而生动,不仅介绍了作者的主要受教育经历与职业活动,将一个爱国的新闻工作者形象展现在读者面前,同时还保留了"七君子"等事件的一手材料。

《抗战以来》及其版本问题。《抗战以来》1941 年写于香港,先是在《华商报》上连载,后结集出版。该书涉及内容的时间跨度从 1937 年抗战开始,至 1941 年作者第二次流亡香港止。该书介绍了作者抗战以来在"政治漩涡"中的经历,以及所见所闻,重点是揭示国民党政府假"民主"、真独裁的有关情况,以及进步文化事业遭受的灭顶之灾。该书主要包括民众运动及爱国抗日热情高涨;国民参政会中各党派的政治见解、"宪政运动"的"忙了一场空";国民党政府的新闻审查制度;"生活书店"惨遭全面摧毁、作者又一次流亡香港等内容。

该书在 1955 年版《韬奋文集》中为 62 节,而在 1995 年及 2015 年版《韬奋全集》中为 77 节,相差较大。后笔者找到 1941 年 8 月"韬奋出版社"所出《抗战以来》的电子版核对,为 76 节(书中注明:全文原有 77 篇,其中第六篇由编者略去,故存 76 篇)。可见 1995 年及 2015 年版《韬奋全集》中的《抗战以来》,是保持了该书原貌的。

《患难余生记》。1943 年,邹韬奋由于身患癌症,病势转剧,只得离开苏北解放区秘密转移到上海治疗。在一年多的病痛折磨中,他仍坚持写作自传性作品《患难余生记》,未来得及写完就去世了。这部邹韬奋的遗作,记叙了作者的四次流亡过程;以及国民党政府在抗战中压制民主和爱国活动,制造人事、军事、文化摩擦,对进步文化大肆打击的情况,其中有不少生动的事例。该书保存了国统区民主运动史的第一手史料(与前两书内容有交叉)。

2. 邹韬奋其他自传性质的文章

除《经历》等三部篇幅较大的自传性作品外,根据《韬奋全集》中所收录的文章来看,邹韬奋还写过几篇简短的自传性质的文章:

《我小学时代之追述》刊于 1917 年 4 月 26 日上海工业专门学校《学生杂志》第 2 卷第 1 期,署名邹恩润,记述了作者小学时代的趣事,对同学及老

师的追忆①。虽为文言文,但写得饶有趣味;

《韬奋自述》原载于 1939 年 10 月 28 日重庆《店务通讯》第 71 号,很简短,只有一页纸②;

《前尘影事》载于 1933 年 7 月 12 日《生活》周刊第 8 卷第 29 期,该文后收入《萍踪寄语》第一集,内容与《经历》中相关部分差不多,较简略而已③。

3. 关于《萍踪寄语》等作品

《经历》《抗战以来》等自传性作品,系记叙作者亲历的事情,以及其所见所闻;而《萍踪寄语》《萍踪忆语》等书主要为见闻式的散文集,宜归入通讯或报告文学范畴。《萍踪寄语》《萍踪忆语》主要内容为:1933—1935 年,邹韬奋被迫流亡海外两年多,他带着世界局势如何发展和中华民族的出路何在两大问题,着重访问和考察了德、意、英、法、苏联和美国,并在大英博物馆图书馆阅读了大量马、恩、列著作。这一漫游经历,对邹韬奋的思想观念的转变起到重要作用。邹韬奋写出了一系列海外通讯作品,后结集为《萍踪寄语》《萍踪忆语》。

虽然《萍踪寄语》等几本书不是传记作品,但可以看作是对邹韬奋某段历史的补充,对作者思想发展的形象化的注释。从研究邹韬奋传记的角度看,也有较为密切的联系。其实这几部自传再加上《萍踪寄语》《萍踪忆语》等作品,已经比较清晰地勾勒出邹韬奋的主要人生轨迹,再看看后人为其所写传记,如穆欣《邹韬奋》、俞润生《邹韬奋传》等,主要框架和资料都来源于邹韬奋本人的这几部作品,当然,也补充了其他相关人物的回忆性文字以及另外一些史料。而个别传记的作者有意无意地遗漏了对于这一事实的交待。

---

① 《我小学时代之追述》,《韬奋全集》第 1 卷,上海人民出版社 1995 年版,第 101—107 页。
② 《韬奋自述》,《韬奋全集》第 9 卷,上海人民出版社 1995 年版,第 249 页。
③ 《萍踪寄语·前尘影事》,《韬奋全集》第 5 卷,上海人民出版社 1995 年版,第 619 页。

二、作者人生轨迹与思想发展线索的真实揭示

在现代中国较早提倡自传写作的胡适先生曾经讲过,传记最重要的要素是"纪实传真",即实事求是地记述传主的人生历程和思想面貌。胡适着重通过对已衰败的中国旧传记的弊病的清算,有针对性地强调"赤裸裸的真实",而中国"几千年的传记文章,不失于谀颂,便失于诋毁,……同是不能纪实传真";传记的传真,必须"要能写出他的实在身份,实在神情,实在口吻,要使读者如见其人,要使读者感觉真可以尚友其人。但中国的文字却不能担负这种传神写生的工作"。①

同时,传记文学不但叙述事实,而且还阐释事实。传记家斯特雷奇(Lytton Strachey)说:"未经阐释的真实就像深埋在地下的金子一样没有用处,艺术是一位了不起的阐释者。"传记文学的阐释之所以重要,是因为解释事实的过程就是一个给事实赋予意义的过程。传记文学作者的做传目的,常常决定他们采取种种不同的阐释策略。②

如何对传记事实进行客观地叙述和恰如其分地阐释,是否真实地反映了传主的人生轨迹与思想发展线索,这是评价传记质量好与坏的根本一点。而从这三本自传中可以看出,邹韬奋具有写作传记的自觉意识,并且对其经历进行了恰如其分的回顾总结。

1. 三部自传勾勒出传主求学、从业经历与思想发展的大致轨迹

这三部自传中所记述的传主人生经历,大致可以划分为五个主要阶段,各个阶段都写出了邹韬奋的主要思想特点,以及文化活动的侧重点。将几

---

① 转引自朱文华:《传记通论》,复旦大学出版社 1993 年版,第 133 页。
② 赵白生:《传记文学理论》,北京大学出版社 2003 年版,第 135 页。

部自传放在一起看,勾勒出一个中国现代新闻史、文化史上的进步知识分子真实而具体的形象。同时,邹韬奋的成长经历和思想转变过程也颇具启示性,折射出了不少近现代思想文化史上有价值的命题:

(1) 1912—1923 年:早年求学阶段

这是传主人格形成的重要阶段,传记对这个阶段的记述,反映出传主所受教育,以及其半工半读的经历。从《经历》一书中可知,该阶段邹韬奋开始接触西方文化,并积极向报刊投稿。他的自传生动地反映出一个出身没落小官僚家庭的少年求学的艰辛过程,及其一丝不苟的品格的养成。

值得注意的是,从邹韬奋自传中可见,新式教育的特色及其对传主人生道路产生的巨大影响,主要有几点:一是使他具备了熟练使用英语的能力,为他了解西方文化提供了强有力的武器。邹韬奋在《经历》这本书里,专门写了"英文的学习""英文教员""外国文和外国教师""一个基本原则""进一步的研究""写作中的积蓄"等几节。他竟用了全书十分之一左右的篇幅,对自己学生时代学习英语的体会,以及稍后教授英语的心得津津乐道。邹韬奋再三强调外语学习的重要性,称之为"学问的工具",并且不厌其烦地详细介绍了许多具体的外语学习以及教学方法,可见他对这一问题的高度重视:

> 关于英文的学习,我不能忘却在南洋公学的中院里所得到的两位教师。后来虽有不少美籍的教师在这方面给我许多益处,但是这两位教师却给我以初学英文的很大的训练和诀窍,是我永远所不能忘的厚惠。在这国际交通日密,学术国际化的时代,我们要研究学问,学习一两种外国文以作研究学问的工具,在事实上是很有必要的,所以我提出一些来谈谈,也许可以供诸君的参考。①

---

① 《经历》,《韬奋全集》第 7 卷,上海人民出版社 1995 年版,第 146 页。

又如：

> 我在这里要把英文当做"学问的工具"看，注重应用方面。我们学英文，原可有两种目的：一种是把英文做研究其他学问的工具；一种是把英文本身就作为文学的研究。我不是英文文学家，也不过把英文看作工具用，所以只能谈谈前一种。①
>
> 教会学校诚然有不少的流弊，但是关于这一点，即用外国教师教外国文，却不无它的优点。就是在外国教师教外国文的情况之下，还不免有人在所学的英文中保留着他的乡音；如果尽由夹着中国乡音的英文教师以误传误，那不是要更糟吗？②

事实上，从邹韬奋自传中对其人生经历的叙述中可以体会到，正如他总结的那样，外语学习在其人生道路中发挥了重大影响。中学、大学时代打下的扎实的英语基础，为邹韬奋此后的职业发展，以及最终在新闻界大展才华，创造了良好的条件，并且为他后来的游历欧美、较为深入地观察欧美社会状况提供了极大便利。

二是使他有机会阅读到大量西方出版的社会、科学类著作，对近代西方科学文化有了较全面的了解。从《韬奋全集》中可以看出，邹韬奋早年翻译并发表的那些文章，涉及第一次世界大战、科学普及、人物传记、国外学术和思潮的翻译介绍等等，内容非常丰富。这反映了五四前后国内知识界向西方先进国家学习，积极引进国外各种思想学说和政治、社会、科学等领域信息的热情，说明作为报人和社会政治评论家的邹韬奋，其著述生涯一开始就与社会现实，尤其是与五四新文化运动有着密切的关联，并具有开阔的世界性视野。

① 《经历》，《韬奋全集》第 7 卷，上海人民出版社 1995 年版，第 177 页。
② 同上书，第 179 页。

需要指出的是,这些初始就具有的特征,在邹韬奋的著述和报刊活动中贯彻始终。譬如,向社会大众普及科学和卫生知识,介绍西方先进文化,宣传发达国家文明健康生活方式及其各行业中的代表人物等,一直是《生活》周刊上颇受读者欢迎和关注的热门话题。

三是使他初步形成民主意识。在中学里,邹韬奋读到《新民丛报》上梁启超先生对中国社会的批判文章,以及《申报》《甲寅》等近现代报刊上的政治言论,对中国社会的弊病有了进一步的认识,促进了其"新人物"的人格内涵的形成,他是这样回忆梁启超的文章对自己思想的影响的:

> 他的文章是慷慨激昂,淋漓痛快,对于当前政治的深刻的批判,对于当前实际问题的明锐的建议,在他的那枝带着情感的笔端奔腾澎湃着,往往令人非终篇不能释卷……我一面埋头苦算,一面我的心却常常要转到新借来放在桌旁的那几本《新民丛报》。①

可贵的是,邹韬奋在回忆早年的经历时,抱着实事求是的态度,并不讳言自己的一些看上去不甚"高尚"的真实想法,比如在"写作的尝试"中,他谈到自己起初为报纸投稿的动机是为赚稿费:

> 我读到中学初年级,几个月后就陷入了经济的绝境。我知道家里已绝对没有办法,只有自己挣扎,在挣扎中想起投稿也许不无小补。但是不知道可以投到那里去。有一天偶然在学校的阅报室里看到《申报》的《自由谈》登着请领稿费的启事.才打定主意写点东西去试试看。②

投稿生涯也是"开源"之一法,所以当时有许多写作译述,与其说是

---

① 《经历》,《韬奋全集》第 7 卷,上海人民出版社 1995 年版,第 136 页。
② 同上书,第 141 页。

要发表意见或介绍知识、不如说是要救穷。①

惟其真实,所以邹韬奋讲述的自己的奋斗经历也感人至深。

(2) 1923—1933 年:以《生活》周刊为中心的新闻出版活动

邹韬奋的名字是与《生活》这份著名的刊物紧紧联系在一起的,而他对其新闻生涯中这一重要阶段的阐述,无疑也是传记读者阅读期待视野中的重要内容。

当邹韬奋谈到他办《生活》的经历时,给人影响最深的,是他对这份杂志的诚挚的热爱。作者满怀激情地回忆道:

> 我对于搜集材料,选择文稿,撰述评论,解答问题,都感到极深刻浓厚的兴趣,我的全副的精神已和我的工作融为一体了。我每搜得我自己认为有精彩的材料,或收到一篇有精彩的文字,便快乐得好像哥伦布发现了新大陆似的! 我对于选择文稿,不管是老前辈来的,或是幼后辈来的;不管是名人来的,或是"无名英雄"来的:只须是好的我都要竭诚欢迎,不好的我也不顾一切地不用。在这方面,我只知道周刊的内容应该怎样有精彩,不知道什么叫做情面,不知道什么叫做恩怨,不知道其他的一切!②

> 我永远不能忘记在那个小小的过街楼里,在几盏悬挂在办公桌上的电灯光下面,和徐孙两先生共同工作到午夜的景象。在那样静寂的夜里,就好像全世界上只有着我们这三个人;但同时念到我们的精神是和无数万的读者联系着,又好像我们是夹在无数万的好友丛中工作着!③

---

① 《经历》,《韬奋全集》第 7 卷,上海人民出版社 1995 年版,第 151 页。
② 同上书,第 199 页。
③ 同上书,第 200 页。

邹韬奋对其报刊职业生涯进行了全面的回顾总结。在短短的几年内，《生活》周刊发行量居然能达到十几万份，在当时是一个相当可观的数字。对于个中奥妙，邹韬奋进行了恰当的概括归纳。他认为，办报刊最重要的是要有"创造的精神"，反映在编辑实践中，他致力于打造刊物的个性和特色；其次是内容的精警，不但内容要精彩，而且要用"最生动最经济的笔法"写出来，"替读者省下了看长文的费脑筋的时间，而得到某问题或某部门重要知识的精髓"；贴近生活与群众的办报思想与社会责任感；对工作要极端负责，"看校样时聚精会神，就和在写作的时候一样，目的是要使它'没有一个错字'"。①这些经验无不给读者留下了深刻的印象，很值得今天的新闻、出版工作者学习借鉴。

从邹韬奋的"夫子自道"中可以明显体会到，他对于新闻事业深深的热爱，源于其受到西方近现代民主思想的影响，形成了"言论自由""为大众代言"等思想观念，正是这样的现代意识和社会使命感，使他全身心地投入事业。他认为，"报纸的言论要完全做人民的喉舌，报纸的新闻要完全做人民的耳目。"正如他自豪地宣称的那样，是"以大众的立场为自己的立场"：

> 我服务于言论界者十几年，当然有我的立场和主张。我的立场是中国大众的立场；我的主张是自信必能有益于中国大众的主张。我心目中没有任何党派，这并不是轻视任何党派，只是何党何派不是我所注意的；只须所行的政策在事实上果能不违背中国大众的需求和公意，我都肯拥护；否则我都反对。②

在这一阶段传主活动的描述中，也可以看出邹韬奋思想发生转变的痕迹。如他在主编《生活》周刊时，认真答复读者的来信，最长的达数千字。这

① 《经历》，《韬奋全集》第 7 卷，上海人民出版社 1995 年版，第 201 页。
② 同上书，第 210 页。

体现了他的平民意识，是左翼文化人的特点。以胡适、周作人为代表的五四启蒙思想家所鼓吹的"平民意识"，相当程度上还只是体现在理论上，而不是文化实践中。此时邹韬奋开始由自由主义知识分子向左翼知识分子转变，而这两种知识分子是有其共同点的，即反对专制，提倡言论自由。

胡愈之曾经对邹韬奋的"报刊为大众服务"的思想观念，作了比较精当的评价：

> 在中国的新闻工作者中，他是第一个重视和读者群众的联系的。《生活周刊》的"信箱"起了最广泛的联系群众的作用。到了后来，韬奋参加了实际的政治斗争，他和群众的联系更加广泛也更加深入了。①

(3) 1933—1936 年：流亡海外与流亡香港

主要记叙了邹韬奋在香港筹办《生活日报》的活动，以及香港印刷业的情况。他还考察了香港殖民地的新闻检查制度，比较了其与国民党政府新闻制度的不同。

邹韬奋流亡海外的经历，主要反映在通讯集《萍踪寄语》及《萍踪忆语》中，因此在他的自传中只是几笔带过。而邹韬奋在香港的经历，主要是在《在香港的经历》，也即《经历》这本书的 52 至 60 节中，以及《患难余生记》中交待的。

邹韬奋对其在香港筹办《生活日报》的经历的叙述和描写，使得传主这个对新闻事业极度热爱的进步报人的形象愈加丰满起来。

> 我亲眼看着铸版完毕，看着铸版装上卷简机，看着发动机拨动，听着机声隆隆，——怎样震动我的心弦的机声啊！第一份的《生活日报》

① 胡愈之：《我的回忆》，江苏人民出版社 1990 年版，第 373 页。

刚在印机房的接报机上溜下来的时候,我赶紧跑过去接受下来,独自拿着微笑。那时的心境,说不出的快慰的心境,不是这位秃笔所能追述的!①

邹韬奋浓墨重彩地追述了他为《生活日报》的出版所做的种种努力:在贫民窟里租到"脏得不堪"的房屋作为"报馆",雇人粉刷清理、并想方设法安装小便器,请人出面帮助登记办报,与落后的印刷业的"斗争"……惟其如此,当读到《生活日报》由于印刷出版、交通等种种不尽如人意的客观条件下,被迫停刊时,就格外地令人叹惋。这段经历的叙述,不仅使读者了解到了当时办报的种种艰辛,更使得一个执著、热切的新闻工作者形象跃然纸上。

邹韬奋对于国民党政府新闻检查制度与香港检查制度的比较,也是非常耐人寻味的:

此外,在那个地方,我们却得到一个有利的特点,那就是他们对于日本的畏惧心理,并不像其他地方的诚惶诚恐,摇尾乞怜得不像人样!我们对于抗敌救国的主张和敌人侵略我们的消息,都还可以登得出来,这个特点实给与不愿做奴隶的中国人办报的一种很大的便利。香港是英国的殖民地。做中国人的人要在这个地方才有这样的权利,说来当然是可为痛哭流涕的。②

还有一句公道话我应该说的,香港检查处的职员都是中国人,他们多少还有些民族意识,凡是关于抗敌救国的言论和消息,他们都还肯尽可能地通过。关于民族敌人侵略我们国家和蹂躏我们同胞的事实,他

---

① 《经历》,《韬奋全集》第 7 卷,上海人民出版社 1995 年版,第 264 页。
② 同上书,第 276 页。

们也都还肯尽可能地放松。①

邹韬奋多次明确提出反对"新闻检查制度"："我们主张言论自由的人们根本反对新闻检查的制度，所以对于香港的新闻检查当然也说不上有什么好感。但是平心而论，中国人在香港办报，尤其是在当前的阶段，所受到的检查制度的桎梏，比在中国各处却是比较地好些。"②这集中表现了他受西方民主思想影响而形成的"新闻自由""言论自由"观念。

(4) 1936 年：集中的政治活动——七君子事件

在《经历》这部自传性作品中，邹韬奋以相当多的篇幅（32—51 节），对其亲历的"七君子"事件的过程，作了较为详尽的描述，反映出他真挚的爱国热忱和鲜明的民主立场。

1936 年 5 月 31 日，马相伯、宋庆龄、何香凝、沈钧儒、章乃器等人在上海宣布成立全国各界救国联合会，发表宣言，并通过《抗日救国初步政治纲领》向全国各党各派建议：立即停止军事冲突，释放政治犯，各党各派立即派遣正式代表进行谈判，制定共同救国纲领，建立一个统一的抗日政权等。1936 年 11 月 23 日，南京国民政府以"危害民国"为由在上海逮捕了救国会领导人沈钧儒等七人，于 1937 年 4 月 3 日向沈钧儒等人提出起诉书，并于 6 月 11 日和 25 日在江苏省高等法院两次开庭审讯。沈钧儒等人坚持抗日救国立场，在狱中和法庭上进行了不屈不挠的斗争。从事件开始之日起，中国共产党和国内外进步人士就开展了广泛的营救运动。1937 年七七事变爆发后，南京国民政府于 7 月 31 日宣布具保释放沈钧儒等 7 人，并于 1939 年 2 月最后撤销了起诉书。

邹韬奋是救国会"七君子"之一，而且《经历》这本书又写于狱中，可谓对

① 《经历》，《韬奋全集》第 7 卷，上海人民出版社 1995 年版，第 277 页。
② 同上书，第 275 页。

"七君子"事件及时而详尽地作了记录,留下了珍贵的第一手史料。作者以及救国会其他领导人因为"爱国"而入狱,他们以极大的爱国热情和乐观精神,与投降妥协势力进行了大义凛然的斗争。书中对于"七君子"在狱中向狱警及特务等宣传救国思想的描写,尤其给读者留下了深刻的印象。作者以饱含着感情的笔调,描绘出了一幕幕感人至深的场景,如:

> 后来听到这几位青年好友的报告,才知道监狱里许多囚犯都知道有我们这样两个人来了,都一致表示愤慨。尤其是令人感动的,是一个被判了无期徒刑的盗犯,也在一封信里表示对于国难的关心和对于我们的深切的同情。他虽然用着很粗率的语句叙述他的意见,但是他那一颗火热般的心是谁看了都要感动的![1]

囚犯、狱警、特务、侦探等,纷纷对爱国的"七君子"表现出了深切的同情,这更加反衬出国民党当局积极反共,而对于联合抗日则漫不经心的行径的可鄙。邹韬奋对国民党当局的做法进行了谴责。

邹韬奋还以记者的敏锐的观察力,塑造了"七君子"的群像以及一幅幅独具个性的肖像画,无不给读者留下鲜明的印象。他将失去自由的狱中生活,写得也不乏情趣,充分显示了"七君子"的坚毅与乐观精神:

> 早餐后大家开始各人的工作。有的译书(造时),有的写文(乃器和我),有的写字(沈先生和公朴),有的温习日文(千里)。午饭后略为休息,再继续工作。晚饭后有的看书,有的写信,有的下棋。有的时候因为有问题要讨论,大家便谈做一团,把经常的工作暂搁起来;有的时候偶然有人讲着什么笑话,引得大家集中注意到那方面去,工作也有暂搁的可能。在

---

[1] 《经历》,《韬奋全集》第7卷,上海人民出版社1995年版,第226页。

准许接见的时期内,几于每天有许多朋友来慰问我们……①

在"七君子"事件中,在民族存亡的危机之下,邹韬奋逐渐认清了国民党反动派压制民主、消极抗战的面目,从而进一步成长为左翼知识分子,坚决地反对国民党的专制主义。所谓"时势造人",从他的叙述中,可以看出时代背景对知识分子思想变化的作用。

(5) 1937—1944 年:晚年时期——直接地与共产党发生联系,思想有了重大转变,并提出了入党的要求

在抗战中,邹韬奋积极从事抗日救亡运动,还参加了国民参政会与宪政运动,提倡团结抗战与实行民主制度。他以亲身经历,对于国民党召开"国民参政会",搞"宪政"的假民主、真独裁的行径进行了深刻的揭露。

邹韬奋这一阶段的活动及思想变化,主要反映在《抗战以来》一书中,以及《患难余生记》中的"离渝前的政治形势""进步文化的遭难"等章节中。他对反动当局压制抗日爱国活动、用粗暴而拙劣的手段打击进步文化的行径进行了揭露,对国民党系统的专制及大搞个人崇拜("领袖脑壳论")进行了辛辣的嘲讽。

如写到与刘健群、张道藩会晤,刘健群大谈"领袖脑壳论"的情景:

他说领袖的脑壳,自有妙算! 你们言论界如果不绝对服从,还要吱吱不休的话,那好像领袖要静静地睡觉,你们这些像蚊子嗡嗡在周围烦扰不休,使他是忍无可忍,只有一挥手把这些蚊子完全扑灭。你看他多么天真有趣,把全国的救亡运动和救国舆论,轻轻加上"蚊子嗡嗡",只要"一挥手"就可以"完全扑灭";我听到这种有趣的奇谈,除由微笑失声

_____

① 《经历》,《韬奋全集》第 7 卷,上海人民出版社 1995 年版,第 239 页。

狂笑之外,寻不出其他的落场。①

邹韬奋对"领袖脑壳论"的批驳是鲜活的第一手资料。20 世纪 30 年代,国民党系统大搞"现代迷信",推行法西斯专制,提倡"一个国家、一个政党、一个领袖、一个主义",这一情况在《中国新民主主义革命史》等书中有所反映。而由于怕人耻笑,当时公开提倡法西斯专制的文章不多,多为国民党系统内部的讲话,以及在其官员平常的交谈中体现出来。邹韬奋把这些话记下来,显得别有深意,为一段历史积累了史料。因为当时留下的记录较少,学术界要研究 30 年代国民党的法西斯专制,宣传过些什么话,还应该查一查邹韬奋的记录。毕竟邹韬奋是亲耳听到他们讲的,他的记载史料价值很高。

邹韬奋还批判了领袖所信任的某位要人(大概指陈布雷)的"领袖与工具论":

> 他很诚恳地对我谈起他对于领袖的态度。他说他因鉴于领袖对国家民族所负责任的重大,所以他只一心一意地做领袖的工具,以减领袖的忧勤,领袖叫他做什么他就做什么,领袖叫他说什么他就说什么,领袖叫他写什么他就写什么,无条件地绝对服从,这位先生对于领袖的忠诚是值得敬佩的,但是他的作风却大有商榷之余地。②

> 某先生的话所以令人听了不禁为领袖忧虑,为我国政治忧虑,为我国家前途忧虑的是,那样自居牛马犬豕的"工具",流弊所及,可使领袖左右人才减少,奴才加多,那就不免造成大严重的问题了。③

随着思想认识水平的提高,邹韬奋逐渐靠近共产党,努力研究马克思主

---

① 《患难余生记》,《韬奋全集》第 10 卷,上海人民出版社 1995 年版,第 836 页。
② 《抗战以来·领袖与工具》,《韬奋全集》第 10 卷,上海人民出版社 1995 年版,第 194—195 页。
③ 同上书,第 195 页。

义,这一点,从其他人的自传或回忆录中也有所反映,如范长江在《念韬奋同志》一文中回忆道:

> 　　使我永远难忘的一个例子,是韬奋最初看到毛主席的"新民主主义论"的情形,那是一九四〇年在重庆的时候,那是"新民主主义论"还未在重庆公开发表,他从中共重庆办事处拿到了一份"新民主主义论"的样本,他那时真是"如获至宝",喜欢得不能自持,他向我滔滔不绝讲着这本名著的内容。①

邹韬奋当时与中共已经有了比较密切的交往,后来更奔赴共产党领导的抗日根据地。从其自传中也可以看出,是时代背景造成了这一契机。而与我党发生联系、思想进一步转变的重要经历,他的自传中鲜有涉及,这应该算是重要传记事实的缺失。究其主要原因,可能与当时文网的严密有关,有意回避掉了这些比较"敏感"的内容。

2. 传记事实的选择与阐释,对写作类似作品的启示

(1) 受教育的经历和传主人格形成的关系

优秀的传记作品,不仅应该回答传主"是怎样一个人"的问题,也应该回答"何以成为这样一个人"的问题。邹韬奋的自传比较清晰地反映出他的人格形成和发展的过程。

从作者的自传中可以了解到,作者在求学过程中受到了中国传统文化和西方近现代教育的双重影响,其线索大致如下:六岁时开始背诵《三字经》、接受传统的启蒙教育;十岁时背诵《孟子》等经书;读小学和中学时进入新式学堂,在学校里所学的国文还是文言文,读的是一些古文经典作品,并

---

① 范长江:《念韬奋同志》,《韬奋的道路》,生活·读书·新知三联书店 1958 年版,第 170 页。

且在课外阅读了《古文辞类纂》《经史百家杂钞》，八大家的各个专集，《王阳明全集》《曾文正全集》以及《明儒学案》等，有的还看了第二次、第三次；他在中学阶段还读了《新民丛报》上的梁启超的文章、《时报》上黄远生的北京通讯。邹韬奋明显受到新旧两种文化的交互影响。①

对于南洋公学及圣约翰这两所按照现代教育理念创办的大学，邹韬奋在他的回忆录《经历》里似乎充满感恩。在教会学校圣约翰大学，他学会用英文这个工具来做学问，也进一步接触了近代新的社会科学，开阔了视野。而家庭的败落，半工半读的求学经历，则使他养成对其从事的事业的责任感、不苟且的精神，以及坚持自己的做人准则，坚守自己认为是正确的理念的品格。

邹韬奋是由五四新文化运动哺育出来的新型知识分子，他的思想理念中的平民意识、言论自由、参政议政等观念，显然都是直接受到了新文化运动的启蒙的。在自传中谈到自己的婚姻问题时，邹韬奋也说过："我的父亲和我的岳父在前清末季同在福建省的政界里混着，他们因自己的友谊深厚，便把儿女结成了'秦晋之好'，那时我虽在学校时代，五四运动的前奏还未开幕，对于这件事只有着糊里糊涂的态度，后来经过五四的洗礼后，对这件事才提出抗议。"②后来邹韬奋由于心中不忍，还是和叶女士结了婚，但由此事也可以看出五四新文化运动对他思想理念的深刻影响。可能由于当时言论受限的背景，作者对这方面的情况写得不是很详细，但是从他对成长经历的记叙，以及其发表的作品中仍然可以清晰地反映出来。

总之，是那个时代造就了邹韬奋这样的人物。对于大量的传记事实，如何加以选择和剪辑，这体现了作者的思想认识水平和文化观念。而邹韬奋的这三部自传，脉络清晰、主次分明，真实反映了一个进步知识分子的成长历程，这对于同类传记的撰写是很有启发性的。

---

① 《经历》，《韬奋全集》第7卷，上海人民出版社1995年版，第139—145页。
② 同上书，第193页。

(2)"我"与其他人物的关系

作为一个社会人,邹韬奋不是孤立地生长着的(这也是以往一些传记的弊端,把传主写得光芒四射,又好像是石头缝里蹦出来似的),与其他人的关系的叙述,对传主形象的塑造,也是非常必要的。

有学者指出:"传记作品的本位要素,本身有几个侧面。除了传主的生平活动、思想风貌和个性特征等之外,还包括传主所处的时代背景、具体的社会活动背景以及传主与其他人物的交往联系等等。因为只有本位要素中同时包含这几个互有联系的侧面,传主才不是一个孤立的人,对于传主的种种描述也才能立体化,同样,对于传主的评判也就有了一个可靠的参照系。"[1]

可见,一部优秀的自传作品中,凡是对自己人生起到重要影响的人,必须真实的交待,做到客观、实事求是。对恩人要记恩,对于论敌的记叙也不应是脸谱化的。邹韬奋的三部自传无疑就做到了这一点。

对于正面人物的描写:少年时期的恩师沈叔逵、沈永瘵等先生,是传主为人处事"不撒烂污"的榜样。邹韬奋在《经历》的第一节"永不能忘的先生",就深情地回忆了少年时代的老师对他的影响。校长沈叔逵先生"是一位很精明干练的教育家,全副精神都用在这个小学里面,所以把学校办得很好"。

而教邹韬奋那一级的主任教员沈永瘵先生,更是促使了作者做事认真负责的态度的养成:

> 我尤其受他的薰陶的是他的人格的可爱。我这里所谓人格,是包括他的性格的一切。他的服饰并不华丽,但是非常整洁,和我所不喜欢的蓬头垢面的自命名士派的恰恰相反。他对于所教授的科目有着充分

---

[1]　朱文华:《传记通论》,复旦大学出版社1993年版,第46页。

的准备,我对于他所教的科目有任何疑难,他都能给我以满意的解释。他教得非常认真,常常好像生怕我们有一句一字不明瞭;他的认真和负责的态度,是我一生做事所最得力的模范。①

邹韬奋深情地回忆到,青年时代的同学、朋友郁锡范、刘威阁、毕云程等对自己的经济支援和精神鼓励,借给他学费、介绍他做家教。邹韬奋将他们的真挚友情写得很感人:"他那种特别爱护我的深情厚谊,实在使我一生不能忘的。"②

黄炎培、张竹平等先生,提携邹韬奋迈进了新闻出版业的大门。黄炎培对邹韬奋编译的书的指点批评,对于邹编辑思想的核心内容——"读者中心观"的形成,起到重要作用,使邹韬奋开始明白,"这是有志著述的人们最要注意的一个原则:在写作的时候不要忘记了你的读者"。

对于黄炎培给予邹韬奋的重要影响,在《经历》中写得详尽而生动:

> 我只依据着英文书的内容和顺序,依样画葫芦似的把它翻成中文,用足劲儿译成了三万多字,给黄先生看看。在我自问是很卖力的了,可是黄先生第二天却拿着我的译文,跑到我的桌旁,对我所编译的文字作**诚恳而严格的批评**。他所指出的要点是我们编译这本书的时候,不要忘却我们的重要的对象——中国的读者。我们要处处顾到读者的理解力,顾到读者的心理,顾到读者的需要,而我所已写成的东西在编法和措辞方面部依照英文原著,合于英美人胃口的编法和措辞,未必即合于中国读者的胃口……我接受了他的批评,从头写过,写完了一万字就给他看,并把全书的纲要也写出来给他看。这一次的结果和上次同样地出于意外,虽则是在两极端的相反。他看后大称赞,不但他自己欣赏,

---

① 《经历》,《韬奋全集》第 7 卷,上海人民出版社 1995 年版,第 132 页。
② 同上书,第 161 页。

立刻还交给沈信卿先生看看，沈先生看了也大加鼓励。①

在社会活动中，重点写了传主受到"我们的家长"沈钧儒先生的人格力量的感染，以及与"七君子"中的章乃器、王造时等先生的交往，对于他们的爱国精神展开了生动的摹画，重点谈到邹韬奋从他们身上所受的鼓舞。如："王博士屡有做官的机会，但是因为忠实于他自己的主张，不肯随便迁就，宁愿过清苦的生活，行其心之所安，这是很值得敬佩的。"②

邹韬奋称赞章乃器不断进取的精神："从乃器的经历里，很显然地可以看到他办事的勇于负责，更可以看到他的正直的性格是在随处流露着。我尤其感触的是常人在职业上的位置愈高，往往愈颓唐，暮气愈深，学识也愈退步；乃器便完全两样。我们每读他的文章，——尤其是两三年来有关救国问题的文章——没有不感觉到他从实践中得来的学识是时刻在那里前进的。"③

邹韬奋受胡愈之的影响也很深。邹韬奋思想的转变、事业的发展，在很多关键时刻都得到了胡愈之的积极支持和亲密合作。这是公认的，也是现代文化史上很有意义的佳话。胡愈之曾经在《我的回忆》等书中用较多的篇幅回忆了与韬奋的友谊。《我的回忆》中的"忆韬奋"中共有 6 篇文章，《韬奋的死》《伟大的爱国者——韬奋》《韬奋与大众文化》《邹韬奋与〈生活日报〉》《韬奋和他的事业》《写在〈经历〉重版本的后面》，比较全面、详尽地回顾了与邹韬奋的交往情况，以及对邹韬奋的印象。

邹韬奋还曾写过《读〈莫斯科印象记〉》，载于 1931 年 9 月 26 日《生活》周刊第 6 卷第 40 期，以较长的篇幅介绍胡愈之的《莫斯科印象记》，并给予很高的评价："全书虽有一五一页、但以著者亲切有味的叙述，通畅流利的文

---

① 《经历》，《韬奋全集》第 7 卷，上海人民出版社 1995 年版，第 174—175 页。
② 同上书，第 253 页。
③ 同上书，第 248 页。

笔,令人非终卷不能自休、看完时觉得没有这么多的页数似的。"①

胡愈之对邹韬奋的思想转变产生了重要的影响,但邹在自传中对此很少提及,只在《经历》中一笔带到地提到,胡愈之从法国回来,到香港帮助作者办《生活日报》。究其原因,可能是当时胡的左倾色彩十分明显,而作者的自传写于政治高压的时代,因此有意地对两人交往的具体情况加以回避。

> 被我由法国电请回来帮忙的胡愈之先生,他的办公桌就在我的对面,有一夜他发现一个大蜈蚣!如在不知不觉中,乘他在写作无暇他顾的时候,取道他的裤脚管向上前进,那还得了!他生怕再有蜈蚣出来,他摇头慨叹这种地方真有些危险!我想他当时的两个裤脚管里大概是常在宣布戒严的状态中!②

反面人物:对于前来游说的国民党系统的 L、C 先生(刘健群、张道藩),尽管作者的感情是厌恶的,还是刻画得活灵活现,突出表现了对法西斯党棍的"领袖脑壳论"的嘲讽。这里反映出邹韬奋的思想理论的基础是民主主义、自由主义思想,而领袖脑壳论则来自法西斯的"一个国家、一个主义、一个政党、一个领袖",这是法西斯独裁的思想基础。

而对于国民党政府的新闻检查官刘百闵,尽管邹韬奋作为一个崇尚民主、维护"言论自由"的新闻报人来说,对新闻检查制度是从根本上予以否定的,他仍然写出了这个新闻官较为"讲理"的一面,一些新闻出版者的"通情达理",愈加反衬出了大多数新闻官的颟顸和霸道。

对于早期在《时事新报》接触到的陈布雷、潘公展,尽管他们后来政治上转向亲蒋,政治立场迥异,邹韬奋也并不讳言早期自己从他们那里学到的新

---

① 韬奋:《读〈莫斯科印象记〉》,《生活》周刊第 6 卷第 40 期,1931 年 9 月 26 日。
② 《经历》,《韬奋全集》第 7 卷,上海人民出版社 1995 年版,第 270 页。

闻从业经验："潘先生当时在新闻界已有了十几年的经验,我和他相处一年,在学习方面得到不少的益处。我以前曾经谈过在申报馆里'练习'了三星期。我在时事新报馆工作的一年,是我生平更有意义的'练习'的时期。我常觉得我的这一年的'练习',比进什么大学的新闻科都来得切实,来得更有益处。"①

(3) 作品中流露出作者的进步社会政治观与历史观

一般来说,不管传记写作者自己是否承认,他们选择任何一位传主并撰写任何类型的传记,都不能不反映(流露)自己的社会政治观。"所谓社会政治观,其表现形态是一种政治倾向,而这一点往往是通过对于传主生平事迹的材料的搜集运用以及某种评价性言词表现出来的。"②从传记理论批评的角度说,这种派生要素固然具有合理性,却要考察这种政治观是否具有进步性,这直接影响到了传记的价值。

与之相关联的另一个概念是作者的历史观。传记作品的历史观含有多方面内容。"重要一点在于:对于传主生平思想活动的描述和相应的历史评价是否遵循历史主义的基本原则,是否严格地局限在一定的历史范畴内来考察分析一切问题?"③

邹韬奋在三部自传中,对其人生经历的阐述,以及与自己有密切交往的人的感情色彩、言词中流露出的褒贬意味,无疑反映出其社会政治观与历史观。邹韬奋始终把社会的进步和民族解放事业作为从事新闻出版事业之目的。他一向认为,新闻记者的活动要有"正确的动机",要为社会的福利而活动,要以社会改进为目的,这些思想都充分地体现在他的自传中。20 世纪30 年代,他在《生活日报》创刊词中鲜明指出:"本报的产生正在中华民族危急存亡最迫切的非常时期""本报的两大目标是努力促进民族解放,积极推

---

① 《经历》,《韬奋全集》第 7 卷,上海人民出版社 1995 年版,第 195 页。

② 朱文华:《传记通论》,复旦大学出版社 1993 年版,第 47 页。

③ 同上书,第 49 页。

广大众文化,这也是从民众的立场,反映全国民众在现阶段内最迫切的要求"。①又如:"普通社会一般人给与报人的头衔,叫做'民众喉舌'。我们不必讳言世上尽有报人做豢养他的主子的'喉舌',和民众恰恰立于敌视的地位;但是就原则上讲,报人应该是'民众喉舌',那却是无可疑的。平时这样,在非常时期更应该这样。同人愿以自勉的第一义,便是以全国民众的利益为一切记述评判和建议的中心标准。"②

面对帝国主义与国民党反动派的利诱迫害,邹韬奋没有向暴力屈服,而是尖锐批评国民党政府和香港当局的新闻检查制度,坚决主张民众应该享有言论自由。在创办报刊的实践中,邹韬奋力争做到思想与时代同步,与社会俱进。早期为社会大众提供"精神食粮",进而改良社会而积极主办刊物,后来他进一步认识到只有根本改造社会制度,才能彻底解决问题。在不同的历史阶段,邹韬奋的思想虽然有差异,却是心系国家和民族发展,始终以社会的改进为鹄的。

三、三部自传性作品的文学色彩

传记作品在本质上应该属于史学范畴③,应避免虚构、夸张等文学手法。但这不能抹杀它在形式上可给予人的艺术享受。相反,文学技巧往往最直接地影响到传记作品的质量。作者对字句的斟酌以及修辞手法的适当运用,是很有必要的。传记研究学者朱文华将传记写作的语言技巧,归纳为"史学笔法"与"文学笔法"两类,史学笔法偏重于逻辑性,而文学笔法更注重形象性。他在《传记通论》一书中指出:"现代传记写作的基本趋势之一是:

①②　《〈生活日报〉创刊词》,《韬奋全集》第 6 卷,上海人民出版社 1995 年版,第 672 页。
③　朱文华:《论传记作品的本质属性》,《江苏社会科学》1990 年第 6 期。

尽管不少传记作者依据自己所理解的传记理论而在写作实践中有偏执一端，由此促使史学笔法与文学笔法彻底分离的意图，但更多的传记作者仍然在寻找使史学笔法与文学笔法相结合的更有效的途径和方法。"①

朱文华在评价梁启超的传记写作时指出："因此在他的传记作品中，总的说来，文学笔法的运用是比较得体的，而且富有鲜明的个性特点。其主要表现是，将文学笔法主要限制在语言修辞的范围内，又把自己所擅长的政论性散文的'新文体'，即所谓'务为平易畅达，时杂以俚语韵语及外国语法，纵笔所至不检束'，且'条理明晰，笔锋常带情感'移用于传记，形成独特的语气语调。"梁启超的传记作品，足以感动广大读者的，除了思想题旨外，主要在于通篇所洋溢着的那种具有奇异的审美效果的语言文字魅力。②

按照这样的标准来衡量，《经历》等三部自传性作品，无疑将史学笔法与文学笔法较好地糅合在了一起。邹韬奋以逻辑思维来谋篇布局，主要采用记叙、议论等形式，遣词造句多平实严谨；同时又不乏形象性的描绘刻画、以及各种修辞手法的恰如其分地运用，语言生动而风趣，且整体上看颇具情节性和戏剧性，使得作品个性鲜明，读起来情趣盎然。

从《经历》中可以了解到，邹韬奋从小就受到了语言文学方面的良好教育。他中学以后就读的新式学校，也非常注重国文水平的培养。邹韬奋不仅在课外阅读了许多中国古代经典散文以及梁启超、黄远生等的新闻通讯作品，还积极练笔、并向报刊投稿。在邹韬奋的文章中可以明显看出，古典文学及近代"报章文""新文体"等对其语言风格的影响。良好的教育背景以及自觉的阅读及写作训练，使邹韬奋得以拥有扎实的语言文学功底。因而他的这三部自传性作品也就呈现出浓郁的文学色彩，完全可以当作优秀的文学作品来读。

---

① 朱文华：《传记通论》，上复旦大学出版社 1993 年版，第 225 页。
② 朱文华：《梁启超的传记作品及其理论的文史意义》，《南京师范大学文学院学报》2002 年第 3 期。

1. 字里行间充溢着丰富的情感

从这三部自传中可以感受到,邹韬奋是一个情感非常丰富、爱憎分明的人。字里行间都流露出他对新闻事业的满腔热情,对正义和真理的不懈追求,对普通民众的同情和关爱,对黑暗势力、强权政治的愤怒控诉与蔑视。

在不少时候,邹韬奋是直接抒发他的情感的。对于广大民众的爱国行为,以及追求政治民主的强烈愿望,总是热情地加以讴歌的,这充分体现出现代进步知识分子可贵的爱国热忱。例如,当谈到生活书店里一位爱国的青年员工郑代巩,机智地逃脱了国民党反动政府的迫害时,他的欣喜之情溢于言表:

> 后来他们决定把他枪决。我们得到这个消息,都为这位同志痛哭一顿。可是郑代巩的本领真大,不知怎样竟被他逃了出来!我们大家得到了这个喜信,都喜欢得说不出话来!他自己替中国保全这样一个有为的青年,真是功德无量,可贺之至!可喜之至!①

邹韬奋对于那些热爱祖国、朝气蓬勃的中国青年的赞美,从来就是毫不吝惜笔墨的。如在《抗战以来》第三十三节"自动奋发的千万青年"中,他热情洋溢地赞美了抗战以来爱国的中国青年的表现。他们有的参加歌剧队,给予战士们安慰与鼓励;有的从"千金小姐"变成了英姿勃发的女战士;有的从海外回国,参加由侨胞组织的战地服务团体,辛勤地在前、后方救护运输伤兵。在这里,他采用了夹叙夹议的形式,感情充沛,文气流畅自如。如:"时代不同了,在'五四'运动的时代,有许多男女青年为着'家庭革命'而与家庭发生冲突,为着恋爱不自由而出走,随处都寻得着'娜拉'那样风范的人

---

① 《患难余生记》,《韬奋全集》第 10 卷,上海人民出版社 1995 年版,第 869 页。

物,现在我们看到不少青年男女却因要从军,因要奔赴前方服务,而与家庭发生冲突,不顾家庭的不同意而径自出走了。青年的本质都是纯洁热烈的,同时代巨流的差异和时代需要的不同,反映着千万青年的趋向。千万青年所反映的伟大时代的要求,这种排山倒海的巨潮,是任何顽固势力所不能抵挡得住的。他们是伟大时代巨潮的先锋! 他们是要立在伟大时代的最前线。"①

而对于国民党政府专制独裁、排斥异己,压制言论自由、破坏团结抗战等行径,邹韬奋是那样地疾恶如仇,以新闻工作者的良知和大无畏的精神,不遗余力地进行揭露和批判。他直抒胸臆,字里行间充溢着正义感,使读者深切地感受到作者的愤慨之情。

如谈到国民党对其他党派的党员的排斥与打击时,邹韬奋这样写道:"青年党另一领导人左舜生先生也曾将青年党党员中因党的关系而失业的事实亲告记者。中共的'来宾'告诉我们的这类事实更多。救国会派的青年和职员在'人民阵线'罪名之下被迫失业的也不可胜数。至于各党派办的刊物,尽管经过政府所设审查机关通过的,如《新华日报》及《全民抗战》等等,学校青年及一般公务员胆敢阅览,就是罪证! **诸如此类的事情,简直三天三夜谈不完!**"②

讲到国民党的"审查老爷"对送审报刊文章蛮横无理地删改时,邹韬奋抑制不住满腔的激愤,讽刺到:"依进化论的学说,人似乎是由猿进化而来的,但人类的心理和畜生的心理似乎有些不同,就这件事研究起来,即令请教世界上的心理学家,就人类心理学的观点看去,恐怕莫名其妙,即就畜生心理学的观点看去,恐怕也莫名其妙罢!"③

---

① 《抗战以来·自动奋发的千万青年》,《韬奋全集》第 10 卷,上海人民出版社 1995 年版,第 255 页。
② 《抗战以来·究竟怎样》,《韬奋全集》第 10 卷,上海人民出版社 1995 年版,第 210—211 页。
③ 《抗战以来·审查老爷对文艺的贡献》,《韬奋全集》第 10 卷,上海人民出版社 1995 年版,第 235 页。

另一些时候,邹韬奋是将自己的情感置于文字之后,通过对材料的选取、事件及场景的叙述来表达作者的喜怒哀乐的,感情似淡而实浓。如谈到他在大学毕业的典礼上的百感交集的心理状态,却显得波澜不惊:"这种种零零碎碎的毫无系统的念头,像电闪似的在脑际掠过去,竟使我在那刹那间'生踢门陀'(Sentimental)起来了,眼眶里涌上了热泪——莫名其妙的热泪。但在前后左右都充满着喜容和笑声,独有一个人掉泪,似乎是怪难为情的,所以立刻装做笑容,把那涌上来的热泪抑制着向里流。"①

又如,当他回忆起青年时代与朋友的交往,以及朋友对自己的帮助时,质朴明快的叙述中蕴含着对友人深切的情感:"在星期日,我们常在一起,每每一谈就谈了半天。我记得有一次我们在大雨中穿着雨衣,在四川路一带走着,上面虽有倾盆大雨淋着,我们还是谈笑自若,边走边谈,愈谈愈有味。"②

2. 充分的形象化,令作品生动、饱满

在《经历》一书中,邹韬奋谈到他办《生活》周刊的经验时,强调"要使读者看一篇得一篇的益处,每篇看完了都觉得时间并不是白费的。要办到这一点,不但内容要有精彩,而且要用最生动最经济的笔法写出来"。③不仅仅是在编辑工作中遵循这样的信条,邹韬奋在自己的通讯及传记写作中,同样也实践了这一点,使得他的文章可读性很强。《经历》等三部自传记叙错落有致、语言质朴生动,内涵耐人咀嚼、值得深思,读来亲切感人,真实可信。

(1) 某些人物肖像的生动逼真

好的传记作品常常通过交待传主与其他人物的种种联系,来彰显传主个性,这也是塑造传主人物形象的主要途径之一。因此对传主之外的其他

---

① 《经历》,《韬奋全集》第 7 卷,上海人民出版社 1995 年版,第 165 页。
② 同上书,第 167 页。
③ 同上书,第 205 页。

人物的描写刻画，也就显得尤为重要。邹韬奋以其记者敏锐的观察力，紧紧抓住人物的特点来加以描写，他所写人物大都能够给人留下深刻的印象。

无论是写正面人物还是反面人物，邹韬奋都绝不作脸谱化的处理，而是尽量做到传神，令人物形象栩栩如生。例如，在《患难余生记》中，对于前来游说他的国民党系统的 L、C 先生（刘健群、张道藩）的嘴脸，他用揶揄的笔调描摹得活灵活现，而对此类人物的反感与不屑也由此含蓄地表达出来：

> （L 先生）他那时剃着光头，两个眼睛圆圆大大的，说话的声音很宏亮。他说的话也不少，关于抗战问题，他发挥了一大篇"领袖脑壳论"……我们都始终客客气气，没有面红耳赤过，虽则 L 先生一说起"领袖脑壳"，就两个眼睛圆睁得特别大，声音特别宏亮，好像特别兴奋似的。①

对于正面人物、如"七君子"事件中"难兄难弟"的表现，也非常生动。邹韬奋在介绍李公朴等爱国人士时，抓住了人物外表及行为等的典型特征，三言两语就使人物形象跃然纸上，如对李公朴在狱中准备驳斥材料的描写：

> 尤妙的是李公朴先生，他好像在学校时代准备演说竞赛似的，不但把所备的材料念得烂熟，而且还要在号子里大练其嗓子。他的身体本来很坚强，嗓子本来很结实，再经一练，更要震动屋瓦。在开审的那一天，我们在待审室里，就听得到他在法庭上哗啦哗啦，大家已不禁失笑……②

在写章乃器时，是围绕其性格的"刚强而纯洁"展开叙述的：

---

① 《患难余生记》，《韬奋全集》第 10 卷，上海人民出版社 1995 年版，第 836—837 页。
② 同上书，第 850 页。

乃器的性格是偏于刚强的方面,但却不是无理的执拗;他和朋友讨论问题,每喜作激烈的争辩,只要你辩得过他,他也肯容纳你的意见,否则他便始终不肯让步。有些朋友觉得他在争辩的时候有时未免过于严厉些,但是知道他的性格的人,便知道他心里是很纯洁的,是很热烈的,一点没有什么恶意。①

邹韬奋不仅善于写单个的人物,还善于将人物放在一起加以比较,以突出其共性及个性。在《抗战以来》第十二节"来宾种种"以至十五节"三谈'来宾'中的各党派人物"中,他叙述、介绍了"国民参政会"中来自不同党派的种种人物,既是一座明暗对比、凹凸有致的雕塑群像,而仔细看来又包含着一幅幅极为生动的个人肖像画,人物描写极见功力:

又例如年近古稀的褚辅成先生,他老先生对于报告或提案内容看得那样精细,恐怕为全会同人所不及。他不但看得精细,而且想得精细,任何问题都不肯丝毫放过,即看到有一字一句的欠妥,也非立起来说话不可。他的嘉兴国语也许有人不全懂,但是他的不屈不挠抗争到底的精神,却是谁也不能不懂的!又例如躯体魁梧,美髯与于院长比美的张澜先生,虽高寿已达古稀,而气概却无殊青年,对于四川积弊,在会场上尤其是口若悬河,气薄云霄,有一次在大会中认为领袖过于劳苦,不宜再兼四川主席,爱护领袖的至诚,溢于刚劲激昂的话语,坐在议长席上的领袖亦为之笑逐颜开,频频颔首。我们看见青年的纯洁英俊,深为国家民族庆幸,看到六七十岁的名前辈这样英勇有为,更不禁为国家民族快慰。②

① 《经历》,《韬奋全集》第 7 卷,上海人民出版社 1995 年版,第 246—247 页。
② 《抗战以来·"来宾"种种》,《韬奋全集》第 10 卷,上海人民出版社 1995 年版,第 200 页。

又如,介绍到青年党的曾琦、左舜生、李璜等代表人物,以对比、对照的手法,既写出了这三位领袖共同的政治理念及追求,也刻画出了他们各自不同的性格特征:

> 朋友们见到他们时也往往称呼他们为曾公、左公、李公,以示尊崇。曾公善诗文,雍容雅度,沈着持重,对国事常能平心静气,把握症结而下恰当公平的结论。左公原为著名的历史教授,风行一时的《醒狮报》的文坛健将,每论政治问题,慷慨激昂,怒发冲冠。他是一位极富有正义的朋友,他谈起沈老先生(钧儒)总是慨叹着说:"忧民忧国的沈先生,我实在替你担心啊!"李公是深沉的一流人物,思虑周到,不露声色,有人说李公有一肚子的谋略,而在表面上丝毫不露圭角。青年党的三杰、确有他们的特色。①

(2) 对事件的来龙去脉的完整勾勒

传记作品因为是以写人物事迹为主,因而也像一些文学体裁(小说和戏剧)一样注重内容的故事性,在讲述"故事"时自然也要借鉴若干文学手法。以"文学笔法"写成的传记作品在这方面当然是很明显的,而以"史学笔法"写成的传记作品,也有类似的情况,即对于最足以表现传主思想性格的某些本身富有戏剧情节的活动或事件,大抵作完整的记述,其中还录下有关对话等,只是这种记述尽可能的简洁,归纳性较强。

如邹韬奋与国民党系统的 L、C 先生(刘健群、张道藩)两个法西斯党棍的谈话的全过程,非常生动。全部谈话基本上都是 L、C 两先生在自顾自地表演,而作者只是淡淡回应。L、C 两人的风貌各不相同:C 先生"很会说话,而且说得很多,他一个人就说了三小时之久,我静心倾听,始终不得要

---

① 《抗战以来·"来宾"中的各党派人物》,《韬奋全集》第 10 卷,上海人民出版社 1995 年版,第 202 页。

领",而 L 先生说话"容易懂而饶有奇趣",他大谈"领袖脑壳论",认为一切问题都很简单,全凭领袖的脑壳去决定,"只要随着领袖的脑壳走,你可以万无一失!"一则语无伦次,一则妙论横生,最后谈话结果还是"令人摸不着头脑".①

邹韬奋通过对这一戏剧性情节的描写,揭露了国民党反动政府对进步民主人士软硬兼施的卑劣手段,同时表现出了传主付之一笑的凛然正气和无畏精神。

又如描写在香港办报时,与"广东王"陈济棠的会晤情形,将这一事件的过程交待得详尽、完整:

> 到广州后,承陈氏派副官招待,先在一个很讲究的旅舍休息一会,当晚即往陈氏所自建的花园别墅。(似是这样名称,或是小花园,已记不清,总之是在广州一个很有名的很讲究的建筑。)他有好几辆很宽大讲究的汽车,特派副官乘一辆来接我去。近别墅及别墅内武装保卫森严,持枪鹄立,见有陈氏副官陪着一人乘着陈氏自己的汽车疾驶而来,也许以为是什么大官儿,都大行其敬礼,不知道只是一个新闻记者。陈氏闻报,亲至车旁迎接,身穿灰蓝色绸衫,彬彬有礼,看上去却好像乡间来的一位财主士绅。我们大概单独两人对谈了二小时,谈的是抗战问题。当时西南有不少人认为非倒蒋不能抗战,陈在当时也有这类意见,这和我上述的团结御侮的意见不无出入,我便尽其所知,详为说明。临行时,仍由他的副官乘汽车护送,他亲自送至车旁,亲自代开车门,行一深鞠躬礼而别,颇能谦恭下士。②

此外,《抗战以来》中关于国民参政会和宪政运动的来龙去脉的完整的

---

① 《患难余生记》,《韬奋全集》第 10 卷,上海人民出版社 1995 年版,第 835—838 页。
② 同上书,第 843—844 页。

记叙,生动的描写,以及《抗战以来·一大堆废话的激辩》中邹韬奋与"审查老爷"的"秘书先生"的争论,也都非常详细,并且充满着矛盾冲突,具有较强的戏剧性。①

(3) 事件的具体化,注重对细节的揭示

怎样让叙述性作品充实、鲜活起来? 把概括的叙述具体化,就是一种行之有效的方法。叙述有概括和具体之分,两种手法各有其功用。提炼作品主题、深化思想等都离不开概括,但如果一味地使用概括性的语言叙述,往往会造成文章的干瘪空洞以及公式化,以至于面目可憎、语言乏味。而如果把概括的叙述具体化,文章就会充实起来,人物的形象也会鲜活起来。

邹韬奋《经历》等三部自传非常注重以事件的具体化来反映主题。如《经历》中"种种尴尬""一只大笨牛"等节,谈到了香港印刷业的落后,就是通过描写自己的亲身经历来表现的。邹韬奋以其所见所闻,形象地反映了工人由于受到严酷榨取、对工作的漫不经心和不负责任,如:

　　编辑先生惨淡经营地把新闻这样排,那样排,排得自己认为可以了,第二天早晨翻开报来一看,他排在那里的,现在却发现在这里,大搬其场! 有的时候在当夜就被编辑先生发觉,叫他们照规定的样子排过,他们愤然很不客气地说:"你就拿出一万块钱来,我们还是不改!"②

　　……他们每天要做十六七小时的工! 每夜要干到深夜四五点钟,第二天早晨十点钟起来,十一点即开工,一两小时后吃午饭,饭后继续干着,下午五点钟晚饭,晚饭后就一直又要干到四点钟……这样一天到晚,昏天黑地做着苦工,怎怪他们一看见稿件来就要开口骂你几句?③

---

① 《抗战以来·一大堆废话的激辩》,《韬奋全集》第 10 卷,上海人民出版社 1995 年版,第 229—231 页。
② 《经历》,《韬奋全集》第 7 卷,上海人民出版社 1995 年版,第 278 页。
③ 同上书,第 280 页。

邹韬奋对于"七君子"在狱中与法庭上的不屈斗争,也是用具体而形象的事例来表现的:

> 王造时先生是一位名教授,又是一位有名的演说家,他在法庭上立在法官案前被审问的时候,原是朝着法官,回答法官的询问。但是他好像把法庭看作救亡运动演讲大会,问答时侃侃而谈,口若悬河,挥手大作其演说家的姿态,边说边把身体慢慢向后转,先转三十度,慢慢增加,差不多斜对着他后面济济满堂的听众。他好像不是在回答法官,而是念念不忘去对着他后面的许多听众!法官很客气地请他把脸回转来对着他,他只好照办,但顷刻间又慢慢由三十度而向后转,引得全堂大笑。①

又如,在讲到与新闻检查官的交涉时,对于那位新闻检查官的"秘书"先生的刻画,非常注重用动作和细节来表现,表现出在作者义正词严的询问下,新闻检查者手足无措的尴尬:

> 那位秘书先生究竟还是一个"好人",因为我看见他的面色有点变,靠在桌边的十个手指都在发抖。我觉得可怜他,原谅他,我把严厉的声音改缓和了,我说我没有别的目的,只是要救救那篇重要的好文章。他略略静默了一会儿,又忽忽地一溜烟跑过去和审查老爷商量一番,再溜出来,嗫嚅地说……②

(4) 场景的描写、气氛的渲染

邹韬奋在作品中很注重场景的描写,以及细节的揭示。他的作品常常

---

① 《患难余生记》,《韬奋全集》第 10 卷,上海人民出版社 1995 年版,第 851 页。
② 《抗战以来·一大堆废话的激辩》,《韬奋全集》第 10 卷,上海人民出版社 1995 年版,第 230 页。

涉及比较重大的题材，但善于抓取典型事件，从细部着手进行描写，往往能做到"一叶知秋"。

邹韬奋运用充满感情的笔触，调动多种修辞方法和表现手法，化静为动，化无形为有形，化抽象为具体，使场景描写具体、形象而有感染力。而对人物或环境的描摹，有助于表现人物形象、渲染气氛、衬托情感、推动情节发展，因此他在《经历》等自传中也充分运用了这一文学手段。

例如，写到传主与以前的同学、现在的党部"特首"会面的情况时的气氛渲染："党部的特务总机关，挂的招牌是'调查统计局'……它在陪部的地址是川东师范，那是一个大规模的山地，树林茂盛，山径曲折，很有□□□"□□"的味儿，具有特殊功用的有名的几个'防空洞'，就在那里面！"①

又如，对于"七君子"事件中的景物和场景描写："我们和上海暂时告别了！车子向前急驶着，由玻窗向四野张望，感到如此大好河山，竟一天天受着侵略国的积极掠夺，而受着惨酷压迫的国家还未能一致对外，这是多么可以痛心的事情！车子行到半路，李公朴先生立起来对同车的'武装同志'演讲国难的严重和我们的全国团结御侮的主张。他讲到激昂时，声泪俱下，'武装同志'们听了都很感动，有些眼眶里还涌上了热泪。随后他们还跟着我们唱《义勇军进行曲》。"②

3. 语言文字可读性强，具有文学色彩

(1) 语言平实、简洁、流畅，夹叙夹议的广泛运用

邹韬奋的自传中，记叙与议论、抒情的普遍结合，具有感染力。把新闻作品当作文学来写的作品，一般都有这种特点。

如对于"领袖脑壳论"的批驳：

---

① 《抗战以来·与党部特务首领的谈话》《韬奋全集》第 10 卷，上海人民出版社 1995 年版，第349—350 页。
② 《经历》，《韬奋全集》第 7 卷，上海人民出版社 1995 年版，第 234—235 页。

其实盲从领袖的面孔也罢,盲从领袖的脑壳也罢,盲目的服从究竟不及理智的服从。即就 L 先生而论,听说他因为私人粉红色事件,被他的太太在蒋先生面前哭诉一番,蒋先生听了之后,把 L 先生叫到面前大骂一顿,L 先生大为心灰意冷,法西斯的气概顿然消失,披发入山去做和尚去了。这段故事如果确实,可见 L 先生对于领袖"脑壳"的信仰还不能够坚决,亦可见盲目的信仰究竟比不上理智的信仰。①

上车之后,我独自一人在车里失声而笑,因为好像在做梦,又好像看了一出什么喜剧!南京既叫他们两位跑到上海来和我谈话或谈判,何以既没有什么重要的有关题目的话提出来谈,一则语无伦次,一则妙论横生,最后即一哄而散,毫无结果可言,真是令人摸不着头脑。(虽则大家都有一个"脑壳"!)②

从传记角度来讲,作者不可避免地要提到所处时代背景。这几部自传中许多段落,对于时代、时事政治的分析,风格简洁、要言不烦。如:

有的地方的党部或当局真正想到了"礼义廉耻",接到这种违法摧残民间合法事业的密令,觉得进退两难:要执行罢,似乎在良心上说不过去,不免外惭清议,内疚神明;不执行罢,似乎又犯了违背"政令"的滔天大罪。于是再三考虑之后,想到一个折衷的办法,即不用封条贴上店门,只特派专使,口头嘱令自己关门,也就是所谓"勒令停业"。这比较封闭,物质上可以少受一些损失,但从此关门大吉,总的命运仍然相同。③

<hr>

① 《患难余生记》,《韬奋全集》第 10 卷,上海人民出版社 1995 年版,第 839 页。
② 同上书,第 837—838 页。
③ 《抗战以来·又是几个故事》,《韬奋全集》第 10 卷,上海人民出版社 1995 年版,第 353 页。

（2）幽默、讽刺的笔调

风趣幽默的叙述中，反映出邹韬奋基于爱国热情之上的巨大自信、乐观的精神，对黑暗势力的无所畏惧。这样的例子俯拾皆是。

如对于马寅初被捕的充满激愤的议论："……除陈列马先生的著作外，并有誊写精细的'马师语录'，其中有几句话'我是忠实的国民党党员，所以我关心着国民党的进步。……'马先生没有料到正因为'关心着国民党的进步'，他才有今天！如果他肯追随'倒退'，摧残'进步'，早已'安富尊荣'了！"[1]

写"国民参政会"的参议员选拔的滥竽充数："'来宾'中的老前辈也有极少数应该送入养老院而被误送到参政会的，他们已经老得走不动，出入都须有人挟扶着。甚至有的眼睛几乎已瞎，你走到他的面前，他简直不很觉得，因为他根本就在模糊中摸索着。"[2]

用幽默的笔调写到作者被捕入狱的情形："他问了姓名、年岁、籍贯后，就问犯的什么罪，我脱口而出地答道：'救国'，他听了这两个字，一点不迟疑地立刻在簿子上写下了这四个字：'危害民国！'使我于哭笑不得中感到幽默的是他那样熟练的神情。"[3]

对狱中生活的记叙："我被推为监察，这个名称怪大模大样的！我记得监察院院长似乎曾经说过，打不倒老虎，打死几只苍蝇也好；在我们这里既没有'老虎'可打，也没有'苍蝇'可欺，所以简直有'尸位素餐'之嫌，心里很觉得不安，便自告奋勇，兼任文书部和事务部的助理，打打杂。"[4]

邹韬奋被迫第二次流亡："就是我的出走，也是被逼到最后，至二月廿三日傍晚才决定（廿四日深夜四点钟就动身），事出仓卒，我自己也是临时才知道，实在不能怪这几位'特务'仁兄未能事前发觉。所以关于这件事，他们是

---

[1] 《抗战以来·万方感念的马寅初先生》，《韬奋全集》第 10 卷，上海人民出版社 1995 年版，第 319 页。

[2] 《抗战以来·"来宾"种种》，《韬奋全集》第 10 卷，上海人民出版社 1995 年版，第 200 页。

[3] 《经历》，《韬奋全集》第 7 卷，上海人民出版社 1995 年版，第 224 页。

[4] 同上书，第 241 页。

和我同样受到无妄之灾的！我希望这几位'特务'仁兄早获自由,重见天日,不过同时希望他们出来之后,把工作改换方向,用来对付敌伪,□□□□□□□□□□□□! 不胜馨香祷祝之至!"①

(3) 语言修辞之美

《经历》等自传中文字的优美、修辞的生动形象,表现了邹韬奋的大义凛然,对反动当局的蔑视,排比、对比等修辞手法的普遍运用增加了作品的感染力。

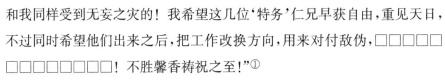

随着谣言四起,有几种"黑单"的传说,鄙人也蒙他们青睐,列名其中。②

出国不是一句空话所办得到的,必须有相当的经费。幸而有几位好友在国内拍胸膛,先筹集三千元,叫我带着先走,随后他们再设法借款接济。我在国外便就视察所及,努力写书,以作报偿。③

用"黑单""拍胸膛"等词语,来代替"暗杀名单"和"保证",显得十分形象生动。

对于一些荒谬的主张,邹韬奋也仿照其逻辑进行推理,并得出明显不合常理的结论,非常具有讽刺意味,再加上生动形象、风趣的语言,自然而然地达到很好的揭露效果。如书中写到,国民党政府对于"阶级斗争"的恐怖,简直已到了草木皆兵的地步:"除了最重要的国民总动员大纲这一提案外,还有一件趣闻,有某参议员提出一个有关农村的提案,代理主席认为农村的农字含有阶级斗争的意味,极力反对,一定要把农村改为乡村,才算风平浪静,把这提案通过。中国人民有百分之八十以上还是农民,依上面所说的这个

① 《抗战以来·又是几个故事》,《韬奋全集》第 10 卷,上海人民出版社 1995 年版,第 375 页。
② 《患难余生记》,《韬奋全集》第 10 卷,上海人民出版社 1995 年版,第 831 页。
③ 同上书,第 831—832 页。

意思,大概都只要改称为乡民,便可'姜太公在此百无禁忌'了。"①

又如,邹韬奋将受到反动当局打压的新闻出版者比喻成"阿斗",凸显出新闻出版者面对专制政府压迫的无可奈何,以及愤懑的情绪:

> 平心而论,这种比较"文明"的违法行为,比西安的省党部那样大辆卡车自由地把一切货物椅桌乃至职员的私人行李铺盖等等满载而去,行同盗劫,那是进步得多了,做"阿斗"的我们实在已经感觉到不胜感激之至,应该歌功颂德一番。②

> 党老爷在贤明守法的军政当局严厉制裁之下,只得勉强唯唯诺诺,"阿斗"办的文化事业机关才得由棺材里扶了起来。③

四、对时代背景材料的介绍及其重要史料价值

近现代传记文学的先驱者梁启超先生认为,新旧传记的差异很大程度上表现为对传记内容要素的把握。旧传记的传主形象常常是孤立而突兀的,而在梁启超看来,传记作品必须关注的基本问题,在于传主与他所处的社会时代的关系。"对于伟大人物的自由意志和当时此地的环境,都不可忽略或偏重偏轻",换言之,"一方面看时势及环境如何影响到他的行为,一方面看他的行为又如何使时势及环境变化"。所以,传记"不但要留心他的大事,即小事亦当注意。大事看环境、社会、风俗、时代,小事看性格、家世、地方、嗜好、平常的言语行动、乃至小端末节,概不放松。最要紧的是看历史人

① 《抗战以来·参政会的胚胎》,《韬奋全集》第10卷,上海人民出版社1995年版,第181页。
② 《抗战以来·又是几个故事》,《韬奋全集》第10卷,上海人民出版社1995年版,第353页。
③ 同上书,第354页。

物为甚么有那种力量。"①

优秀传记作品对于时代背景材料的介绍,与凸显传主的人格特点是交织在一起、相互辉映的,构成一部高质量的传记作品不可缺少的要素。一方面,交待传主与所处时代的关系,使得传主的性格发展轨迹有了依托,让读者得以了解"传主为何会成为那样的人";同时,传主作为一些重大历史事件的直接参与者,在其自传中往往也保留了重要的史料,为了解当时的社会政治文化情况提供了新鲜的第一手材料。

1.《经历》等自传中涉及近现代教育的情况

邹韬奋曾在《经历》等自传中,用较多的篇幅回忆了他求学过程中的苦辣酸甜。邹韬奋曾就读于南洋公学和圣约翰大学两所当时著名的学校,这两所学校的情况非常具有代表性。南洋公学 1896 年由盛宣怀创建于上海,与北洋大学堂同为中国近代历史上中国人自己最早创办的大学。因为地处上海租界,该校较少受战火侵扰。当时教学所用全为麻省理工学院的原版教材,时称"东方 MIT"。

南洋公学成立后几经更名,1921 年改称交通大学。作为近代中国最早建立的新式高等学堂之一,南洋公学为国家培养了大批高级人才,因此它的历史进步意义,以及对于近代高等教育发展的贡献是不言而喻的。由于南洋公学非常注重外语教育,邹韬奋在这里打下了良好的外文基础。在《经历》一书中,邹韬奋对于其先后在南洋公学附属小学(时称"下院")、南洋公学中院、南洋公学上院等学校学习生活的回忆,为了解当时中国的新式教育提供了生动的资料。

南洋公学不仅有着很好师资力量和新式教学手段,使传主接触到理化、

---

① 关于梁启超传记思想的分析,主要参考朱文华:《梁启超的传记作品及其理论的文史意义》,《南京师范大学文学院学报》2002 年第 4 期。

算学、英文等新式学问，更提供了一个相对宽松的成长环境，使传主得以了解世界，邂逅近代西方的自由民主等先进思想，这显然对传主后来民主思想的养成是至关重要的。邹韬奋在《经历》一书中，生动地回忆了其少年时代从梁启超的文章中领受到的西学启蒙教育："我一面埋头苦算，一面我的心却常常要转到新借来放在桌旁的那几本《新民丛报》！夜里十点钟照章要息灯睡觉，我偷点着洋蜡烛在帐里偷看，往往看到两三点钟才勉强吹熄烛光睡去。睡后还做梦看见意大利三杰和罗兰夫人！（这些都是梁任公在《新民丛报》里所发表的有声有色的传记。）这样准备做工程师，当然是很少希望的了！"①

圣约翰大学则是一所著名的教会大学，教会教育是我国近代教育的分支。鸦片战争以后，古老的中国的大门被打开了，西方的传教士涌进中国，他们所做的主要工作之一就是以办教育促进传教，上海等大中城市又是教会教育比较集中的地方。

1949 年前，中国有燕京大学、齐鲁大学、东吴大学、圣约翰大学等教会大学。虽然数量不多，但起点很高。在当时的历史条件下，教会学校在中国教育近代化过程中，起着某种程度的示范与引导作用。因为它在体制、机构、计划、课程、方法乃至规章制度等诸多方面，更为直接地引进了西方近代教育模式，从而在教育界和社会上产生颇为深刻的影响。

圣约翰大学创建于 1879 年，原名为圣约翰学院，由美国圣公会上海主教施约瑟（S. J. Sekoresehewsky）将原来的两所圣公会学校——培雅书院和度恩书院合并而成，是在华办学时间最长的一所教会学校。1952 年，圣约翰大学各院系被分拆并入其他各高等院校。圣约翰大学培养出了一批优秀的人才，如顾维钧、林语堂、荣毅仁、周有光等，该校不少校友对中国的历史进程起到过影响。

---

① 《经历》，《韬奋全集》第 7 卷，上海人民出版社 1995 年版，第 136 页。

圣约翰大学是首个将西方教学风格引入中国的学校,除了极重视英语以外,该校还十分强调宗教、体育和课外活动等。校内的体育设施完善,这里还诞生了中国历史上的第一支足球队。其他的学生组织、活动也非常多,包括许多相当活跃的左派学生团体,曾经参与了五四运动等政治运动。1925年五卅惨案发生后,有17名教职员及550余名学生因对学校当局不满而离开圣约翰大学,于当年8月另组光华大学(今延安西路东华大学校址)。

邹韬奋在其传记中,是带着感情回忆他在圣约翰所受的教育的,如:"我在约翰虽然仅有两年,但也得到很多的益处,尤其是快读的能力。像麦克纳尔先生,他最注重课外参考书的阅读;他所指定的参考书很多,而且要调阅我们的笔记,非读得快,很难交卷,所以我们用在图书馆里的时间不少……平心而论,对于这个工具(英语)的熟练,我不得不感谢我的母校——约翰大学。"①

圣约翰十分注重课余活动对造就人才的影响。1890年学生自办《约翰声》刊物,开创了高校学生自编校刊的风气。邹韬奋曾在这上面发表过不少文章。该校学生组织众多,活动丰富,定期举行戏剧表演、中英文演讲等,锻炼了学生的综合能力。

从邹韬奋《经历》等自传中,可以深切地感受到近现代新式教育的重要作用,主要是促进了青年学生对西方科学文化的了解与接受,对新知识分子的养成意义重大。《经历》等自传对传主求学经历的客观的叙述,非常具有代表性,当时中国一批优秀的知识分子,大抵受到过类似的新式教育。因而,邹韬奋在其自传中的相关回忆,就为中国教育史的研究留下了宝贵的第一手资料。

从个体来看,邹韬奋之所以选择新闻出版为终生的事业,与他所受到的西式教育,以及他对西方自由民主思想的服膺是分不开的。邹韬奋后来曾

---

① 《经历》,《韬奋全集》第7卷,上海人民出版社1995年版,第158—159页。

在《新闻记者》等文中多次强调他"为大众立言"的新闻观,就是这种民主思想的表现,如:"不过报纸的权威并非出于主笔自身的魔术,乃全在能代表大众的意志和要求。脱离大众立场而图私利的报纸,即等于自杀。报纸所以能得到权威的唯一生命,那使不打而自倒了。"①

2. 反映了 20 世纪上半叶报刊出版业的情况

从中国近代文化发展史来看,中国民办报刊出版业,在 20 世纪上半叶得到充分发展。20 世纪前二十年,是中国报刊业一个繁荣发展的时期,主要原因之一是辛亥革命后媒介环境开始发生悄悄的改变。在武昌起义胜利后,以孙中山为首的资产阶级革命派立即将"言论出版自由"作为与封建专制相对立的民主原则之一,加以倡导和推行,废除了《大清报律》等前清有关报刊出版的法令,同时将言论出版自由的原则以法律形式确定下来。

更重要的是,人们的自由民主意识也普遍加强了。当时中国正处于新文化运动时期,民主思想、人文精神通过大大小小的报纸而深入人心。《新青年》《东方杂志》《京报》《申报》《新闻报》《时事新报》等一批优秀的报刊成为品牌。同时,商务印书馆、中华书局、世界书局、开明书店等一批优秀的民营出版机构也呈现出兴盛的景象。

邹韬奋《经历》等自传中,涉及新闻出版业的内容相当多。首先提及了他学生时代的报刊业发展的情况,以及对他的"新闻记者"志向的形成所产生的巨大影响。如谈到少年时期,梁启超的"新文体"对传主的影响:"我以前曾经谈起在中学初年级的时候,对于先师沈永癯先生所借给我的《新民丛报》,也有一时看入了迷,这也是鼓励我要做新闻记者的一个要素。当然,那里面所建议的事情和所讨论的问题,和当年的时代已不适合,我只是欣赏那里面的锐利明快引人入胜的写的技术,所以在中学二年级的时候就无意再

---

① 《新闻记者》,穆欣编:《韬奋新闻工作文集》,新华出版社 1985 年版,第 234 页。

看了,可是增强了我要做个新闻记者的动机,那影响却是很有永久性的。"①

少年时期的邹韬奋还特别喜欢黄远庸写的通讯,邹韬奋谈到读"远生通讯"时的情形时是满怀深情的:"后来他因反对袁世凯称帝而冒险南下,我已在中学里,对于他的安危,简直时刻担心着,甚至有好几夜为着这件事睡不着。他离开上海赴美国,途中还写了好几篇短小精悍、充满朝气的通讯登在《申报》上,是我生平最倾倒的佳作。我正切盼着他能继续写下去,不料他到旧金山的时候竟被暗杀,真使我悒郁不欢,好像死了我自己的一个好朋友。"②

上海在我国近代新闻事业史上,长期处于新闻中心和舆论中心的地位,毋庸讳言,这与租界是分不开的。首先,租界对报业有着庇护作用;其次,上海租界是几个帝国主义共同占领的,这种多元控制,使报业可以在矛盾的缝隙中,求得生存和发展。③

这一时期上海报刊出版业繁荣,在全国占有非常重要的地位,当时上海的不少出版机构或出版物都形成了品牌,邹韬奋主编的《生活》及其生活书店就是一个典范,非常值得进行个案分析。邹韬奋本人对之有着完整、全面的了解,在写作自传的时候,自然而然地提到了上海的新闻出版业的情况,并且发掘了一些典型的细节来说明问题,为后人了解当时的新闻出版业留下了重要的资料。新闻史著作将当时出版业的情况大体勾勒出来了,但一般是面上的介绍,大多是比较粗略的,缺乏典型的、细节的描述,给人留下的印象不深刻。而邹韬奋比较突出地写了一些具体的事情,事例典型、细节刻画生动,体现了其民主主义的倾向,相较一些新闻史著作,可以说是谈得比较细致、深入的。

---

① 《经历》,《韬奋全集》第 7 卷,上海人民出版社 1995 年版,第 145 页。
② 同上书,第 144—145 页。
③ 对上海报刊业繁荣的原因的分析,主要参考了马光仁主编:《上海新闻史(1850—1949)》,复旦大学出版社 1996 年版,第 568—570 页。

　　从 1926 年 10 月邹韬奋接手起,在短短的六七年间,《生活》刊印量由两千多份增长到十五万余份,创造了当时中国杂志最高发行纪录。《生活》的读者遍布全国,乃至渗透到海外,一度被誉为"有中国人的地方,就有《生活》周刊"。邹韬奋不但注重报刊本身的编校质量,而且很重视报刊的经营管理,积累了丰富的报刊经营管理经验,为后人提供了宝贵的财富。关于他本人办报活动的记叙,就有着重要的新闻史价值。

　　从《经历》等自传、以及其他文章中可以看出,邹韬奋办报刊的诀窍之一,是极度重视读者的意见,如他在《全民抗战》刊物上发表的《征求读者对本刊的意见》一文中指出:"做编辑的人好像是读者所用的厨子,所差异的,不过厨子所贡献的是物质食粮,编辑所贡献的是精神食粮。厨子要使菜烧得可口,往往要征求主人对于菜单的意见,我们现在是要征求读者对于精神'菜单'的意见,很诚恳地希望读者诸君不吝赐教……来信的结果,我们还要在本刊上公布,以告热心赞助本刊的朋友们。"①邹韬奋这种诚恳的态度无疑是受到了西方民主思想的熏陶,将报刊看作是人民的耳目喉舌,唯其处处从民众利益出发,也就得到了广大群众的拥护。

　　在另一篇文章《〈生活周刊〉究竟是谁的?》中,邹韬奋说:"我们办这个周刊不是替任何个人培植势力,不是替任何机关培植势力,是要藉此机会尽我们的心力为社会服务,求有裨益于社会上的一般人,尤其注意的是要从种种方面引起服务社会的心愿,服务所应具的精神及德性。"②

　　邹韬奋接办《生活》周刊后,增设了"读者信箱"专栏,为读者解答各种问题,深受读者欢迎和信赖,来信与日俱增,由每天几十封,上升到几百封,"最多时收到的在上千封以上"。来信的内容十分广泛,从求学、看病、家庭、婚姻、职业、人生到国家、社会及世界形势等各种问题,无所不包。他们以极端负责的态度处理这些来信,除一小部分在《生活》周刊上公开发表和解答外,

---

① 《征求读者对本刊的意见》,重庆《全民抗战》周刊第 136 期,1940 年 9 月 7 日。
② 《〈生活周刊〉究竟是谁的?》,《生活》周刊第 4 卷第 1 期,1928 年 11 月 18 日。

绝大部分不能发表的也十分认真地给予负责的回答。短者数百字,长者数千字,每封必答。有时自己无力回答的问题,就请专家学者代为答复。

由于来信过多,邹韬奋实在无法一一作答,就请同事代笔,但对每一封回信他都亲自过目,并签上自己的名字,以示负责。他们对读者请求代办的具体事宜,如购书、买衣、找律师、请医生等各种实际问题,都千方百计地予以满意解决。为满足读者的要求。生活周刊社特设了"书报代办部"。在此基础上,他们又于1932年7月成立了"生活书店"。《生活》周刊为读者服务的范围越来越广,"生活"的服务精神誉满社会,成为中国报刊史上极其光辉的一页。

3. 压制言论自由的新闻检查制度

在《经历》等三部自传中,邹韬奋还对国民党时代的新闻出版管理制度、新闻检查制度的发展演变等情况作了真实的反映,具有很高的史料价值。30年代,国民党政府在一家掌权的基础上,搞反革命的"文化围剿",具体就表现在国民党的新闻检查制度上,因此对这一制度的揭示,有助于人们认清国民党政府假民主、真独裁的面目。

国民党政府在不同时期的新闻统制政策,随着其法西斯专制的日益加强,发生了很大变化。南京国民政府成立初期,国民党为了笼络人心,骗取民众的信任与支持,口头许诺给人民新闻言论出版自由,并披着法制的外衣实施新闻统制。而九一八事变后,抗日救亡运动日益高涨,并与国民党"攘外必先安内"的政策尖锐对立。于是,国民党强化了镇压手段,在新闻文化战线上贯彻了走向独裁的法西斯主义的思想原则,提出了"新闻一元主义""党化新闻界"等主张,以"训政""党治"等思想为起点,大规模地吸收德国、意大利等法西斯主义的政治思想和新闻统制经验,企图通过自己的新闻事业,配合以新闻检查与督导等手段,镇压新闻文化界,限制爱国进步报刊和人民的言论自由权利,限制私营新闻事业,操纵全国的舆论宣传,多角度多层次地强化新闻统制,纳全国新闻文化界于"一党专制"的轨道之中。①

　　一些新闻史著作及文学史著作,往往也都抨击了国民党压迫民主运动、打击进步文化的暴行。如丁淦林主编的《中国新闻事业史》中提及:"国民党当局利用所谓'战时新闻管制',普遍实行新闻检查,规定报纸杂志原稿送审,他们以此任意删改、扣压稿件。《新华日报》则采用多种方法进行了斗争。如采用'暴检'的办法,即对被检查'免登'的稿件,《新华日报》就在报上公布某某文章或报道免登,或者留下题目,大开'天窗'……用以公开暴露国民党摧残言论自由的行径。"②

　　又如,王瑶在《中国新文学史稿》(下)中不仅提到了国民党迫害进步文化的事实,而且举出的恰好是生活书店被封的例子:"人民对国民党的法西斯统治再也不能忍耐了,而国民党反动派却在美国代表的暗中支持下,到处散布特务爪牙,压迫民主运动;被捕被杀的事件,日有所闻,一切主张彻底抗日和民主的进步文化,都受到极野蛮的迫害。例如一向出版和发行进步书籍的生活书店的几十个分店,都被迫停闭了。"③

　　不过,以上新闻史、文学史中写的话是概括性的,主要是出于义愤,只是在整体上否定新闻检查制度,而不能使人明白这一制度到底可笑在哪里、荒谬在哪里,为什么违反了民主的基本原则。而作为著名出版人的邹韬奋在几部自传中,通过亲身经历、所见所闻,具体而微地写出了新闻检查制度到底是怎么一回事,并提供了这一制度的不少细节。邹韬奋写的几件事情,从小角度来揭示问题,比较生动,使读者对新闻审查的法西斯本质一目了然。

　　如书中记载了许多国民党制造"文化摩擦"的例子。反动势力对进步思

---

① 关于国民党新闻独裁政策的分析,主要参考了马光仁主编:《上海新闻史(1850—1949)》,复旦大学出版社 1996 年版,第 717—718 页。

② 丁淦林主编:《中国新闻事业史》,高等教育出版社 2002 年版,第 327 页。

③ 王瑶:《中国新文学史稿》(下),上海文艺出版社 1982 年版,第 576 页。

想的惧怕可谓是草木皆兵,对进步文化事业的扼杀不遗余力。作者或以激愤的口吻控诉反动统治者的无耻行径;或以淡然的笔调、寓褒贬于无形之中,有时甚至不乏黑色幽默色彩。这从以下几个例子中就可见一斑:

> 一个湖南学生因偶在抽屉内被发现一张《新华日报》,被立刻剥去冬季制服,驱逐出校,便是一例。又像前面谈过的郑代巩因创办《战时青年》办得发达,被特老"赏识",认为是"异党分子"而被绑,又是一例……①
>
> 首先想谈到的是地主"应予删除"……名小说家欧阳山先生著了一篇小说,题目是《农民的智慧》,里面描写一个伪军的司令叫做宋文楷的,说他是地主出身,审查老爷把全篇中的"地主"二字,用墨浓浓地涂得一团漆黑! 文艺家描写人物原是要写得深刻,如今这篇小说里的这位主要人物被审查老爷这样用劲一涂,涂得读者看到这篇小说时,根本不知道这位主要人物原来是干什么的,这岂不是一件很糟糕的事情?②
>
> 蒋委员长宵旰勤劳,一日万机,对于党老爷们"几家区区商店的封闭"(借用党报的说法),当然顾不了许多,但是因为"生活"在全中国文化界的地位还不算十分的"区区",所以蒋委员长渐渐也不无所闻,但是党老爷们在这种地方却颇具机智,设法放出更有趣的谣言,说共产党每月津贴"生活"十万元。③
>
> 据说这是依据省党部的密令办理的,省党部的密令有云:"将所有(这二个字重要——记者)生活书店查封",因此该县有一家寻常的商店叫做"生活商店",也无故被封,唯一的原故,是因为在招牌上有"生活"

① 《患难余生记》,《韬奋全集》第 10 卷,上海人民出版社 1995 年版,第 883 页。
② 《抗战以来·审查老爷对文艺的贡献》,《韬奋全集》第 10 卷,上海人民出版社 1995 年版,第 234 页。
③ 《抗战以来·"诸葛亮"和"阿斗"搏斗》,《韬奋全集》第 10 卷,上海人民出版社 1995 年版,第 357 页。

二字,也被归入"所有"之列!党老爷这样横行无忌,老百姓真无噍类矣![1]

当时被国民党或香港新闻检查机构审查删节的文字,报刊在刊登时多用"□"或"×"表示,这在邹韬奋的自传中也有所体现。他的自传在《华商报》连载发表时被删掉的部分,均依照原样,这可谓形象、生动的一手资料。如:"自今年二月八日起,不到半个月,'生活'分店又接连着被摧残了四个,这是'生活'被摧残的第二个时期。到了这个时候,所剩下的只是重庆卫戍司令部已接到'密令'相机封闭的一个重庆分店,和党部的□□所不及的海外的一个,经十六年的惨淡经营备尝艰苦所培成的五十五个分支店,可谓被摧残殆尽,'不合并即须全部消灭'的'政策',在忍心害理,无视法律,不知羞耻,摧残文化事业的文化□□□方面,可以算踌躇满志了。"[2]

从1939年到1941年,邹韬奋苦心经营多年的生活书店的几十个分支店,陆续被国民党政府以各种名目摧残殆尽,在痛惜和激愤之中,他详尽地写出了这一事件的全部过程,为后人留下了非常珍贵的史料。与国民党的反动文化政策的无畏斗争,是邹韬奋人生经历中非常重要的一部分内容。对这一经历的描写,不但有助于对传主人格形象的塑造,也为相关历史研究提供了真实可信的资料。

4. 对新闻史上一些具体事件的反映

邹韬奋在其《经历》等三部自传性作品中,对新闻史上的一些重要事件也有所反映,且这些事件大多与传主有着密切的关系,这就为新闻史的研究留下了珍贵的资料,如杜重远与《新生》事件等。

---

[1] 《抗战以来·有什么藉口?》,《韬奋全集》第10卷,上海人民出版社1995年版,第338页。
[2] 《抗战以来·最后的商谈》,《韬奋全集》第10卷,上海人民出版社1995年版,第367页。

　　《新生》事件的大致情况是这样的：1934 年 2 月 10 日，邹韬奋的好友杜重远继《生活》周刊被查封后，在上海创办了宣传抗日救亡的时事政治性刊物《新生》周刊，并任主编兼发行人。艾寒松、徐伯昕等协助编辑并负责发行工作。该刊撰稿人有邹韬奋、胡愈之、毕云程、柳湜等，多为原《生活》周刊的工作人员和作者。《新生》每期二十页左右，以时事图片作封面，设有"老实话""专论""时事问题讲话"等二十多个专栏。

　　《新生》周刊的宗旨是"为救民生存而奋斗"，积极主张抗日救国，反对国民党对外妥协、对内专制的政策，大力揭露日本帝国主义灭亡中国的阴谋和国民党当局的卖国行为，批评现实政治、要求民主自由，这些都充分反映了进步报人的热切的救国愿望。邹韬奋在此刊发表了 37 篇旅欧通讯，后辑为《萍踪寄语》一书出版。《新生》周刊最高销售量有十万多份，影响很大。

　　1935 年 5 月 4 日，《新生》周刊出版了第 2 卷第 15 期，艾寒松以"易水"为笔名在该期发表了《闲话皇帝》一文。该文泛论中外君主制度，并提到日本天皇只是名义上的最高统治者，进而指出"日本的军部、资产阶级，是日本的真正统治者"。对此日本方面借机寻衅，日本驻沪总领事竟以"侮辱天皇，妨害邦交"为借口制造事端，胁迫国民党当局查封《新生》并追查作者。迫于日方压力，《新生》周刊于 1935 年 6 月 22 日出版第 2 卷 22 期后被国民党政府查封，同年 7 月杜重远被捕，判刑一年零两个月。《新生》周刊从创刊到被查封共出版 2 卷 72 期，是研究 20 世纪 30 年代抗日民主运动的重要资料。

　　有鉴于当时恶劣的政治环境，邹韬奋在自传《患难余生记》中，对于这一事件的表述着墨不多，但是爱憎情感分外强烈。如：

　　　　我出国后《生活》周刊即被封闭，挚友杜重远先生即接着创办《新生》周刊，在精神上是和《生活》一致的。这好像我手上撑着的火炬被迫放下，同时即有一位好友不畏环境的艰苦而抢前一步，重新把这火炬撑

着,继续在黑暗中燃着向前迈进……①

当得知杜重远含冤入狱的情形时,作者"初则为之惊愕。继则为之神伤",迅速回国,并"火速乘一辆汽车奔往杜先生狱中去见他"。虽然对于整件事前因后果的叙述不算详尽,但可谓"微言大义",短短几句话就反映出了作者倡导先进文化的决心,以及对国民党打击抗日救亡运动的愤慨。这些话语,从与当事人有着密切关系的作者口中讲出,显得分外有力:

> 《大众生活》便在这样形势之下,接着《新生》而撑起光芒万丈的火炬,作为爱国者的代言人和计划者——它的产生正在震动寰宇的一二·九学生救国运动和全国澎湃、沛然莫之能御的如火如荼的救亡运动的前夕。②

5. 对一些重大历史事件的完整记叙

邹韬奋在中国近现代史上是以著名报人、民主斗士、伟大的爱国主义者等多个身份而著称的,他的一生波澜起伏。由于邹韬奋是不少重大历史事件的亲历者,若要比较完整地勾勒出传主的人生轨迹,这些极富戏剧色彩的重大场景自然也不应缺席。

作者在《经历》等自传中,对于他参与其中的"七君子"事件、国民参政会、"宪政运动"的前因后果作了完整记叙,对于沈钧儒等著名历史人物进行了生动刻画,既有助于从多个角度表现传主的主要活动和思想历程,也为现代史的研究保存了重要的史料。

例如:邹韬奋自传中关于"七君子"事件的记叙详尽而生动。"七君子"中的其他几位,事后大都撰写了自传或回忆性的文章,如王造时《王造时自

---

① 《患难余生记》,《韬奋全集》第 10 卷,上海人民出版社 1995 年版,第 833 页。
② 同上书,第 834 页。

述》、沙千里《七人之狱》、史良《史良自述》等，他们关于"七君子"这一事件的表述有着多、少、详、略之别，邹韬奋自传中的叙述与其他六君子的著作有交叉，而有的资料则是其他人的传记中没有特别谈到的。如《患难余生记》中写到王造时在法庭回答问题，两次不自觉地面向观众，显得多么生动，这样的描写不仅抓住了凸显王造时个性的细节，而且说明"七君子"是如何积极在这一爱国事件中激发民众的爱国热情的。又如，《经历》中还记叙了"七君子"事件中，邹韬奋抓住一切机会，随时随地宣传爱国救亡道理，场景感十足："不过我在法警室里却也不算寂寞；我对几十个法警弟兄们大开其话匣，说明国难的严重和我们的全国团结御侮的主张，他们都听得津津有味，点头称是，待我格外好起来了，倒茶的倒茶，让坐的让坐！后来我发现其中有几位还是我的读者，我们更成了莫逆之交了。"①

邹韬奋对沈钧儒先生在法庭上与其他同志"同甘共苦"的描写，也非常感人："沈钧儒先生年高德劭，爱国热诚，感动全国，他那一副美髯，和他的蔼然仁者的岸然道貌配合在一起，尤使人肃然起敬。审问我们的那位法官总是多少还具有一副好心肠（至少和那位检察官不同），他看见沈老先生久立作答，大概心里觉得不忍或惭愧，屡次很谦恭地请沈老先生就坐（临时备有一张椅子给他老先生坐），老先生宁愿和其他救国同志共甘苦，不愿独坐，始终未曾应允。"②

而这几个生动的细节，"七君子"中其他人的回忆中并没有讲到，因此邹韬奋自传中的相关记载也就更为可贵。作为一位优秀的新闻工作者，邹韬奋具有强烈的新闻意识和文学意识，或许其学问不及沈钧儒等人深厚，可是非常敏感，能够捕捉住这些有价值的细节。

可以对比一下史良女士的《史良自述》。她对于七君子入狱事件的介绍只是简单的叙述，基本没有描写的成分，对于法庭斗争的情况也主要讲了自

---

① 《经历》，《韬奋全集》第 7 卷，上海人民出版社 1995 年版，第 224 页。
② 《患难余生记》，《韬奋全集》第 10 卷，上海人民出版社 1995 年版，第 851 页。

己与法官的对答,而且比较简单,这大概也与两位作者当时处于不同的视点有关。而沙千里的《七人之狱》,较为详细地回忆了七君子入狱的全部过程,但也没有提及那样的生动情节。这样,邹韬奋自传中对于这些细节的揭示,也就显得格外有价值。

不仅自传如此,邹韬奋的其他作品也涉及大量的人物。据不完全统计,1956 年版的三卷本《韬奋文集》中,涉及近现代人物和事件两百多个,如近代爱国主义者、教育家唐文治(蔚芝),抗战时期著名将领马占山,以及梁启超、鲁迅、陶行知等,更不必说和他一道因"爱国罪"被捕入狱的沈钧儒、章乃器、李公朴、王造时、沙千里、史良等,吴稚晖、张道藩、杜月笙、宋美龄等政治人物的身影也在其中;五四以来的重要历史事件如 1925 年 3 月孙中山逝世、1931 年九一八事变、1935 年的一二·九运动、1936 年鲁迅逝世、1937 年卢沟桥事变等,邹韬奋都以他的观察力作了报道和评论。他的报道和评论,是我们研究历史的重要的第一手文献资料,也是他肩负历史使命、为人民服务的足迹。[①]

6. 对一些具体的文化史实,并未作完全客观准确的叙述

在《经历》等自传中,出于一些特殊的原因,作者对于一些具体的文化史实并未作完全客观准确的叙述。如与鲁迅先生的关系、"译文"事件等,考察这一现象也可挖掘出一些有意义的命题。

《译文》事件大致情况是这样的:1935 年 9 月,因为印刷、稿费分歧等,邹韬奋与郑振铎向鲁迅提出撤换《译文》编辑黄源,鲁迅大为不满,在邹韬奋和郑振铎等宴请时不待终宴、拂袖而去,不久《译文》中止。[②]

邹韬奋在自传中虽未提及此事,但他反复强调了自己办刊物的社会意

[①]　此段分析参考了俞润生:《邹韬奋传》,天津教育出版社 1994 年版,第 10 页。

[②]　对于"译文"事件的叙述与分析,参见金梅、朱文华:《郑振铎评传》,百花文艺出版社 1992 年版,第 157—160 页。

义。"我和一班共同努力于文化事业的朋友们,苦干了十几年,大家还是靠薪水糊口养家。我们并不觉得什么不满意,我们的兴趣都在文化事业的本身。"①这也体现了作者的左翼知识分子意识,以及中国传统文人"耻谈钱"的观念。

邹韬奋提到这些情况时,在思想上已经转向左倾了,他不愿为自己辩解,这也为以后的文史研究家,留下了重要线索。"译文"事件成为现代文学史上一桩公案,其后个别当事人以及一些文史写作者,对之也往往任意点评。如《鲁迅和他的政敌》一书中,仍然依从鲁迅的苛评,将邹韬奋定位为"资本家",并颇多抨击之词。例如,这本书在谈到邹韬奋在鲁迅死后写文悼念时,评论到:"当然了,更深层次的原因是,鲁迅一死,邹韬奋已经从一个商人转变成了无产阶级的革命战士"②,联系到邹韬奋贯穿始终的"为大众立言"立场,以及自传及其他作品中反映出来他的思想发展的线索,这样的评论显然不够客观。而当事人黄源在《黄源回忆录》一书,也认为"译文"事件是生活书店对鲁迅和他本人的"无理压迫"③。

写此书时,邹韬奋已经转变成为左翼知识分子,可能考虑到政治影响等问题,他在自传中回避了这些事情。从传记的角度来讲,主要以自己的活动为中心,是可以理解的;但其实邹韬奋的文化、编辑活动是左翼文学活动的一个环节,顺便讲一讲也是应该的。而他对左翼文学的活动,在自传中几乎没有提及,对于鲁迅也很少提起,或许除了内心的不快外,主要与当时反动统治势力的气焰正炽有关。可见,在自传中写什么、不写什么,从中也可以窥到某些文化心理和文化现象。鲁迅逝世后,邹韬奋在其主编的刊物上发表多篇纪念文章,表示了对鲁迅的高度评价和尊崇之情。

西方近代传记理论的主要观点之一是"藉传窥史"说,而不满足于所谓

---

① 《经历》,《韬奋全集》第 7 卷,上海人民出版社 1995 年版,第 204 页。
② 房向东:《鲁迅与他的论敌》,上海书店出版社 2007 年版,第 445 页。
③ 《黄源回忆录》,浙江人民出版社 2001 年版,第 9 页。

的"以传属史"说,这就突出了传记作品的独立性。现代传记写作及批评的先驱者胡适先生,在赞同这一理论的基础上又有发挥。例如,他所理解的"史",不只局限于一般的社会政治情况,而更着重于社会经济、思想文化乃至风俗习惯等方面的命题。他强调传记作品要留下有关思想史的线索,强调传记要充分反映传主所处时代的各种特殊的政治文化背景,称赞友人的传记能"坦白详细的描写他做学问的经验",在劝人写回忆录时建议"把他少年时代的乡土风俗习惯都写出来",乃至表示"我将来如有工夫来写自己的传记,要用很大的一章来写我那个时代的徽州的社会背景",如此等等,都表明了这一点。

与此相适应,胡适先生又特别强调传记作品对于各方面的史料尽可能地充分保存,并把这视为评判传记作品质量优劣的一条重要标准。如他在劝人写自传或回忆录时,总强调"真正的历史都是靠私人记载下来的",而他之所以认为《梁任公先生年谱长编初稿》一书"最值得印行",也是因为这部"没有经过删削"的稿本中有"最值得保存"的"最可宝贵的史料"。①以这一标准来衡量,邹韬奋三部自传性作品突出的价值就不言而喻了。

五、邹韬奋《经历》等自传与同类传记的比较研究

在《经历》等三部自传中,邹韬奋先生用蘸满感情的笔墨,为读者展现了他从一个穷学生到文化界名人、爱国民主战士的成长轨迹,具有相当高的史料价值和文学性。邹韬奋从事文化事业的人生经验和思想历程,堪称现代爱国民主知识分子人生道路的缩影。个中几多艰难困苦、挣扎奋斗,令人感动、敬仰,更催人奋起。传主热爱祖国、争取民主的拳拳之心、凛凛正气感人

① 关于胡适传记思想的分析,主要参考朱文华:《胡适与中国近代传记史学》,耿云志、闻黎明编:《现代学术史上的胡适》,生活・读书・新知三联书店 1993 年版,第 148—149 页。

至深。这三部传记较好地将思想性与艺术性结合在一起,在新闻出版家自传中有鲜明的个性,既客观真实地再现了一位进步知识分子的奋斗历程,也为类似的知识分子传记写作提供了典范。下文将邹韬奋《经历》等自传与其他新闻出版家的自传作一比较,旨在更好地理解邹韬奋自传作品的特点和其传记学价值。

1.《经历》等自传与张静庐《在出版界二十年》的比较

现代自传写作开始流行后,一些新闻出版界的名人也写了自传,如张静庐《在出版界二十年》、高长虹《走到出版界》、胡愈之《我的回忆》、陶菊隐《记者生活三十年》、王云五《岫庐八十自述》、曹聚仁《我与我的世界》等。与同类自传性作品相比,邹韬奋《经历》等三部自传有着其独特个性。

邹韬奋的三部自传性作品,与张静庐先生的《在出版界二十年》很有可比性。张静庐生于1898年,比邹韬奋小3岁,一生致力于出版事业,1969年在上海去世。张静庐与邹韬奋的主要社会身份都是著名出版人,人生中重要的新闻出版从业经历都在上海展开。他在泰东图书局、《商报》、光华书局、现代书局等多家报社、期刊、出版社工作过,有着丰富阅历,后来创办了颇有影响的上海杂志公司,出版和发行了不少进步期刊。与邹韬奋相比,张静庐同样为新文化的发展做出较大贡献,他的人生经历也是丰富而曲折的。

1938年,张静庐写出自传性作品——《在出版界二十年》,并由上海杂志公司出版。该书共31节,比较简略,11万字左右。张静庐在书中主要回顾1919年至1938年二十年间,自己在出版界的奋斗经历,同时展现了那段时间上海出版业的概况。张静庐只读过私塾和小学,两次当学徒却由于战乱等原因都没能满师。他凭着自己对文学的热爱,对书籍的迷恋,通过艰苦奋斗成为20世纪二三十年代有名的出版家,可谓自学成才的典范,其成长经历颇具传奇色彩。《在出版界二十年》除叙述传主的个人经历之外,还讲述了二三十年代上海出版界的一些掌故,介绍了礼拜六派、创造社等文学流派的情况。作者与现代著名文化人郭沫若、郁达夫、潘汉年等人的交往活动在书中也有所反映。读者也可从字里行间感受到民国社会的风貌，以及上海作为文化中心的重要地位。

这两位名家的自传在某种意义上讲，都是对中国现代出版事业的总结。大致比较一下，可以发现它们有一些不同的特点：

(1) 从写传的动机来看，邹韬奋有着更为自觉的传记意识

张静庐在《在出版界二十年》第一节"写自传的动机"中较为详细地叙述了他写作该书的起因。1935 年秋，阿英先生和几位朋友都让张静庐写一本自传，来记述二十年来上海新书事业的沿革和变迁，给后来留心新文化运动的史家一些"或许有用"的史料。"只可惜我没有文学的修养，缺乏写作的技巧，绝对不会写成一部值得一读的传记文学。所以在当时虽有想写的动机，而终于不敢下笔。没有勇气来大胆地尝试一下。"①

"到了前年冬天，张天畴先生来替黄萍荪先生所编的《越风》向我要稿，他指定要我来写一篇关于上海新出版业的史实，他说：'你不妨以你自己的事业变迁为经，多量地采入当时作家们与书店之聚散离合为纬，织成一幅看去似乎平淡而实际却富有图案意味的美丽而实用的厂绢。'"②在朋友们的劝说下，张静庐开始有了写自传的准备。直到后来，上海杂志公司准备出一种《读书》月刊，金则人、平心等先生又要张静庐以"故事的体裁"写自传，张静庐才将该书写了出来，并且强调："请勿要用文学欣赏的眼光来读这部传记——这样幼稚的作品，否则它会使你大失望的，因为这只是一个出版商人的自述呀！"③

由此可见，张静庐写自传主要是朋友多次催促的结果，其对自传写作的意愿并不强烈。而且作为中国近现代出版事业的参与者及后来的出版史

---

① 张静庐：《在出版界二十年——我的自传》，西北大学出版社 2019 年版，第 1—2 页。
② 同上书，第 3 页。
③ 同上书，第 2—3 页。

家,他的动机主要是为了留下一些"或许有用"的史料,更多的是出于现代文化人的社会责任感,其自传的"本位意识"不强。反映在作品中,张静庐对自己的职业生涯写得较为简略,好多重要事件未展开谈。张静庐认为自己"缺乏文学修养",自传只是对事实的记录,不过从整体看,这位著名出版家自传的写作质量还是比较高的。

而邹韬奋具有较强的现代传记意识,从少年时代起对传记就很有兴趣。他在《经历》的"开头的话"中谦虚地说,"这本书并非自传,我也够不上有什么自传",但随后又兴致盎然地谈到自己以往写人物传记的经验以及未来写作规划:"最近才深切地觉得自己对这件事有着特别浓厚的兴趣,很想以后再多多研究历史,勉励自己做个传记家,更希望能有机会替民族解放的斗士们多著几本有声有色的传记"①。可见邹韬奋撰写自传和人物传记是很主动的,态度积极认真。事实上,他在学生时代就写过自己和同学的小传。他的自传中的主体意识也比较强,通过对宏观社会背景及具体事例的剪裁,揭示了作者"何以成为这样一个人"的演进过程,充分展现了其人格形成及发展历程。

(2) 邹韬奋的自传包含的政治社会内容更加丰富

《在出版界二十年》主要记叙了作者在编辑出版活动中的亲历、亲闻,以出版界的掌故为主,较少涉及政治活动及新闻制度等。其中比较简略地叙述了青年时代的张静庐参加六三爱国运动被捕的经历。该书重点谈到泰东图书局的转变、创造社的摇篮、作者在商报馆的五年、光华书局的诞生、创建现代书局和上海联合书店、上海杂志公司的建立及其发展,都是比较重要的史料。不过,虽然直接记录不多,但从字里行间也可窥见张静庐对图书检查制度的不满,以及对某些审查员假公济私行为的揭露。如"从'现代'到'联合'"一节中简略地讲述了郭沫若的《我的幼年》因所谓"内容反动"被禁的过

---

① 《经历》,《韬奋全集》第 7 卷,上海人民出版社 1995 年版,第 130 页。

程：一位在教育局担任审查书籍工作的"文友"，想要张静庐出版自己的作品，张静庐对这种"情书"一类的作品不感兴趣，不久张静庐主办的联合出店出版的《我的幼年》就被禁了。张静庐申诉一番后也无济于事。作者平和的叙述中也显现出种种无奈。

而邹韬奋三部自传中反映的政治社会内容更丰富，如以较多篇幅记载了作者亲历的"七君子"爱国入狱事件、参加国民参政会等政治活动。对邹韬奋求学经历较为详细的叙述，也展现了近现代新式教育对知识分子成长所起到的重要作用。另外，邹韬奋还有《萍踪寄语》《萍踪忆语》两部海外通讯集，记载了他流亡海外的所见所闻，也可视为对邹韬奋自传的补充。邹韬奋的主要人生经历在其自传体系中得以展现，而邹韬奋对新闻检查制度等国民党反动文化政策的直观感受与批判，为后人研究留下了丰富的一手资料。

(3)《在出版界二十年》勾勒了较为广阔的出版业景象

张静庐曾为不同的新闻和出版机构工作，他的自传虽篇幅不长，但涉及的新闻出版业景象较广，除记叙自己的编辑活动外，还勾勒了上海出版业的概貌，对创造社、文学研究会、北新书局、开明书店等文学团体或出版机构也有评介。不过关于出版界的不少掌故，尤其是张静庐在开创出版事业时与他人的纠纷，他可能有一些顾虑而简略带过，这也让不少读者觉得该书缺乏细节，"有些紧要处却含糊而过""关键处语焉不详"（引自豆瓣用户的评价），令人遗憾。

而邹韬奋的自传在反映新闻出版活动方面比较聚焦，主要介绍自己主持的《生活》周刊与生活书店、《生活日报》的创办情况。他所办期刊及书店等文化事业，在当时的新闻出版界很有代表性，这些回忆很有价值。邹韬奋写了不少比较具体的事件，事例典型、细节刻画生动，突出体现了其对新闻出版事业的执着热爱。同时，邹韬奋还以较多笔墨描绘了生活书店被摧毁的过程，这一资料是很珍贵的。

（4）邹韬奋自传的情感丰富、文学性更强

从传记作品的语言风格来看,《在出版界二十年》情感较为平和,对自己当学徒和从事编辑出版业的一些不愉快的经历也以平静的口吻道出。《在出版界二十年》叙事多为简洁的勾勒,语言凝练,风格比较平实,也不乏风趣幽默。而邹韬奋的三部自传字里行间有着强烈的感情色彩,时见浓墨重彩的描写,适当地运用修辞手法,文学色彩似乎要更浓一些。

在《经历》一书中,作者较为详细地追述了他为《生活日报》的出版所做的努力:在贫民窟里租到"脏得不堪"的房屋作为"报馆";雇人粉刷清理,并想方设法安装小便器;请人出面帮助登记办报;与落后的印刷业的"斗争"……唯其如此,当读者读到《生活日报》由于印刷出版、交通等种种不尽如人意的客观条件而被迫停刊时,会更加惋惜。书中对这段经历的叙述,有着曲折的情节和戏剧性,又运用了多种修辞手法。不仅使读者了解到当时办报的种种艰辛,更使得一个执著、热切的新闻工作者形象跃然纸上。这样的写作方式,使得邹韬奋的自传具有了较强的文学性。

邹韬奋幽默生动、充满感情的语言,使得传主这位对新闻事业极度热爱的进步报人的形象愈加丰满。"我亲眼看着铸版完毕,看着铸版装上卷筒机,看着发动机拨动,听着机声隆隆——怎样震动我的心弦的机声啊!第一份的《生活日报》刚在印机房的接报机上溜下来的时候,我赶紧跑过去接受下来,独自拿着微笑。那时的心境,说不出的快慰的心境,不是这枝秃笔所能追述的!"①而在《抗战以来》中讲到国民党的"审查老爷"对送审报刊文章蛮横无理地删改时,邹韬奋抑制不住满腔的激愤,予以直接讽刺抨击。②

造成这些区别的原因大概是作者的个性、写作环境、写作心态等不同,并且作者与政治的关系也远近有别。张静庐主要是以一位自由知识分子和

---

① 《经历》,《韬奋全集》第 7 卷,上海人民出版社 1995 年版,第 264 页。
② 《抗战以来·审查老爷对文艺的贡献》,《韬奋全集》第 10 卷,上海人民出版社 1995 年版,第 235 页。

出版家而著称于世的,对做官不感兴趣,直接参与政治事件不多。并且他在写作《在出版界二十年》时,已是功成名就的出版界元老,他对过往的追溯,当然少不了对艰辛的奋斗历程的感慨,对出版事业的追求和文化理想也令人感动,但往事俯仰之间已化作云烟,作者可以以一种比较平和的姿态来看待自己的际遇。在当时的社会环境下,作者也比较谨慎,对自己经历的一些事情点到即止。

而身为出版家的邹韬奋,同时又是一个政治人物。他的《经历》等自传较多地涉及了自身追求新闻出版自由和政治民主的艰难探索历程,且不少事情就发生在写作的"当下",难免带有强烈的感情色彩。他的《经历》一书更是"七君子"事件发生后在苏州狱中写成的,想到这些年的人生经历及自己国家令人担忧的现状,难以像张静庐那样感情平和。邹韬奋在香港写的《抗战以来》,详细地记叙了自己在"国民参政会"中如何积极提交议案并获得通过、结果却毫无效用,而苦心经营的生活书店的几十个分店也逐一被国民党政府强制关门,最后愤然出走香港。这些都是刚刚发生的事情,邹韬奋对之表示激愤是题中应有之义。同时,对国民党反动政府的文化统制政策的揭露,也为时人了解真相提供了生动资料。这大概与邹韬奋身在香港的较为宽松的写作环境也有一定关系。

2.《经历》等自传与陶菊隐《记者生活三十年》比较

《经历》等自传与陶菊隐的《记者生活三十年(亲历民国重大事件)》也可作一比较。民国著名记者陶菊隐也出生于 1898 年,比邹韬奋小 3 岁,于1989 年逝世。陶菊隐 1912 年参加长沙《女权日报》,至 1941 年退出上海《新闻报》,从事新闻记者工作三十年。由于工作需要,他结识了很多当时的军政要员,同时目睹了这三十年间中国政局的变动,其中不乏鲜为人知的政治内幕,后来他还写了一些历史著作如《北洋军阀统治时期史话》。《记者生活三十年》是陶菊隐根据其三十年新闻采访的经历和见闻,在晚年写的回忆录,主要记叙了他前半生的所见所闻,该书 1984 年由中华书局出版。

此书以纪实的风格、简洁生动的笔法,记述了作者在新闻界的经历以及目睹的政治百态。陶菊隐和邹韬奋的自传性作品,都注重对作者所处社会环境与重大历史事件的叙述,但与邹韬奋《经历》等自传相比,《记者生活三十年》更加突出表现作者的"见闻",而对传记的"人物本位"要素是有所忽略的,主线显得不够鲜明。相比之下,《经历》等自传叙述作者的成长经历与交待时代背景的关系更为密切,可谓水乳交融。

陶菊隐在《记者生活三十年》的前言中谦虚道:"我虽是新闻界一老兵,但对新闻界无所贡献,不愿为自己树碑立传。这位同志一再启发,认为老报人把几十年来从事新闻工作的亲身经历记录下来,作为新旧中国新闻事业的对比,这就是对新闻界的贡献。"①可见,受中国传统传记思想影响,作者认为为个人写传记是"树碑立传",有自夸之嫌,于是有意识地在自传中淡化了自己的形象,而以回忆和见闻为主,主要目的是留下近现代新闻业发展的资料,这和《在出版界二十年》有相似之处。

陶菊隐又说,"这部回忆录既然没有条条框框,我就不写提纲,像'天马行空'一样,信笔所之,写到哪里算哪里。我打算从一九一二年参加长沙《女权日报》写起,到一九四一年退出上海《新闻报》止,时间恰恰三十年。这就是《记者生活三十年》命名的由来。"②这部书留下了许多珍贵史料,不过在形式上确实呈现出"散记"的特点。

3.《经历》等几部自传的客观性,使其具有了"信史"的性质

名人自传呈现出"信史"性质的一个重要表现,就是自传中的材料,往往被后人所写的同一传主的传记反复引用。这在梁启超、胡适、郁达夫、萧乾等近现代著名文化人的传记中都有所体现。

---

① ② 　陶菊隐:《记者生活三十年》,中华书局 1984 年版,前言第 1 页。

如胡适先生的《四十自述》,是一部非常客观地反映了传主少年时代成长道路的优秀传记,被学术界公认为"的确达到了赤裸裸的求实传真要求"。①不仅在写自己的成长道路时如实叙述了别人对自己的帮助,而且在写到自己母亲冯顺弟决定嫁给父亲胡传做填房的原因时,他也诚实地说明,母亲主要是出于"做填房可以多接聘金"的世俗想法,认为"她将来总还可以帮她父母的忙。她父亲一生梦想新屋总可以成功。……"②

这就与中国传统传记中为尊者讳、为贤者讳的不实态度大相径庭,作者严谨科学的写作风格可见一斑。因而后来的学者在为胡适作传时,也就理所当然地征引了胡适自传中的一些材料,如吴相湘的《胡适"但开风气不为师"》、朱文华的《胡适评传》、耿云志的《胡适评传》、沈卫威的《无地自由——胡适传》等。

类似地,邹韬奋的这几部自传也是以客观的态度观察评判自身以及社会百态的。作为一名新闻记者,邹韬奋严格遵循客观、真实的写作原则;况且他本人的传记观,也是将传记写作与"历史研究"相提并论的。因此,他的传记也就相应地具有了信史的性质,后人为其写的传记,大量地直接或直接引用了他的自传中的材料,就可以说明这一点。

如俞润生的《邹韬奋传》,穆欣的《邹韬奋》,马仲扬、苏克尘的《邹韬奋传记》、曹辛之编的《韬奋画传》,沈谦芳的《邹韬奋传》,陈挥的《韬奋传》《韬奋评传》等书中,都呈现出这一特点,有些部分是对邹韬奋自传的改写。

在30年代著名文化人撰写自传还不算多的情况下,邹韬奋写出了《经历》等自传,集中回顾了五四以来的思想文化斗争历程,而且比较尖锐地触及时事,如抗日救亡活动、争取民主的运动、新闻检查制度等,体现了反对国

① 朱文华:《胡适——开风气的尝试者》,复旦大学出版社1992年版,第152页。
② 对于胡适自传作品的分析,主要参考了朱文华:《胡适与中国近代传记史学》,载耿云志、闻黎明编:《现代学术史上的胡适》(生活·读书·新知三联书店1993年版),以及朱文华:《胡适——开风气的尝试者》(复旦大学出版社1992年版)等论著。

民党独裁统治的鲜明的政治立场,无疑对其他知识分子写作类似传记起到了引导作用。

胡适先生在二三十年代就曾极力倡导自传的写作,他在《四十自述·自序》中对此有所回顾:"我在这十几年中,因为深深的感觉中国最缺乏传记的文学,所以到处劝我的老辈朋友写他们的自传。不幸的很,这班老辈朋友虽然都答应了,终不肯下笔……"①"我很盼望我们这几个三四十岁的人的自传的出世可以引起一班老年朋友的兴趣,可以使我们的文学里添出无数的可读而又可信的传记来。"②

尽管有胡适等人的大力提倡,当时的自传写作还远未形成风气,种类也不丰富,出版的自传中以著名作家的自传居多,新闻工作者及政治人物的自传屈指可数。就胡适本人的自传《四十自述》来说,内容偏重于对其学习、学术经历的回顾和经验总结,并不涉及政治方面的内容。而邹韬奋的《经历》等三部自传,较多地涉及时事,客观、真实地反映了当时的社会政治面貌,对中国现代传记的纵深发展是一个重要的引导。

邹韬奋《经历》之后,有张静庐《在出版界二十年》等自传的出版,尽管不能确定两者是否有存在因果、引导关系,但邹韬奋的自传无疑开了新闻出版界人士写传记的先河,而且他的作品具有较高的文学价值,客观上对以后的新闻出版界人士撰写传记带来很大影响。如后来还有徐铸成的《徐铸成回忆录》、曹聚仁的《我与我的世界》等一些著名的自传涌现。

而新闻出版界人物写传记,有着特殊的意义。这些人物无不标榜自己的新闻作品是客观、真实的,他们的传记是否也遵循了这些原则,则是很值得研究的。继邹韬奋自传后,有些人的回忆录中对自我及他人的评价也能做到客观公允,有的则掺杂了许多个人恩怨在内。记者的传记应该如何来写,邹韬奋传记树立了某种标杆,后来的新闻出版人士往往绕不开韬奋的影

① 胡适:《四十自述》,安徽教育出版社1999年版,自序第1页。
② 同上书,自序第4页。

响。直到现在,邹韬奋的传记作品也是很值得文化界,尤其是新闻界人士仿效学习的。

在这样的社会历史"语境"下,邹韬奋的《经历》等三部自传不仅折射出作者"自我"觉醒的现代传记意识,而且较多地涉及时事,反映了当时的社会文化面貌,体现了他的爱国民主知识分子的坚定立场,对中国现代传记内容的丰富起到引导作用。邹韬奋的自传真实客观、具有较高的文学价值,对此后的新闻出版界人士撰写传记产生很大影响。邹韬奋自传作品的史料和传记学价值值得深入发掘研究。

第九章
邹韬奋的人物传记写作研究

　　邹韬奋一生著述丰富,广泛涉及政治、经济、社会、生活等领域。新闻史及其他专业的学者对其生平思想及文化活动,有着持续的和比较深入的研究,也形成了众多成果。邹韬奋对传记写作也非常有兴趣,不仅有着自觉的传记意识,而且创作了《经历》等几部自传和不少人物传记作品,其人物传记创作集中体现在《生活》周刊时期。此前学术界对此缺乏足够的重视,影响了对邹韬奋在整个中国现代文化史上的地位的认识。本章试图通过对邹韬奋写作的人物传记作品进行梳理,分析其传记写作的基本情况和特点,认定其价值,进而探索中国现代人物传记写作中一些带有规律性的问题。

一、邹韬奋自觉的传记意识及其传记史学观

　　尽管邹韬奋在其自传性作品《经历》的"开头的话"中自谦道:"这本书并非自传,我也够不上有什么自传",可在同一篇文章中,他又饱含感情地提到了自己对于传记写作的兴趣:"最近才深切地觉得自己对这件事有着特别浓厚的兴趣,很想以后再多多研究历史,勉励自己做个传记家,更希望能有机会替民族解放的斗士们多著几本有声有色的传记"[1],可见邹韬奋撰写自传

---

[1] 《经历·开头的话》,《韬奋全集》第7卷,上海人民出版社1995年版,第130页。

作品和人物传记态度严肃、兴致盎然,是有意识地就传记写作进行自觉尝试。

这篇"开头的话"还有助于我们探究邹韬奋的传记观。邹韬奋在文中将"研究历史"与"做个传记家"联系起来,反映出他对于传记作品本质的独到见解。传记学界一直就传记本质上属于史学范畴还是文学范畴、是否"允许虚构"这些命题而争论不休。①而新闻工作者出身的邹韬奋,将"真实"视为作品的生命所在,在传记的本质属性方面,他无疑更认同传记的"史学属性"说,对于"真实性"这一传记创作原则是特别注重的。事实上,我们考察邹韬奋的人物传记作品,尽管其较多借鉴了"文学笔法",文风普遍幽默活泼、形象生动,可读性很强,但都是严格依照事实写就的,这保证了其传记作品的生命力。

邹韬奋为其人物传记作品结集而成的《人物评述》一书所做"弁言",也集中体现了其传记思想:"我素觉中外古今难有完人——倘若不是绝对没有——往往各有所长,亦各有所短,其为人物的大小,即在其长短的性质和程度何如为断。这样说来,他们有整个的模范给我们,固所欣幸;仅有局部的模范给我们,亦大可欢迎;全在我们能去短取长,作为修养上淬砺奋发的借镜。古人说'青出于蓝',果能尽量取各人之长以集于一身,而同时尽去其短,也许还可超出各个独立分开的模范,而自成其为完人,不必以前人自限。我希望读者能用这样的态度读人物评述,扩而充之,能用这样的态度阅读任何名人传记,乃至冷眼观察当世的人物。"②

可见邹韬奋创作传记,特别看重传主的优秀品质和人格力量对于读者的教育引导作用,并且注重表现人性的丰富性,不盲目崇拜传主,认为其也有历史的局限性。邹韬奋希望读者能够从杰出人物的传记中吸取经验教

---

① 相关论述参见朱文华教授《传记文学作品的史学性质与文学手法的度》一文,载《理论与创作》2004 年第 3 期。

② 《人物述评·弁言》,《韬奋全集》第 4 卷,上海人民出版社 1995 年版,第 491 页。

训,以便取长补短,而且在评价人物时表现出了"不溢美""不苛求"的态度。这样的传记观当时是颇有进步意义的,今天看来仍然非常可取。

二、邹韬奋人物传记写作概况

邹韬奋积极实践着他的传记兴趣,除写有《经历》《抗战以来》《患难余生记》等几部自传性作品外,还编译了《革命文豪高尔基》《一位美国人嫁与一位中国人的自述》《卡尔研究发凡》等外国传记作品,以及写了一些人物传记性质的文章。他早年在南洋公学、圣约翰大学读书期间就曾写过自传,并为同学写小传,如《我小学时代之追述》《介绍八位学友》等,篇幅较小却能抓住人物特点,十分传神。邹韬奋对传记写作的兴趣由此可见一斑。而写作"他传"相对集中的是在主编《生活》周刊时,邹韬奋在该刊发表了不少介绍人物的文章或者人物通讯,这些作品广义上可以看作是简短的传记(或称"小型传记"),如:《潘公弼先生在北京入狱记》(分七次连载、收入《韬奋全集》第二卷)、《陈布雷先生的生平》(收入《韬奋全集》第二卷)、《潘良玉(应为潘玉良)女士和她的画》(收入《韬奋全集》第二卷)、《为民族增光的马占山将军》(收入《韬奋全集》第三卷)、《出在中国的女小说家》(收入《韬奋全集》第四卷)等。

邹韬奋在《生活》周刊上发表的人物传记作品,其中几十篇被结集为《人物评述》一书,1932 年 11 月由生活书店初版。从《韬奋全集》编者对该书的说明中可以了解到,这部书共收入文章 65 篇,其中韬奋著的有 60 篇,卷首另有"弁言"1 篇。[①]这本书是选择《生活》周刊第三卷至第七卷登载过的人物评述汇编而成的。邹韬奋的这些人物传记,大多比较短小精悍,多的几千

---

① 《出版说明》,《韬奋全集》第 4 卷,上海人民出版社 1995 年版,第 490 页。

字、少的也就一两千字,善于抓住人物的特点,凸显其最精彩之处。从传主的选择方面看,邹韬奋的人物传记写作,比较侧重于当代有重要贡献的人物,传主大致可以分为几类:

1. 对中华民族的发展产生重要影响的人物

主要是中国近现代政治人物,比如孙中山。邹韬奋对孙中山先生极为敬佩,在不同时期为其写有一些传记性质的文章。刚接办《生活》周刊不久,邹韬奋就于1927年4月24日至7月17日,在《生活》周刊第2卷第27期至37期上连载了《孙中山先生的生平》一文。该文比较完整地介绍了孙中山先生的故乡、家族,幼年时期的性格养成的经过,教育经历、参加革命的历程,以及其宽恕的德性、终身求学的精神等,使得读者对孙中山先生能有大致的了解。邹韬奋在文中指出:"我研究中山先生的生活,觉得第一使得我们敬仰而且足以振作我们的志气的,是他意志力的坚强。你看他经过多少风波,受过多少困难,而他始终向前奋斗,未尝挫折。我们做事,往往遇着一点困难,有了一点麻烦,便要悲观,便要灰心,何不念念先生的这种强毅精神?"①

传记文本中对于传主生平事迹的剪裁取舍,无不折射出传记作者的史识、史才,以及他的社会历史观。邹韬奋写孙中山的传记,一方面注重对传主生平经历、功绩作较为全面的记叙评说;另一方面又特别突出了他的人格魅力和奋斗精神,这是与以往为贤者、尊者"树碑立传"、呆板乏味的中国传统传记相比的进步之处。我国传统传记偏重于"盖棺论定",不太关心传主动态的人格养成过程。邹韬奋写到孙中山的幼年生活时,特别突出其坚毅个性的形成经过。《幼年所受的刺激》一节中,写到孙中山幼年时候,"老学究"逼着他硬背《三字经》。过了一个多月,孙中山竟站起来"提出抗议",说

---

① 《孙中山先生的生平》,《韬奋全集》第4卷,上海人民出版社1995年版,第505页。

他一点不懂,尽是这样大声唱着是没有意思的,读他做什么? 老学究经过恫吓也不能使他屈服,只得视为例外,"勉勉强强的把书中意义讲给他听"。①文中还写到传主幼年时为一些不公平的事打抱不平的事迹,以简约的笔墨勾勒出了孙中山从小就富于斗争精神的人格形象。同时,邹韬奋特别推崇孙中山终其一生的勤奋好学精神:"读者诸君:若在常人,失败的时候,正是所谓'心绪恶劣'的时候,那个再肯求学! 现在你们所处地方的恶劣,是不是比'失败的时候'还利害? 否则你们藉口心绪不佳而不高兴求学,想到中山先生的这种精神,难为情不难为情?"②

在民族危亡之际,邹韬奋还聚焦于爱国抗日人物,写了《为民族争光的马将军》《挺身当炮口的程德全》《悼殉国壮士李润青》等文,热切地讴歌他们为国家和民族的利益奋不顾身的崇高精神,特别注重这些人物对于唤醒民众、使之团结抗日御侮的现实意义。

2. 有影响力的当代外国政治领袖

作为一位著名的新闻出版家,邹韬奋特别关注世界大势,对于不少有影响的外国政治人物有较为深入的研究。这类人物传记如《拯救土耳其于危亡中的凯末尔》《手创新国的大学教授》《精诚感动全印度的甘地》《不怕死的兴登堡》《又是一位有趣味的候选总统》等。写到外国的政治人物时,邹韬奋一方面注意介绍西方发达国家的政治领袖人物,主要突出西方的政治民主思想理念和传主的奋斗精神;一方面也特别关注一些为民族和国家的独立解放事业而殚精竭虑不懈努力的人物。其意图主要在于以这些人物的奋斗历程,来感染、激励国人为国家独立富强而奋斗。

如在《有趣味的候选总统》一文最后"重要之点",邹韬奋总结到:"人生虚荣不足道;我们谈起胡佛的为人,第一重要之点在他奋斗向上的精神;第

---

① 《孙中山先生的生平》,《韬奋全集》第 4 卷,上海人民出版社 1995 年版,第 494—495 页。
② 同上书,第 506 页。

二重要之点在他勇往直前的为人群服务"。①又如,《在欧洲最受崇敬的一位政治家》一文,记叙了时任捷克总统的马赛立克以及他的学生贝纳斯(Edvard Beneš)为国奋斗的历程,特别是后者:"他(贝纳斯)在巴黎和会上,不作枝蔓的要求,但关于捷克国命根的要点,则坚定不能有丝毫的摇动。……他生平的唯一目标,就是努力使捷克国获得她所亟须的二十年的和平,胡适之先生曾说中国倘有五年的真正和平,国家便可以大有进步。潘公弼先生也有一次谈起,说中国只要有五年的真正和平,各业兴盛,报业亦必随之大发达。贝纳斯要使捷克国获得二十年和平以固建设的基础,现在他已经得到了十年的和平了,我国只希望五年的和平,相较之下,已觉可怜,但是军阀们你抢我夺,打成一团糟,好像不把国家打亡了不爽快!"②

邹韬奋后期思想开始发生转变,编译有《卡尔研究发凡》《恩格斯的生平和工作》《伊里奇的时代》等传记性质的作品,介绍了马克思、恩格斯、列宁等人物的人生经历、主要思想及政治活动,以及其所做的杰出贡献。

3. 外国科学、文化界的名人

主要是介绍一些近世取得不俗成绩的科学家、发明家、文学家等。如《又引起国际注意的安斯坦》《诺贝尔奖金的创始者》《巴斯德》《女科学家说的几句话》《两位有功人类生活的老头儿》等。《最有益于全世界的老头子》一文,不仅介绍了爱迭生(Thomas A. Edison,今译爱迪生)的发明历程,而且还总结了其"成功秘诀",在于不尚空谈、专心致志地去干。如叙述爱迭生曾有一次说过:"倘若一个人所已做过的事没有什么成绩,不足以表扬他自己,请他埋头工作,不要多开他的尊口。我深信实事求是不讲空谈的人,一

① 《有趣味的候选总统》,《韬奋全集》第4卷,上海人民出版社1995年版,第550页。

② 《在欧洲最受崇敬的一位政治家》,《韬奋全集》第4卷,上海人民出版社1995年版,第588—589页。

定没有许多话可说。"①邹韬奋当时对西方的科学技术是很推崇的,他大力在《生活》周刊上介绍国外一些新技术以及科学家,确实给国人耳目一新之感,在启蒙民众方面无疑起到了积极作用。

《生活》周刊时期,邹韬奋明显受到胡适等人的改良主义和民主思想的影响,经常发表一些介绍西方当代科学成果、提倡科学健康生活方式的文章。不难看出,邹韬奋受五四新文化运动的影响很深,"科学与民主"依然是贯穿他这些人物传记作品的重要主题,这在当时的社会环境中是有进步意义的。

4. 中国文化界名人、特别是新闻出版界人物

邹韬奋比较注重对同时代的文化名人,如胡适、梁启超、蔡元培、曾朴等进行评介,写出《记蔡子民先生》《访问胡适之先生记》《学术界失了一位导师》等一些有着短篇传记性质的文章。邹韬奋人物传记的传主不少是与其有交往的新闻出版从业者,如潘公展、陈布雷、王云五、戈公振、胡愈之等。他写的《发明四角检字法的王云五先生》《陈布雷先生的生平》《潘公弼先生在北京入狱记》《悼戈公振先生》等文,除介绍人物生平、主要成就外,更突出了人物坚忍不拔、进取奋斗的精神。后来虽然一些人的政治倾向发生了问题,但在当时的确是新闻出版界的一时之选。这些文化名人的传记,既激励了当时有志于新闻出版事业的青年,也为新闻出版史研究者留下了宝贵的资料。

《陈布雷先生的生平》一文,分为"第一流政论家""略历""人生观""主持撰述评论的人应当怎样""选题""谩骂和偷懒""外国文""娱乐""声应气求""家庭""对本刊的批评"等几个小节,较为全面而又详略得当,重点是介绍陈布雷的文化活动,尤其是对其政论活动的述评,其他则比较简略,夹叙夹议

---

① 《最有益于全世界的老头子》,《韬奋全集》第 4 卷,上海人民出版社 1995 年版,第 625—626 页。

地阐释了传主的奉献精神和职业理想。

> 我说先生在《商报》时代，反对曹锟贿选的文章最有精彩，他说他那
> 个时候对这个问题，全从道德方面着想，法律尚在其次；在曹锟是破坏
> 中国传统的道德，在他心里简直觉得曹锟是和他个人为仇，所谓"恍若
> 身入其中"，所以能言人所欲言。

> 我心里暗想，一个人做事倘都能"恍若身入其中"，所谓"精诚所至，
> 金石为开"，何事不成？①

三、邹韬奋人物传记作品的特点及其意义

1. 真实传神地写出传主的生平个性，且善于抓取人物最有特点之处

在现代中国较早提倡传记写作，并创作出《章实斋先生年谱》《齐白石年
谱》《丁文江的传记》《李超传》等多部传记作品的胡适先生曾说过，传记最重
要的要素是"纪实传真"，即实事求是地记述传主的人生历程和思想变迁。
胡适认为"几千年的传记文章，不失于谀颂，便失于诋毁，……同是不能纪实
传真"，而好的传记作品"要能写出他（传主）的实在身份，实在神情，实在口
吻，要使读者如见其人，要使读者感觉真可以尚友其人"。②

对人物及其作品，以及所取得成就的评价要尽可能恰如其分、实事求
是，不溢美、不隐恶，才是传记作者负责任的做法。邹韬奋不管是对国内外
政治、科技人物、还是同时代文化人物的述评，均以严谨、客观的态度达到了
这一要求。由于其撰写的人物传记多为小传的形式，时效性也比较强，对传
主的记叙不可能面面俱到，而邹韬奋以其新闻记者的敏锐性，非常善于抓住

---

① 《陈布雷先生的生平》，《韬奋全集》第 2 卷，上海人民出版社 1995 年版，第 60 页。
② 转引自朱文华：《传记通论》，复旦大学出版社 1993 年版，第 133 页。

那些最有代表性的、最本质的特质。比如邹韬奋对孙中山先生的介绍,以一些生动的事例表现了传主从小就疾恶如仇的性格,以及多年来毫不懈怠的斗争精神,即传主"人格进化之历史",让人觉得既可敬又可亲。中国旧传记"惟以传其人之人格(Character)",西方近代传记"则不独传此人格已也,又传此人格进化之历史(The development of a Character)"①。联系这一背景,邹韬奋的传记写作愈加显得难能可贵。

当时积极提倡传记写作的梁启超、胡适等人,不仅为当代人物写传,也写过不少杰出的中外古代、近代人物的传记;邹韬奋的人物传记创作显然受到了他们的影响。有所不同的是,邹韬奋的人物传记基本都是写与作者同时代的政治、科学、文化名人,且篇幅大多比较短小。这显然是与邹韬奋以新闻出版为主业、且主要在报刊上发表传记的特点有关。邹韬奋偏爱篇幅比较短小的传记文章,而且比较注重文章的通俗、趣味性,力求"对大众有益",这与其新闻思想是相呼应的。

邹韬奋写传记的主要目的是给时人树立榜样,让读者增长见识,这就决定了其传记与新闻一样看重真实性原则。他认为:"谈话最有趣而有益的是听听别人的有价值的阅历经验,尤其是艰苦卓绝可歌可泣的阅历经验。……我们所以多谈近人,多谈国际上的人物,不但取其新鲜,而且希望由此也许可以间接多知一些世界最近的大事。有许多虽是外国人,但我们所注重的决不是因为他们是外国人,是要在随意谈及他们的阅历经验时,无意中提醒或暗示种种足为我们观摩比较或参考的特性。"②

他写人物特别善于抓取最有闪光点的地方。比如写萧伯纳的《大骂学校的当代文豪》一文,抓住了传主含辛茹苦的奋斗、"幽默"的性情等特点。而写爱迪生的《大发明家的特别脑子》,指出他的脑子里有两样东西:"不肯停息的好奇心"和"永不屈服的忍耐力"。这篇传记的谋篇布局都是紧紧围

---

① 《传记文学》,《胡适古典文学研究论集》(下),上海古籍出版社 2013 年版,第 1088 页。
② 《免得误购后悔》,《韬奋全集》第 2 卷,上海人民出版社 1995 年版,第 792—793 页。

绕"不肯停息的好奇心"而展开，选取了不少最能代表这一特点的生动事例。

　　如何对传记事实作客观地叙述和恰如其分地阐释，是否真实地反映了传主的人生轨迹与思想发展线索，这是评价传记质量好坏的根本一点。传记写作者应该运用唯物史观、结合具体的历史语境，看传主在当时的历史条件下有无进步意义。而从邹韬奋的人物传记作品可以看出，邹韬奋具有写作传记的自觉意识，并且对其人物的人生经历和成就进行了恰当的叙述和评说。

2. 折射出邹韬奋进步的社会政治观、历史观等

　　一般来说，选择任何一位传主并撰写任何类型的传记，都不能不反映出作者的社会政治观，这往往是通过对传主生平事迹的材料的搜集运用以及某种评价性言词表现出来的。传记作品的历史观含有多方面内容，"重要的一点在于：对于传主生平思想活动的描述和相应的历史评价是否遵循历史主义的基本原则，是否严格地局限在一定的历史范畴内来考察分析一切问题?"①

　　对 20 世纪人文艺术、社会科学领域产生了极大影响的尼采曾经写道："并不存在着事实这种东西，只存在解释。"②尼采认为生活是由无数哲学视角所构成的，对同一事物从不同视角作出的解释必定是多样的。这种说法固然有其片面性，但至少揭示了阐释事实的重要性。研究者的观念和立场各异，看到的东西往往也是迥然相异的。传记作者用怎样的标准来衡量传主的成就、贡献、人格和道德水准，其中就蕴含了作者本人的价值判断标准，反映了作者的社会政治观、历史观、文化观等。

　　以之观照邹韬奋的传记写作，在选取传主和对之进行评价的过程中，无

---

① 朱文华：《传记通论》，复旦大学出版社 1993 年版，第 49 页。
② 转引自弗朗兹·库纳：《两面性小说：康拉德、穆西尔、卡夫卡、曼》，马尔科姆·布雷德伯里、詹姆斯·麦克法兰编：《现代主义》，胡家峦等译，上海外语教育出版社 1992 年版，第 421 页。

疑蕴含着他的某种价值判断。邹韬奋选取传主的主要标准是传主的行为是否有益于大众。他对那些品德高尚,以忘我奋斗的精神促进人类文明发展、具有爱国主义精神的人物总是不遗余力地赞扬的。比如,为爱迪生、爱因斯坦、巴斯德等著名科学家写传,看重的是他们的科学成就对人类的伟大贡献。另如,邹韬奋认为新闻从业者应该代表了公众的利益、有着公正勇敢的态度,这也反映在其传记创作中。如在介绍英国《曼彻斯德护报》的主笔史阁德的(C. P. Scott)的《做了五十年的主笔》一文中写道:"他的政见也许有人不能完全赞同,但他每遇国家大事,无不本所研究,用鲜明的言辞,公正的态度,勇敢的精神,公诸国人以供参考,他的诚意虽政敌也深信而不疑。……世有虽居主持舆论地位而每日仅在评坛上作几句不关痛痒的格言式的评论,使人看了但觉暮气沈沈,摸不着他的头脑,那就是办了几百年,也未见得与社会国家有多大益处,不要说什么五十七年!"①

而《记袁观澜先生》一文,旨在褒奖教育家袁观澜先生尽管一生穷困、晚年益甚,但一直热心公益,指导乡政,为社会公益尽瘁而律己勤苦的事迹和伟大精神。"袁先生的心目中则但有地方上的公益,没有他自己的权利,惟其如此廉俭刻苦,感人最深。亦惟其心胸如此坦白无私,故弥留时他的女儿世庄女士问所苦,他说,'余无所痛苦,余甚愉快'。"②有学者指出,韬奋精神,一言以蔽之,就是"服务精神"四个字。邹韬奋为大众服务的精神,正是他留给当今新闻出版人和新闻出版事业最宝贵的遗产。③唯其袁观澜先生为公众奋斗一生的可贵品格,暗合了"韬奋精神",这篇小传才能写得这么传神和感人至深吧。

邹韬奋的传记创作中也可以反映出其思想发展的历程。邹韬奋早期明

---

① 《做了五十年的主笔》,《韬奋全集》第 2 卷,上海人民出版社 1995 年版,第 815 页。
② 《记袁观澜先生》,《韬奋全集》第 3 卷,上海人民出版社 1995 年版,第 242 页。
③ 黄瑚、李楠:《学习邹韬奋的服务精神——纪念韬奋诞辰 115 周年》,《新闻记者》2010 年第 12 期,第 33 页。

显受到胡适等人改良主义的影响，将"暗示人生修养，唤起服务精神，力谋社
会改造"确定为《生活》周刊的宗旨。①当时他渴望社会进步和国家富强，但
无法找到解决种种现实问题的办法，只能对国民党政府抱有幻想，希望通过
改良社会来寻求中国的出路。但邹韬奋在报刊活动中大力宣扬科学和民
主、启迪民众，仍具有进步意义。后来邹韬奋逐渐接受了共产主义思想，创
作、编译的传记也多了《革命文豪高尔基》《卡尔研究发凡》这样的作品。这
一转变过程，如将他《生活》周刊时期的人物传记作品，和他后期所写的《经
历》、《抗战以来》等自传，以及《萍踪寄语》《萍踪忆语》结合起来看则更为
清晰。

3. 语言生动风趣，具有较强的文学性

传记作品本质上的史学属性，不应抹杀它在形式上可给予人的艺术享
受，相反，文学技巧往往最直接地影响到传记作品的质量。优秀的传记作
品，大多是将"文学笔法"与史学本质结合在一起的。在语言文字方面，邹韬
奋的作品不乏形象性的描绘刻画，以及各种修辞手法的适当运用，语言生动
而风趣，且整体上看颇具情节性和戏剧性，这使得这些人物传记作品呈现出
浓郁的文学色彩，可以当作优秀的文学作品来读。

比如《潘公弼先生在北京入狱记（三）》中写道："潘先生进去之后，看见
已有两个犯人在里面……他们两位看见潘主笔来了，很得意，因为无意之间
居然彼此文绉绉的人能聚在一起，也算难得。当夜潘还没带铺盖，那两位患
难相遇的朋友居然十二分殷勤的各人凑点出来使他睡得过去，从此同处图
圄，居然有谈有笑，另有一种趣味！"②传记行文生动诙谐，富有戏剧色彩及
"黑色幽默"的意味，这样的例子在韬奋的人物传记作品中俯拾即是。邹韬
奋的这类人物评述的语言风格，总的来说是夹叙夹议的，是评与述的有机结

---

① 韬奋：《我们的立场》，《生活》周刊第 6 卷第 1 期，1930 年 12 月 13 日。
② 《潘公弼先生在北京入狱记（三）》，《韬奋全集》第 2 卷，上海人民出版社 1995 年版，第 14 页。

合,也不排除偶尔的抒情。他的作品字里行间充溢着丰富的情感,加上比喻、排比、对比等修辞手法的运用,更增强了其可读性。

近些年来我国传记创作出现繁荣景象,但也暴露出众多问题,人物传记的总体水平仍不容乐观。如作者学术素养欠缺,不注重真实性的原则、以"小说家言"任意阐释传主;不少传记作品对传主的经历交待不清,对传主的历史地位、人格特点的整体把握方面很不完整;对材料的考订和一手材料的运用方面很有问题等等,这些已引起传记研究学界的警觉和反思。中国传记文学学会副会长全展教授总结了当代传记写作"精神性的缺失、真实性的丧失、文学性的迷失、主体性的丢失"等几大"症候"。[①]邹韬奋的人物传记写作不仅为相关领域研究者提供了珍贵的史料,以及了解邹韬奋思想历程的线索,也可资今人写作人物传记时借鉴。研究其人物传记作品是很有现实意义的。

---

① 全展:《近年传记文学写作症候分析》,全展:《传记文学:观察与思考》,西南师范大学出版社2016 年版,第 134—137 页。

第十章
"场域"视域下邹韬奋的社会交往活动研究

在对一位文化名人进行研究之时,充分发掘探讨他的社会交往活动,对理解其个性及其事业发展成就是很有必要的。唯物史观认为,"人"总是具体地存在于现实社会中,其行为会与周围其他人发生各种关系,如亲属关系、生产关系等,错综复杂的社会关系决定了人的本质,构成了人的社会属性。马克思得出"社会生活在本质上是实践"的论断,将实践作为唯物主义的基本范畴,并明确了现实的人与其社会关系统一的基础是社会实践。研究者充分考察研究对象的社会交往活动,对研究对象的描述才能立体化,同时对于其评判也就有了可靠的参照系,从而进行比较和定位。

邹韬奋之所以能够成为近现代史上的文化名人,与其所处社会历史环境、受到的新式教育,以及他的社会交往等密不可分。社会交往指的是在一定的历史和现实条件下,人与人之间进行的物质交换、精神交流等一系列相互往来、相互联系、相互作用的社会活动。根据不同的划分标准,社会交往可划分为不同的形式,如物质交往、精神交往、普遍交往、世界交往等。①本章在研究邹韬奋本人的文章及自传性作品、他人的回忆录,以及相关研究资料的基础上,重点考察邹韬奋与文化名人、与志同道合的朋友,以及与一般

---

① 张婷婷:《马克思社会交往理论与人的自由全面发展》,《东南传播》2015 年第 10 期。

读者的交往等几个层面的社会交往活动。

法国哲学家布迪厄提出了"场域"理论,他认为社会由一系列彼此交织而又相对自主的"场域"组成,"一个场域也许可以被定义为由各种位置之间的客观历史关系构成的一个网络,或一个构造。"①场域中存在立体的社会关系网络,由社会生活中行动者的不同社会地位、掌握的资本力量和权力范围、行动者的"习性"("惯习")、文化因素、历史条件和未来发展趋势所组成。"场域"和社会关系网络不是静止的,而是由历史的和现实的、实际的和潜在的、物质性的和精神性的各种因素组成,其中个人的能动性不能忽视。②本章结合"场域""社会资本"等研究视角来梳理分析邹韬奋的社会交往活动,并重点探讨在邹韬奋的思想人格发展历程及文化成就中,其社会交往活动起到了怎样的积极作用? 考察社会交往维度在著名文化人研究中有着怎样的价值意义?

一、邹韬奋与胡适、鲁迅等著名文化人的交往

学者林南认为,"资源"可分为个人资源(如天赋、体魄、财富、知识、地位等)和社会资源(如权利、声望等)两类,个人资源可直接支配,而社会资源要从个人社会关系网络中的人际互动来获取并支配。社会关系有强弱之分,学者格兰诺维特指出"强关系"产生信任、义务和规范,从而更有可能合力互动、利用信息,并产生较强的社会资本;"弱关系"则提供更多的信息渠道和合作机会,拓展交往范围,也会对增强社会资本起到一定的积极作用。③

①② 郭毅、朱扬帆、朱熹:《人际关系互动与社会结构网络化——社会资本理论的建构基础》,《社会科学》2003 年第 8 期。

③ 周琼、肖玮颉:《媒介化社会网络流行语的使用对大学生社会资本的影响》,《浙江工业大学学报》(社会科学版)2017 年第 3 期。

场域是不断发展变化的,其自身内部力量也在争斗。而"惯习"作为行为的倾向系统是历史的产物,确保了"既往经验"的有效存在,从而能保证实践活动的一致性和其较为稳定的特性。文化名人在文化场域的活动,往往受到此前一些声名卓著,拥有较多"文化资本"的名人影响。此前名人的文化贡献和影响是构建场域中"惯习"的重要因素,对后来者的思想和行动发生着作用。这一现象在众多文学家、新闻界人士的传记中都有所反映,如邹韬奋、胡适、陈独秀等都在自传中谈到梁启超对他们的影响。研究与邹韬奋同时代且有交往的著名文化人对之的影响,胡适、鲁迅颇具代表性。

从邹韬奋自传及其作品中可以看到,邹韬奋早年明显受到了梁启超、胡适等著名文化人的影响,有着改良主义和民主主义知识分子的特征。学生时代的邹韬奋处于五四新文化运动为主要引导力量的社会文化场域,他1920、1921年在《申报》《约翰声》等报刊上发表的《妇女解放》《妇女觉悟的曙光》《改造家庭之两大观念》《非孝是什么意思?》《男女问题的根本观》等文章,主要观点与胡适等人在五四新文化运动时期的启蒙思想是相近的。他极力倡导个性独立和自由,反对封建伦理道德,提倡妇女解放及建设现代家庭。邹韬奋出身于封建官僚家庭,祖父、父亲均有小妾,兄弟众多,对封建大家庭的弊端了解得比较清楚。如他在《改造家庭之两大观念》中指出,在中国改造家庭实在同改造社会有密切关系,"但是照鄙人所观察,如果要改造家庭,一定要先改造家庭之两大观念,因为这两个观念是中国黑暗家庭的根源,不把根源断绝,要想改造,断然没有效力。什么是两大观念呢?第一观念是组织家庭是父母娶媳妇,不是自己娶妻子。第二观念是组织家庭是替祖宗传后而不是替社会上增加健全的分子。"①

早期邹韬奋对胡适这位民国时期的知识分子领袖非常崇拜,所办刊物也积极发表一些关于胡适的访谈录及文章。有学者考证,1926年12月至

---

① 邹恩润:《改造家庭之两大观念》,《约翰声》1920年第31卷第9号。

1933 年 12 月,《生活》周刊共发表胡适"名著"5 篇,介绍、引述胡适言论的文章 8 篇,邹韬奋本人及别人专门评述胡适言论的文章 8 篇,访问记 1 篇、胡适画像 1 幅,照片 2 张。①数量相当可观。邹韬奋之所以重点宣传胡适,主要在于他对胡适所倡导的西方式的民主理想和大力提倡的"健全的个人主义"、自由主义理念的服膺。

接办《生活》周刊一年后,邹韬奋在 1927 年 11 月 13 日的《〈大陆报〉上的胡适博士》一文中提到胡适时,语气既尊敬又很亲切:"西报上画起中国人,往往故意画得怪形怪状,《大陆报》上最近画有胡适之先生,到底是名闻中外的学者,所以这张画里仍是蔼然可亲的学者态度。略见过他一两面的人说神气颇像;见他多的人却说不像;不知道胡先生自己看了还认得么?"②

不久邹韬奋就去拜访了胡适,并在 1927 年 12 月 4 日的《生活》周刊上发表了署名"编者"的《访问胡适之先生记》:"中华民国十六年十一月十六日下午三点十分,编者为本刊访问胡适之先生于上海极司非而路'四十九 A'的寓所。后来和他握别后,满怀的愉快,赶紧写出来告诉读者……"③该文对胡适的事业、家庭生活、兴趣爱好等作了精练而全面的介绍,将胡适富有学识又平易近人的人格魅力刻画得非常生动,字里行间充溢着仰慕之情。如"我说各国在思想界总有一二中心人物,我希望胡先生在我国也做一位中心人物。他说:'我不要做大人物。'我进一步问他:'那末要做什么人物?'他说:'要做本分人物,极力发展自己的长处,避免自己的短处。……各行其是,各尽所能,是真正的救国。'"④

邹韬奋早年的一些报刊经营理念,也明显受到胡适改良主义和自由主义思想的影响,如将"暗示人生修养,唤起服务精神,力谋社会改造"确定为

---

① 沈谦芳:《邹韬奋传》,山东人民出版社 1998 年版,第 81 页脚注。
② 秋月:《〈大陆报〉上的胡适博士》,《生活》周刊第 3 卷第 2 期,1927 年 11 月 13 日。
③④ 编者:《访问胡适之先生记》,《生活》周刊第 3 卷第 5 期,1927 年 12 月 4 日。

《生活》周刊的宗旨。①《访问胡适之先生记》中也写到自己在办报理念上受到胡适的影响:"我先把本刊的宗旨告诉他,并说你先生曾经说过,少谈主义,多研究问题,本刊是要少发空论,多叙述有趣味有价值的事实,要请你加以切实的批评与指导。胡先生说:'《生活》周刊,我每期都看的。选材很精,办得非常之好。'"②

邹韬奋早年渴望社会进步和国家富强,但无法找到解决种种现实问题的办法,只能对国民党政府抱有幻想,希望通过提高国民的个人修养,以及改良社会来寻求中国的出路,其办报思想也只能是一种初步的人民报刊思想。当然邹韬奋在报刊活动中大力宣扬科学民主、抨击社会上的愚昧现象,藉此启迪民众,仍具有社会进步意义。在文字方面,《生活》周刊非常注重适应普通读者的阅读水平,力避"佶屈聱牙"的贵族式文字,采用"明显畅快"的平民式文字,③可以看作对陈独秀、胡适等人发起的"文学革命""白话文运动"的某种回应,反映出五四新文化运动场域中"文化极"对邹韬奋的影响。

"惯习"不是不可改变的,而是被不断修正的,其对新闻场域也有建构作用。随着九一八事变发生,胡适的一些鼓吹"隐忍"的言论为时人诟病,而且邹韬奋也逐渐接受了马克思主义,对胡适的看法发生了变化,由崇拜变成了批判。面对日本的步步入侵,邹韬奋满怀着爱国热忱,发表了大量文章。他在批判国民党的不抵抗政策时,对著名文化人胡适也有所抨击。《听到胡博士的高谈》一文说:"胡先生向来也是我所佩服的一位学者,虽则我还够不上说那肉麻主义的所谓:我的朋友胡适之。但是听到他近来对国事发表的伟论,实无法佩服,只觉得汗毛站班!"④进而针锋相对地指出:"我们所不解的,是从沈阳到热河的奉送,都是在不抵抗中'求和平',日本的文治派及和

① 韬奋:《我们的立场》,《生活》周刊第6卷第1期,1930年12月13日。
② 编者:《访问胡适之先生记》,《生活》周刊第3卷第5期,1927年12月4日。
③ 编者:《本刊与民众》,《生活》周刊第2卷第21期,1927年3月27日。
④ 韬奋:《听到胡博士的高谈》,《生活》周刊第8卷第25期,1933年6月24日。

平派何以不抬起头来？世界的和平运动何以又不和日本相接触？在胡博士所'均属赞成'的'上海停战'实现之后，何以我们也没有眼福看到胡博士所幻想的'抬头'和'接触'的这么一回好事？"①邹韬奋在流亡欧美回国后，于1935年创办的《大众生活》周刊，最高发行量达20万份，创当时期刊发行纪录，该刊也有不少抨击胡适言行的文章，如第6期上的《为胡适先生"进一言"》。

邹韬奋在香港创办的《生活日报》，其1936年7月13日社论《送胡适博士赴美》中，充满嘲讽地"建议"："胡博士不妨顺便询问一下：苏联五年计划的伟大成就，是否由于逃避到勘察加的结果，还是由于苏联人民大众努力奋斗的成果。"最后又不无劝诫地提出希望："所以胡博士要是以国民外交代表的资格，向美国朝野游说宣传，并且在太平洋学会公开提出讨论。对于太平洋集体安全制度的建立，一定有极大的效果。"②而当胡适在太平洋会议上积极发声为我国争取利益后，邹韬奋又发文表示赞扬："……每以胡先生一向徒作'长他人的威风'的妥协论调为憾事；这一次对于胡先生的为国贤劳，不胜欣慰，希望他继续为祖国的解放努力。"③可见他对胡适的态度变化是出于爱国爱民的公心。不过，就邹韬奋一生发表的众多作品看，其对胡适的评价主要是正面的。胡适作为五四新文化运动的主要发起人之一和核心人物，对邹韬奋的积极影响值得重视。

鲁迅与邹韬奋有过较多交往，他们都参加了中国民权保障同盟的活动。1933年5月9日，鲁迅从《生活》周刊上看到邹韬奋编译《革命文豪高尔基》的广告后写信给邹韬奋，建议增加一些插图，表示可将自己收藏的《高尔基画像集》借给他。邹韬奋接到鲁迅的信后，立即回信表示感谢。该书出版时卷首共采用了照片与漫画13幅，有10幅是鲁迅提供的，每幅都由鲁迅亲自

---

① 韬奋：《听到胡博士的高谈》，《生活》周刊第8卷第25期，1933年6月24日。
② 《送胡适博士赴美》，《生活日报》，1936年7月13日。
③ 韬奋：《侵略与和平》，《生活星期刊》第1卷第14号，1936年9月6日。

翻译作者姓名。邹韬奋在"译后记"中写到:"现在这本书里的插图,除了上述的三张外,其余的相片和漫画,都是承鲁迅先生借用的,并承他费了工夫把作者的姓名译出来,为本书增光不少,敬在此对鲁迅先生志感。"①

邹韬奋是著名的出版家,他非常关心鲁迅著作的出版情况。鲁迅与许广平的通信集《两地书》由青光书局出版后,邹韬奋随即写文章加以介绍,并给予很高评价。他写到:"我们在这里面看得到他们流露于字里行间的深挚的情谊和幽默的情趣,就是不认识他们俩的人,看了也感觉得到他们俩的个性活露纸上……这还是关于个人的方面,此外关于他们在社会里所遇着的黑暗或荒谬的情形,亦有深刻的描写——而且也常常写得令人看了哭笑不得。"②据《鲁迅日记》记载,鲁迅与邹韬奋之间通信共五次,寄书两次。不过目前我们只能看到鲁迅写的一封。此外,邹韬奋主持的生活书店还负责出版茅盾主持、鲁迅任编委的《文学》杂志,以及鲁迅主持的《译文》杂志。③鲁迅翻译的《桃色的云》(俄国爱罗先珂著)、《小约翰》(荷兰望·蔼覃著)等书,也曾由生活书店出版。

邹韬奋与鲁迅之间也发生过一些不愉快的事情,比如《译文》事件。《译文》杂志创刊于1934年9月,发起者是鲁迅和茅盾,后由黄源编辑。《译文》起初由邹韬奋主持的生活书店发行,1935年9月,因为印刷、稿费分歧等,邹韬奋和郑振铎向鲁迅提出撤换《译文》编辑黄源。鲁迅对此大为不满,在邹韬奋和郑振铎等宴请时拂袖而去,后《译文》中止。该刊的读者反映强烈,纷纷要求复刊,于是《译文》于1936年3月复刊,改由张静庐主持的上海杂志公司出版发行,1937年6月停刊。邹韬奋对与左翼文学运动有关的经历,在自传中几乎没有提及,对鲁迅也很少提起。或许主要与当时反动统治势力的气焰正炽有关。

---

① 《译后记》,《韬奋全集》第13卷,上海人民出版社1995年版,第721页。
② 《〈两地书〉》,《韬奋全集》第5卷,上海人民出版社1995年版,第512页。
③ 参见张铁荣《鲁迅与邹韬奋》,《今晚报》2016年10月12日。

鲁迅于 1936 年 10 月 19 日逝世，22 日，送葬仪式在万国殡仪馆举行。邹韬奋在公祭鲁迅先生大会上演讲指出："许多人不战而屈，鲁迅先生是战而不屈。"高度概括了鲁迅的斗争精神，表现出对鲁迅的敬意和理解。此后，邹韬奋在《生活星期刊》第 21 期的封面上刊载了沙飞拍摄的照片《鲁迅先生最后的遗容》，在刊物中还发表了一些追悼会的照片。在《生活星期刊》第 22 期上刊发《悼念鲁迅先生》专刊，发表大量文章如郑振铎的《鲁迅先生的死……》、胡仲持的《两重的伟大》、天行的《鲁迅先生在中国现代史的地位》、许杰的《悼一个民族解放运动的战士》，以及一些悼念图片。

邹韬奋写了《伟大的斗士》与《从心坎里》两篇文章，连续两期刊登在《生活星期刊》上，高度评价鲁迅一生的成就，表达怀念与敬仰。《伟大的斗士》一文将鲁迅与高尔基进行比较，客观地评述到："他的伟大是在他对于一般民众的普遍而深入的影响。例如他的《阿 Q 正传》所呈现的阿 Q 典型，无论读过和没有读过而仅仅耳闻《阿 Q 正传》的人们，都感觉到他所提示的深刻的意义。尽管有些人抱着偏见，反对他的工作——伟大的工作——也不能不敬佩的。"《从心坎里》一文写道："我们永远不能忘记鲁迅先生，因为他是民族解放的伟大斗士；我们永远不能忘记这位民族解放的伟大斗士，更须永远不忘记他的刚毅不屈的伟大人格。"[1]对于胡适、鲁迅等名人的态度的变化，也折射出邹韬奋从改良主义者向共产主义者转变的思想轨迹。

二、邹韬奋与救国会"七君子"中其他人物的患难交往

场域具有流动性特征。个体持续在场域中进行"象征性实践"活动，可以产生两种建构效应：一方面，行动者通过学习认可（reconnaissance）社会

---

① 韬奋：《从心坎里》，《生活星期刊》第 1 卷第 22 号，1936 年 11 月 1 日。

约束或社会规范来建构"惯习";另一方面,他也依靠着思维的独立性及能动性,创造出策略(strategy)来指导和实施行动,建构着以社会场域和社会制约条件的形式体现出来的社会结构。①在变化着的场域之中,行动者通过与他人进行互动,并调整改变自己的应对策略来适应环境,并在互动中提升自身的素养与能力。

1936 年发生的救国会"七君子"事件,在当时轰动一时,得到了国内外知名人士的声援。"七君子"的勇气和为国之大的胸怀,对鼓舞全国人民抗战有着重要意义。这是邹韬奋人生经历中的重要事件,进一步推动了邹韬奋思想的转变。九一八事变后,我国遭遇空前的民族危机,而国民党政府消极的抗日态度令广大人民失望。这一时期,上海成立了不少以抗日、救亡、民主等为号召的文化社团。上海各界救国联合会与全国各界救国联合会就是在这样的环境中诞生的。1936 年 11 月 23 日凌晨,国民党反动派在上海逮捕了全国各界救国联合会领袖沈钧儒、章乃器、邹韬奋、李公朴、沙千里、王造时、史良等七人,随后移解至江苏高等法院看守分所(史良单独押在司前街女看守所),成为当时有名的"七君子"之狱。

邹韬奋与"七君子"中其他几位的交往,以及在思想和文化事业上所受的影响值得重视。社会资本有时会在某个特定场域行动与结构的互动过程中创造出来,这在"七君子"事件中也有所反映。由于特定的政治原因造成个体之间的"强关系"联结,邹韬奋与其他几位朋友交往密切,加深了对彼此的理解和友谊。沙千里在其《七人之狱》一书中写到对邹韬奋的印象:"邹先生呢,他的态度,是那么严肃、正经,颇有'肃政史'之风,所以请他做监察,随时监督我们是否忠于职责。他文名满天下,我们以为他如椽之笔搁置不用,是非常可惜的,所以要他兼做文书,以分王先生的贤劳。"②

---

① 郭毅、朱扬帆、朱熹:《人际关系互动与社会结构网络化——社会资本理论的建构基础》,《社会科学》2003 年第 8 期。

② 沙千里:《七人之狱》,生活·读书·新知三联书店 1984 年版,第 82 页。

邹韬奋在狱中写的一段感想也被沙千里收入《七人之狱》:"自从和几位朋友,同过羁押生活以来,对于同舟共济的意义,愈有深切的感觉。一人的安危,就是七人的安危;六人的安危,也就是其他任何一人的安危。同患难,共甘苦,这种同舟共济的意义,推之于民族,与全国同胞,便是团结御侮的精神。朋友相处日久,对于彼此个性的认识,也愈益深刻。这种深刻的认识,倒不在乎什么大处,却在平日造次,一语一动之微。这也是在这时期内所得到的一种感想。"①

在自传《经历》和《患难余生记》中,邹韬奋以较多的篇幅记述了"七君子"事件,以及与其他几位人物的患难交往。《经历》写于这一事件过程中,具有共时性特征,其记载的材料可信度很高,为历史研究留下了珍贵的一手资料。邹韬奋回忆到,为了在被捕期间有着一致的主张和行动,"家长"沈钧儒就郑重宣言:"六个人(史良被关押在别处)是一个人!"。有罪大家有罪,无罪大家无罪;羁押大家羁押,释放大家释放。他们早料到"救国是一件极艰苦而需要长期奋斗的事情。参加救国运动的人当然要下最大牺牲的决心,但同时却须在不失却立场的范围内,极力避免不必要的牺牲,因为我们要为救国运动作长期的奋斗。"②

沈钧儒早年留学日本,回国后参加辛亥革命。1912 年 5 月加入中国同盟会,五四运动时主张社会、学校、家庭共同教育。1933 年,他加入中国民权保障同盟,被推为法律委员。1935 年 12 月,沈钧儒与马相伯、邹韬奋、陶行知、李公朴等上海文化界知名人士一起,发表救国运动宣言,动员文化界领导民众的救国运动。邹韬奋与沈钧儒同为中国民权保障同盟的成员,又一起参加救国会,他一向很敬佩沈钧儒,说沈"不但是我所信任的好友,我简直爱他如慈父,敬他如严师。我生平的贤师良友不少,但是能这样感动我的

---

① 沙千里:《七人之狱》,生活·读书·新知三联书店 1984 年版,第 121—122 页。
② 《经历》,《韬奋全集》第 7 卷,上海人民出版社 1995 年版,第 258 页。

却不多见。"①自从入狱后,他看到的沈钧儒是"那样的从容,那样的镇静,那样的只知有国不知有自己的精神",使邹韬奋深受感动,觉得自己为爱国受些小苦痛算不了什么。②

邹韬奋等人下了患难与共的决心,约定倘若当局要把他们六个人分开羁押的话,就要一起绝食抵抗。"我们所最顾虑的是以'家长'的那样高年,绝食未免太苦了他,所以大家都主张'家长'可以除外。但是'家长'无论怎样不肯,他说'六个人是一个人',果有实行绝食抵抗必要的时候,他必须一同加入。于是这个预约便没有例外地一致通过了。很侥幸地,这个'议决案'到现在还没有实行的必要"。③沈钧儒为救国不懈奋斗的精神、百折不回的毅力,深深地激励着邹韬奋,使之努力争取民族独立和政治民主的信念更坚定。

李公朴在青少年时代就积极参加爱国运动,五四时期发起组织爱国团,投入抵制日货的行列。1925年,他参加五卅运动,不久加入国民党,后于四一二反革命政变发生后离开国民党,并于1928年留学美国。李公朴和邹韬奋在《生活》周刊时期交往就比较频繁,他在留美期间被邹韬奋聘为驻美特约撰述。李公朴回国后致力于民众教育事业,先后参与筹办《生活日报》、申报流通图书馆、量才业余补习学校、《读书生活》和读书生活出版社等。九一八事变后,李公朴积极从事抗日救国运动和群众文艺教育工作,成为救国会负责人之一,并因此于1936年陷于七人之狱。④

王造时在狱中被大家推荐为"文书部主任",主要任务是著译和接待各界人士的慰问,他此时正在编著《中国问题的分析》和翻译《国家论》。邹韬奋评论到:"这个职务虽用不着他著《荒谬集》的那种'荒谬'大才,但别的不

① 《经历》,《韬奋全集》第7卷,上海人民出版社1995年版,第241—242页。
② 同上书,第245页。
③ 同上书,第257—258页。
④ 参见任兰:《社会交往与报人邹韬奋的政治主张(1912—1937)》,安徽大学2015年硕士学位论文。

说,好几次写给检察官请求接见家属的几封有声有色的信,便是出于他的大手笔;至于要托所官代为添买几张草纸,几两茶叶,更要靠他开几张条子。"①

邹韬奋在自传《患难余生记》中很有现场感地叙述了王造时在法庭回答问题时,两次不自觉地面向观众的情形,不仅抓住了凸显王造时个性的细节,而且展现了"七君子"如何在这一爱国事件中唤起民众情绪,启发他们的爱国热情。

邹韬奋与史良在救国会"七君子"里见面最迟。邹韬奋称赞史良"思想敏锐,擅长口才,有胆量"。认为她还有一种坚强的特性,即"反抗的精神——反抗黑暗的势力和压迫"。邹韬奋从少年时代就大力提倡妇女解放,反对封建伦理制度。史良这位独立自强的新女性的代表人物给他留下了深刻的印象。他曾经征求史良对于妇女运动的意见,并写进《经历》一书:"还在双重压迫下的中国妇女,一方面自应加倍努力,求自身能力的充实,在职业上,经济上,力争男女平等的兑现;另一方面,也只有参加整个的反帝反侵略的民族解放运动,才有前途。她又说,她最反对一种以出风头为目的的妇女,自己跳上了政治舞台,只求自己的虚荣禄位,朝夕和所谓'大人物'也者瞎混着、却把大众妇女的痛苦置诸脑后;这种妇女虽有一千人上了政治舞台,也只有一千人享乐,和大众妇女的福利是不相干的。"②

史良学生时期曾任常州市学生会副会长,领导全市学校罢课,支持北京学生爱国运动。她一直在为实现男女平等、谋求妇女的解放而积极奔走。1935 年 12 月发起组织了上海第一个救国会组织,即上海妇女界救国会。她因积极投身抗日救亡运动,而遭到国民党反动政府的逮捕,成为七君子中唯一的女性。史良后来担任新中国首任司法部部长,她对共患难的朋友邹韬奋十分推崇,晚年在其自传《史良自述》中写道:"韬奋的全部生活都和他

① 《经历》,《韬奋全集》第 7 卷,上海人民出版社 1995 年版,第 240 页。
② 同上书,第 255—256 页。

的事业结合在一起,而他的事业又和整个革命事业紧密联系在一起。他创办的《生活周刊》《全民抗战》等刊物,得到广大读者的爱戴决不是偶然的。"①

邹韬奋在自传《经历》中,对六位人物分别以一节的篇幅进行描写,他有着扎实的文学功底,善于抓取人物特征,并且突出表现他们的民主精神与爱国主义情感。比如谈到章乃器:"他和朋友讨论问题,每喜作激烈的争辩,只要你辩得过他,他也肯容纳你的意见,否则他便始终不肯让步。"②"他所念念不忘的只是民族解放的前途,救国运动的开展;至于对他自身的遭遇,我从未听见过他有一言一语的自怨自艾。我对于他的纯洁爱国的精神,得到了更深刻的认识。"③他特别强调了这几位人物的爱国热忱,以及不屈不挠的斗争精神。这段"爱国入狱"经历使邹韬奋在特殊的场域内与几位爱国民主人士建立了深厚的友谊,并且对他的思想进步和文化事业发展起到了正向的影响。

三、邹韬奋与进步知识分子胡愈之等人的交往

布迪厄认为"场域"是由人际关系组合而成的结构,彼此间的位置高低取决于对各项资本的掌握度。一些学者以场域中行动者合作角度来阐释产业链合作,进而解释出版业如何将产品价值最大化。在邹韬奋的文化事业中,一些进步知识分子好友的帮助不容忽视。如中共特别党员胡愈之等,不仅在邹韬奋从民主主义者向共产主义者转变的过程中发挥了重要作用,在新闻出版事业发展方面对邹韬奋也帮助很大。夏衍甚至说过:"邹韬奋的转

① 史良:《史良自述》,中国文史出版社1987年版,第43页。
② 《经历》,《韬奋全集》第7卷,上海人民出版社1995年版,第246—247页。
③ 同上书,第246页。

变,完全是胡愈之的功劳。韬奋的生活书店,胡愈之是'军师',他出主意,做了大量的工作。"①

人际交往及较多的接触是人际信任、有效规范等社会资本形式在现实生活中的产生基础和具体体现,来往较为密切的个体之间构成所谓"强关系",也可以说是关系型社会资本嵌入社会人际关系网络结构中,并发挥着重要作用,进而对文化资本、经济资本等产生影响。胡愈之是著名的社会活动家,也是有着卓越成就的进步学者,在出版场中拥有较多的文化资本和社会资本。他早年在商务印书馆做编辑,并在上海参加了声援五四运动的斗争。之后他努力从事著译,在《东方杂志》《小说月报》《妇女杂志》等期刊发表了不少文章,内容涉及文学、国际问题、妇女问题、社会和哲学思想等方面。②五卅运动中,他编辑出版《公理日报》。四一二反革命政变次日,他起草对国民党当局的抗议信,邀集郑振铎等七人签名在《商报》上发表。胡愈之后来被迫流亡法国,于1931年初回国,1933年被吸收为中共特别党员,以民主人士的身份从事社会活动。

1931年2月起,胡愈之继续担任商务印书馆名刊《东方杂志》的编辑,积累了丰富的办刊经验。他回国途中在苏联参观了一个星期,将其所见所感写成一本《莫斯科印象记》。该书受到亟待了解苏联的进步青年的欢迎。九一八事变后,他也写了一些主张对日宣战的文章。1931年10月初,邹韬奋由毕云程陪同到商务印书馆编译所来找胡愈之。胡愈之回忆到:"毕云程是我幼年在上海惜阴公会英文夜校读英文时期相识的,当时他是一家洋货店的小职员。以后我进商务印书馆,和他有十六七年没有往来。据他说,韬奋读了我的《莫斯科印象记》,觉得很好,要求我为他办的《生活周刊》写文章,因韬奋和我不相识,所以由他陪同介绍韬奋和我见面。"③

邹韬奋的好友毕云程这样回忆到:"那年,愈之从国外考察归来,写了一

---

① 赵晓恩:《六十年出版风云散记》,中国书籍出版社1994年版,第1页。

②③ 胡愈之:《我的回忆》,江苏人民出版社1990年版,第8页。

本《莫斯科印象记》出版。韬奋读了很高兴,写了一篇书评介绍,题为《读〈莫斯科印象记〉》。在《生活》周刊六卷四十期上发表。同时并对我说,很想找愈之谈谈。因此我们两个人就去找愈之。在东方图书馆会客室中,韬奋向愈之提出了'九一八事变'前后国内外形势的种种问题,谈了三小时,韬奋很满意,当场就请愈之为《生活》周刊写一篇论文,题为《一年来的国际》,在《生活》周刊六卷四十二期特刊上发表。从此以后,韬奋遇有问题,常常邀请愈之共同商量。我们四个人——韬奋、愈之、寒松和我也常常在一起讨论国内外形势。"①

社会交往不是孤立进行的,而是在生产实践活动的过程中实现的。社会交往的发展变化在不同程度上对实践的发展又有促进作用。人通过与他人的交往与合作,获得自己所需,弥补自身的不足和缺陷,增强自我创造性和主动性,实现全方位发展。社会交往与生产实践是相互影响、相互作用的。九一八事变后,国民党政府的不抵抗行为,使邹韬奋受到强烈的刺激,他在中共党员胡愈之等人的帮助下走上抗日救亡的道路,靠近了中国共产党。在胡愈之等的帮助下,《生活》周刊追随着时代思想潮流,办得更加有声有色,发行数量达到十多万份,社会信誉日增。同时,邹韬奋的言论在青年中产生极大的影响。1932 年 7 月,他又在胡愈之的帮助下创办生活书店,并且推行合作社制度,出版大量进步的社会科学和文学艺术书籍,获得社会效益和经济效益。许多共产党员为生活书店工作。《生活》周刊和生活书店成为主持正义的舆论阵地,在进步文化场域中起到了积极引导作用。

胡愈之为《生活》周刊撰写的第一篇国际问题论文《一年来的国际》,发表于 1931 年国庆特辑,综述资本主义主要国家内部及其相互间的矛盾和困顿,以及苏联的建设情况。1932 年下半年起,他以"伏生"为笔名,经常为《生活》周刊写国际问题文章,运用马克思主义的观点分析当时错综复杂的国际形势。

---

① 毕云程:《韬奋和生活书店》,邹嘉骊编著:《忆韬奋》,生活·读书·新知三联书店 2015 年版,第 291 页。

这些文章成为《生活》周刊的新品牌。同时,胡愈之又以"景观"的笔名撰写国内时事政治述评,他用马克思主义的方法分析社会现象、评论时事问题,切中肯綮。比如《大众利益与政治》一文写道:"但是除了帝国主义和国内一小部分的人民外,二十一年来的中国政治,对于人民大众究竟有了什么好处? 是否能保障人民大众的利益? 是否能增进人民大众的利益? 就没有人有这样大胆敢回答一个'是'了。在这二十一年来,中国的工农业生产只有低落而绝未增加。中国一般人民的生活标准也只有继续的下降。"①

胡愈之经常参加《生活》周刊召开的座谈会,利用各种机会开展党的政治工作。据毕云程回忆:有一次座谈会参加人数比较多,胡愈之提出了三个问题:"(一)阶级重于民族,还是民族重于阶级?(二)生产力改变生产关系,还是生产关系改变生产力?(三)为理论而理论,还是为行动而理论?"②这些问题激发了《生活》的员工对于中国社会问题的深思,促使他们思想转向进步。

邹韬奋流亡海外后,胡愈之帮助他照料《生活》周刊和生活书店,后来在邹韬奋回国后一起到香港创办《生活日报》。为推动生活书店发展,胡愈之提出"经营集体化、管理民主化、盈利归全体"的管理模式,并积极制订出版计划。短短几年,生活书店就出版了《文学》《译文》《世界知识》等多种大型刊物。抗日战争爆发后,胡愈之任上海文化界救亡协会国际宣传委员会主任。此时邹韬奋主编的期刊《抗战》也成为红色出版人团结各种进步力量的文化阵地,从第1号到第28号,几乎都有中共出版人的文章,而且都是主题文章,共有44篇。其中潘汉年的文章有12篇,占了红色出版人发表文章总数的29%。③

---

① 《大众利益与政治》,《胡愈之文集》(3),生活·读书·新知三联书店1996年版,第73页。
② 毕云程:《韬奋和生活书店》,邹嘉骊编著:《忆韬奋》,生活·读书·新知三联书店2015年版,第291页。
③ 杨卫民:《邹韬奋在上海出版界的朋友圈探析》,《邹韬奋研究》第5辑,上海三联书店2017年版,第126页。

1949 年后,胡愈之担任过出版总署署长、《光明日报》总编辑、文化部副部长等重要职务。他为邹韬奋写下了不少纪念文章。胡愈之在《我的回忆》等书中用较多的篇幅,深情地回忆了自己与韬奋的友谊。《我的回忆》中的"忆韬奋"专辑共收入 6 篇文章:《韬奋的死》《伟大的爱国者——韬奋》《韬奋与大众文化》《邹韬奋与〈生活日报〉》《韬奋和他的事业》《写在〈经历〉重版本的后面》,比较全面、详尽地回顾了自己与邹韬奋的交往情况,以及对邹韬奋的印象。

胡愈之中肯地评价过邹韬奋文章的思想性及文风,并指出他的文章写作与大众的密切联系:"鲁迅的写作方法,采取高级形象化,而韬奋则采取低级形象化,对于落后的大众,低级的形象化自然比高级的形象化更容易接受,所以就作品的永久价值来说,韬奋断不能和鲁迅比较,但就宣传教育的作用来说,韬奋对于同时代的影响,却比鲁迅还要来的普通"。"由于他是为大众的,从大众学习的,说的是大众的话,所以他从不无病呻吟,亦决不无的放矢。由于他的热情奔放,他的文章,自然丰润富裕,决不至于像个瘪三。"[1]胡愈之对邹韬奋的进步文化事业帮助很大,与邹韬奋的革命友谊成为中国现代出版史上的一段佳话。

沈志远是中共党员,哲学家、经济学家,1955 年当选为中国科学院学部委员,曾任中国科学院上海经济研究所所长。沈志远在 20 世纪二三十年代积极研究和宣传马克思主义,出版了《新经济学大纲》等著作。1938年,他在邹韬奋主持的生活书店任副总编辑。这一时期他主编了"新中国学术丛书",指出中国的新学术应当具备这些特征:促进独立自由、幸福的新中国之实现的积极作用;为中华民族的解放服务,同时也为全世界人类的解放服务;从其渊源上讲是世界的,全人类的。丛书面向的主要是具有大学和大学生程度以上文化水平的读者,受到了读者的欢迎。这部丛书

---

① 胡愈之:《我的回忆》,江苏人民出版社 1990 年版,第 363 页。

还有一个基本特质：吸收着世界学术思维的最高成果，根据最进步最科学的正确方法——唯物辩证法来写成。"人民的哲学家"沈志远在传播马克思主义的同时，注重推进马克思主义的大众化。①此外，徐伯昕、毕云程、杜重远等进步知识分子与邹韬奋有着密切交往与合作，《生活》周刊和生活书店的工作人员还也不少中共党员，他们对韬奋的思想发展及编辑出版工作起到了积极影响。

四、邹韬奋与广大读者的社会交往

社会资本是场域中的重要组成部分。测量社会资本的一项重要指标是社会关系的规模性。社会关系的规模性与社会交往的活动半径以及社会交往的途径有关，半径越大、途径越多，社会资本的规模越大。近现代传媒业的发展使得人们的社会交往得以大大拓展。"杂志、电影等现代媒介对知识分子产生了重要作用……知识分子通过它们建立共同体，并与外界进行交流。"②邹韬奋主办的报刊提供了某种"公共领域"，拥有数量相当可观的读者，也逐渐积累了丰厚的社会资本和文化资本。他一方面引领读者走向进步，一方面也在广泛的社会交往中获得文化事业上的种种便利。

《生活》周刊从 1926 年第二卷第一期开设了"读者信箱"栏目。此前一位热心读者在来信《我所望于〈生活〉周刊的几点管见》中，就《生活》周刊的发展进步提出五点意见："编辑先生和投稿诸君大施努力""文字浅显""多征文的题目""添设通信栏""少载长篇记账式无味的文字"等。其中第四点具

---

① 《哲学不是知识分子的"专利品"》，https://finance.sina.com.cn/jjxw/2023-11-15/doc-imzur-vuw8931961.shtml?cref=cj。

② 王晓渔：《鲁迅、内山书店和电影院——现代知识分子与新型媒介》，《同济大学学报》（哲学社会科学版）2006 年第 3 期。

体为"希望本刊添设通信栏,使读者对于本刊有意见发表的机会"。邹韬奋回复到:"关于第四点,极端赞同,本期即其开端,并谢礼弘君之盛意"。①到1933年12月16日《生活》周刊停刊止,"读者信箱"一直是其重要的品牌栏目。读者来信的内容十分丰富,从个人情感、职业选择到社会、政治问题,也为《生活》的编辑充分了解社会、扩大选题范围提供了有利的条件。

其实当时不少报纸注重与读者互动,办有读者来信之类的栏目,不过大多持续一年左右就停办了,比如《大公报》的《摩登》周刊、《申报》的"读者通讯"栏目等。1930年11月29日《大公报》的文艺副刊《小公园》刊载了《摩登》的发刊启事:"沉醉在青春美梦的摩登男女,一定有说不出来的'痛苦',你们若是觉得没法,一定可以解脱,……你们如果有什么烦闷痛苦以及疑难的问题,请投函'摩登栏',多少总可以给你们一些小小的帮助吧!"《摩登》到1931年9月27日停刊,总共出版42期。而《生活》周刊的"读者信箱"历时8年之久,这与《生活》主持者倡导"服务精神"有关。他们尽心竭力答复读者来信,"答复的热情不逊于写情书",有几个工作人员专门拆信与抄信。读者不少私事也写信来和他们商量,有的还请他们帮忙跑腿代买东西,他们也并无怨言,因为邹韬奋觉得这是读者对他们的信任。

在每个场域,经济资本和文化资本的具体形式都有所不同。在新闻场内,经济资本主要体现在发行量、广告收入或者受众率上。而文化资本则是以睿智的评论、深度报道等新闻实践来加以体现的。②职业经验、机构中的职位、新闻评奖等因素都构成场域中的重要资本。邹韬奋确立了全新的读者观念,把读者对象确定为社会上的一般人,刊物的立场就是人民大众的立场。《生活》周刊1928年第4卷第1期上发表了《〈生活〉周刊究竟是谁

① 《〈我所望于《生活》周刊的几点管见〉编者附言》,《韬奋全集》第1卷,上海人民出版社1995年版,第547页。

② [法]艾瑞克·内维尔、[美]罗德尼·本森主编:《布尔迪厄与新闻场域》,张斌译,浙江大学出版社2017年版,第3页。

的?》,指出《生活》办刊的态度和方针是"要替社会造成一个人人的好朋友""要有常常力求进步的心愿"。"读者信箱"来信量巨大,起初平均每日四十多封,很快达到一百多封,多的时候甚至有一千封。这折射出邹韬奋与读者的交往日益频繁,所办刊物的影响力与日俱增。这种交往也推动了经济资本即发行量和广告收入的增加。《生活》周刊受到广大读者喜爱,达到十五万份的发行量。

权威关系、信任关系以及对将权力分配作为建立规范基础的共识,是几种主要的社会关系,而且构成了个人资源。"要替社会造成一个人人的好朋友",从其办刊宗旨和出版实践可见,《生活》《大众生活》等报刊有着建构进步文化场域的主观意识,在"九一八""一二·九"等重大事件中积极发声引导读者。而读者的信任和爱戴,也使邹韬奋获得了较多的文化资本、社会资本等。

在邹韬奋与其他人的著作中记载了一些事例,可以真切感受到广大读者对邹韬奋真挚的情感。邹韬奋在其海外通讯作品中写到,在出国的船上,偶由辗转听到而特来和他晤叙的《生活》的读者,竟有十余人。"我们互道来历后,便很痛快的畅谈,立刻成了亲密的好友,这是使我最愉快的一件事情。他们对于本刊关心的诚挚,实在可感,问我身边带了有没有最近的《生活》,我临行时只带了当时最近出版的一份第八卷第二十八期,他们欣然索去传观,看到最后还给我时,纸角都卷了起来。"①邹韬奋在与读者的密切交谈中也有许多收获,尤其是了解了东南亚华侨的生存境遇。

邹韬奋1935年创办的《大众生活》周刊上继续开设"大众信箱",并在一二·九运动期间成为一个重要的舆论阵地和公共空间。诚如塔尔德所说:"各地分散的群众,由于新闻的作用,意识到彼此的同步性和相互影响,相隔很远却觉得很近;于是报纸就造就了一个庞大、抽象和独立的群体,并且将

① 邹韬奋:《萍踪寄语·在船上的〈生活〉同志》,《韬奋全集》第5卷,上海人民出版社1995年版,第636页。

其命名为舆论。"①除讨论时事问题的信件外,那些以读者来信形式提供的新闻,是迅速而又真实、生动的第一手材料。一位内蒙古的读者述说了自己的心声,"它每期所讨论的问题,都是跟我们目前现实生活有密切关系的问题,它告诉我们许多抗敌救亡的道理,和各地救亡运动血泪的记录……它还时时提醒我们,告诉我们,应该怎样做,指引我们朝正确的方向前进。"②邹韬奋如何在文化场域中以先进思想引领广大读者,继而参与塑造受众的文化趣味和"惯习",由此可见一斑。

邹韬奋因"七君子"事件入狱时,也得到热心读者的关心和帮助,不仅有囚犯,还有法院职员。他们对邹韬奋的情感都是很真挚的。在《经历》一书中,邹韬奋记载了感人至深的一幕幕场景:"又等一会儿,又有一个人在方洞口张望,轻声问我是不是某先生,我说是,略谈之下,才知道他也是我的读者,在法院里任职员,正在吃晚饭,听说我来了,连饭都不吃,特跑来安慰我。他的办公时间原已完了,因为我来,一定要等我审完,好好招呼我进了看守所才肯回去。我说他一天辛苦,要回家休息,不必等我。他不肯,直等到一切布置妥当后才肯离开。"③邹韬奋和章乃器被带到一间小囚室,里面小铁床的下层已睡着一个姓周的政治犯,他也是《生活》周刊的读者。"他当夜听见章先生无意中在谈话里叫了我的名字,引起他的注意,知道是我,表示十分的愉快;他原来也是我的一个读者,我们在精神上已是好友,所以一说穿了,便感到很深的友谊。当我铺床预备睡的时候,他看我们两人里面有一个要睡地板,再三要把他的那一层床让给我们,他自己情愿睡地板,经我们再三婉谢,他才勉强照旧睡下去。"④

---

① [法]加布里埃尔·塔尔德:《传播与社会影响》,何道宽译,中国人民大学出版社 2005 年版,第 256 页。

② 章叶频:《悼〈大众生活〉》,章叶频编:《20 世纪 30 年代内蒙古西部地区文学作品选》,内蒙古教育出版社 2000 年版,第 543 页。

③ 《经历》,《韬奋全集》第 7 卷,上海人民出版社 1995 年版,第 230 页。

④ 同上书,第 225 页。

　　行动者如果在"场域"中拥有丰富的社会资本和文化资本,能获得种种现实便利和精神上的鼓舞,进而推进其事业的发展,这在邹韬奋筹办《生活日报》和香港《大众生活》的过程中表现得十分鲜明。1932 年 3 月,邹韬奋根据读者来信和建议,在《生活》周刊上刊发《创办生活日报之建议》,随后开始集资。读者积极响应,仅 10 天已认股 4 万元,1 个月左右已达 15 万元,来自 2 000 多位读者。正当筹备工作顺利进行时,国民党当局准备采用不准登记、投资收买等方式阻挠《生活日报》的出版,并加紧了对邹韬奋和《生活》周刊的迫害。考虑到环境的险恶,邹韬奋等人被迫停办《生活日报》,通过银行将股资及利息如数退还给读者。

　　由于生活书店等文化事业受到国民党政府迫害和打压,邹韬奋于 1941年 2 月辞去国民参政员一职,秘密出走香港。5 月 17 日,邹韬奋主编的《大众生活》在香港复刊。港英当局不欢迎邹韬奋来港办报刊,于是在登记上设置障碍,说只有"港绅"作为刊物发行人才可以登记,因此邹韬奋只好另想它法。有一位曹克安先生(其父为"港绅")已登记好要办一个周刊,但没找到合适主编,刊物尚未出版。曹先生是邹韬奋的读者,对邹韬奋非常敬佩,经人介绍很快合作成功。复刊后的《大众生活》坚持到香港沦陷后停刊。"可见邹韬奋的为祖国为人民的长期奋斗的精神和毅力,在一般人中(而曹先生是其中之一)建立了如何高的威信!"①

　　吉茹回忆邹韬奋在香港沦陷后,由中共党组织护送到东江抗日根据地,后来前往苏北根据地的有关情况:"韬公是离开解放区最后的一个文化先进。在经过惠阳一个小村庄时,住在一个当地青年的家里,韬公因为无聊,便向这青年借书看,青年回答说:'没有什么书,只有一两本韬奋的著作,很有味道的。'韬奋因为是秘密经过,不宜暴露面目,微笑地答应他。这青年大谈了一番韬公为人如何如何,韬公只好忍笑听他。这位青年固然是'有眼不

① 茅盾:《邹韬奋和〈大众生活〉》,邹嘉骊编著:《忆韬奋》,生活·读书·新知三联书店 2015 年版,第 211 页。

识泰山',而韬公作品与为人予人印象之深,可以概见。"①

　　"场域"理论认为,个性的禀赋(predisposition)、假设、判断和行为是长期社会化的结果。一位文化名人的成长离不开所处社会和文化场域的影响。本章重点考察了邹韬奋这位中国近现代史上的文化名人,在社会文化"场域"中所受一些著名文化人的影响、与朋友的交往及互助,以及邹韬奋与广大读者的交往等,力图在历史文化语境和社会网络中,更好地理解和评价邹韬奋的人格思想发展脉络及其文化成就,并且对研究同类著名文化人物提供参考借鉴。邹韬奋的社会交往活动,尤其是与读者大众的密切联系与互动,对当今的新闻出版工作者仍然有借鉴意义。

---

① 吉苅:《韬公,我们永远永远怀念你!(摘要)——在东江解放区的回忆》,邹嘉骊编著:《忆韬奋》,生活·读书·新知三联书店 2015 年版,第 179 页。

主要参考文献

一、邹韬奋作品

邹韬奋：《经历、患难余生记》，岳麓书社 1999 年版。

邹韬奋：《我的出版主张》，广西教育出版社 1999 年版。

韬奋：《抗战以来》，韬奋出版社 1941 年版。

韬奋：《患难余生记》，晋察冀新华书店 1947 年版。

韬奋：《患难余生记》，生活・读书・新知三联书店 1980 年版（该版本系根据韬奋手稿影印出版）。

韬奋：《萍踪寄语》，上海三联书店 1987 年版。

韬奋：《萍踪忆语》，上海三联书店 1987 年版。

邹韬奋：《韬奋文录》，韬奋出版社 1949 年版。

邹韬奋：《韬奋文集》（1—3），生活・读书・新知三联书店 1955 年版。

中国韬奋基金会韬奋著作编辑部：《韬奋全集》（1—14），上海人民出版社 1995 年版。

韬奋基金会、上海韬奋纪念馆编：《韬奋全集》（1—14）（增补本），上海人民出版社 2015 年版。

邹韬奋主编：《大众生活（上海）》（影印本），上海书店出版社 2015 年版。

邹韬奋主编：《大众生活（香港）》（影印本），上海书店出版社 2015 年版。

邹韬奋主编：《生活》（电子版），中国近代期刊全文数据库。

二、邹韬奋传记、研究资料与文章

蔡静：《邹韬奋的变与不变》，《新闻传播》2016 年第 12 期。

曹辛之编：《韬奋画传》，生活・读书・新知三联书店 1982 年版。

陈挥：《韬奋传》，江西人民出版社 2001 年版。

陈挥：《韬奋评传》，上海交通大学出版社 2009 年版。

陈挥：《邹韬奋：大众文化先驱》，上海教育出版社 1999 年版。

陈媛媛：《邹韬奋学术史的路径回顾与反思》，《青年记者》2023 年第 8 期。

程彩萍：《从〈读者信箱〉专栏解读邹韬奋办刊精神》，《徐州师范大学学报》（哲学社会科学版）2005 年第 6 期。

《悼念韬奋》，群众出版社 1946 年版。

樊亚平、脱畅：《"人生所贵在知己，四海相逢骨肉亲"——范长江、邹韬奋的交谊及其思想、情感基础》，《兰州大学学报》（社会科学版）2019 年第 3 期。

复旦大学新闻系研究室编：《邹韬奋年谱》，复旦大学出版社 1982 年版。

甘险峰：《"生活"系列周刊的新闻图片编辑》，《编辑之友》2009 年第 7 期。

龚鹏：《邹韬奋启蒙思想研究》，中国社会科学出版社 2011 年版。

郝丹立：《韬奋新论：邹韬奋思想发展历程研究》，当代中国出版社 2002 年版。

胡耐秋：《韬奋的流亡生活》，生活·读书·新知三联书店 1979 年版。

李晓灵、张高杰：《试论邹韬奋马克思主义思想及其新闻实践的历史呈现》，《陕西师范大学学报》（哲学社会科学版）2018 年第 3 期。

刘月、高明：《邹韬奋与〈生活画报〉的编辑出版》，《编辑学刊》2020 年第 1 期。

马仲扬、苏克尘：《邹韬奋传记》，重庆出版社 1997 年版。

穆欣：《邹韬奋》，湖北人民出版社 1981 年版。

穆欣编：《韬奋新闻工作文集》，新华出版社 1985 年版。

聂震宁：《韬奋精神六讲》，生活·读书·新知三联书店 2015 年版。

潘大明：《韬奋人格发展的轨迹》，上海文艺出版社 1998 年版。

钱小柏、雷群明编著：《韬奋与出版》，学林出版社 1983 年版。

上海韬奋纪念馆编：《韬奋的道路》，生活·读书·新知三联书店 1958 年版。

上海韬奋纪念馆编：《生活书店会议记录 1933—1937》，中华书局 2018 年版。

上海韬奋纪念馆编：《生活书店会议记录 1938—1939》，中华书局 2019 年版。

上海韬奋纪念馆编：《生活书店会议记录 1939—1940》，中华书局 2020 年版。

上海韬奋纪念馆编：《生活书店会议记录 1940—1945》，中华书局 2021 年版。

上海韬奋纪念馆编：《生活书店会议记录 1933—1945》（排印本），中华书局 2022 年版。

沈谦芳：《邹韬奋传》，山东人民出版社 1998 年版。

王益编：《韬奋和生活书店》，山东新华书店 1948 年版。

王瑞：《邹韬奋编辑出版思想与实践探析》，《北京印刷学院学报》2022 年第 1 期。

阳海洪：《论邹韬奋的媒介正义思想》，《南昌大学学报》（人文社会科学版）2020 年第 1 期。

杨宏雨、吕啸：《从崇仰到扬弃：邹韬奋对欧美资本主义民主的认知历程》，《学术界》2018 年第 5 期。

杨宏雨、吕啸：《邹韬奋民主教育思想探析》，《江苏社会科学》2015 年第 4 期。

俞润生：《邹韬奋传》，天津教育出版社 1994 年版。

俞月亭：《韬奋论》，河北教育出版社 1991 年版。

张文明：《邹韬奋的新闻伦理观及其价值》，《当代传播》2017 年第 6 期。

张文明：《邹韬奋新闻出版实践与思想研究》，社会科学文献出版社 2015 年版。

张文明：《报刊通俗化、大众化——邹韬奋出版〈全民抗战〉战地版与通俗版浅探》，《传播与版权》2014 年第 11 期。

张文彦：《论徐伯昕与邹韬奋出版事业的合璧——以徐伯昕为中心》，《河南大学学报》（社会科学版）2018 年第 3 期。

赵文：《〈生活〉周刊与城市平民文化》，上海三联书店 2010 年版。

赵文：《九一八事变前〈生活〉周刊对日本侵华的认识及其抵御主张》，《安徽史学》2006 年第 4 期。

庄艺真：《徐伯昕的期刊广告经营策略研究——以〈生活〉周刊广告经营为例》，《出版发行研究》2011 年第 2 期。

邹嘉骊：《邹韬奋年谱长编》，上海交通大学出版社 2015 年版。

邹嘉骊编：《忆韬奋（增订本）》，生活·读书·新知三联书店 2015 年版。

《邹韬奋研究》（1—10 辑），上海三联书店 2004—2022 年版。

三、新闻出版、文学、传记理论等著作及文章

曹正文、张国瀛：《旧上海报刊史话》，华东师范大学出版社 1991 年版。

陈兰村、叶志良主编：《20 世纪中国传记文学论》，天津人民出版社 1998 年版。

陈兰村主编：《中国传记文学发展史》，语文出版社 1999 年版。

戴联斌：《从书籍史到阅读史——阅读史研究理论与方法》，新星出版社 2017 年版。

丁淦林：《中国新闻事业史新编》，四川人民出版社 1998 年版。

丁淦林主编：《中国新闻事业史》，高等教育出版社 2002 年版。

方厚枢、魏玉山：《中国出版通史》（中华人民共和国卷），中国书籍出版社 2008 年版。

戈公振：《中国报学史》，上海古籍出版社 2003 年版。

耿云志：《胡适研究论稿》，四川人民出版社 1985 年版。

郭双林：《八十年代以来的文化论争》，百花洲文艺出版社 2004 年版。

韩兆琦主编：《中国传记文学史》，河北教育出版社 1992 年版。

华东师范大学教育系教科所编：《中国现代教育史》，华东师范大学出版社 1983 年版。

黄瑚：《中国新闻事业发展史》，复旦大学出版社 2022 年版。

黄瑚主编：《新闻传播法规与职业道德教程》，复旦大学出版社 2017 年版。

黄瑚：《新闻与传播论衡》，复旦大学出版社 2019 年版。

黄修己：《中国现代文学发展史》，中国青年出版社 2008 年版。

蒋多、杨矞：《互联网时代的阅读产业》，知识产权出版社 2016 年版。

李祥年：《传记文学概论》，安徽文艺出版社 1993 年版。

李新祥：《出版传播学》，浙江大学出版社 2007 年版。

李新祥：《数字时代国民阅读行为嬗变研究》，中国社会科学出版社 2014 年版。

李泽厚：《中国近代思想史论》，生活·读书·新知三联书店 2009 年版。

刘杲、石峰：《新中国出版五十年纪事》，新华出版社 1999 年版。

刘兰肖主编：《中国出版史论》，中国书籍出版社 2015 年版。

马光仁：《上海新闻史：1850—1949》，复旦大学出版社 1996 年版。

彭兰：《社会化媒体：理论与实践解析》，中国人民大学出版社 2015 年版。

彭兰：《新媒体导论》，高等教育出版社 2016 年版。

彭兰：《新媒体用户研究：节点化、媒介化、赛博格化的人》，中国人民大学出版社 2020 年版。

王瑶：《中国新文学史稿》（下），上海文艺出版社 1982 年版。

王余光等：《中国出版通史》（民国卷），中国书籍出版社 2008 年版。

肖东发、方厚枢：《中国编辑出版史》，辽海出版社 2006 年版。

徐州师范学院中国现代作家传略编辑组：《中国现代作家传略》，四川人民出版社 1981 年版。

杨正润：《传记文学史纲》，江苏教育出版社 1994 年版。

赵白生：《传记文学理论》，北京大学出版社 2003 年版。

郑在瀛等编著：《传记散文英华》，湖北人民出版社 1998 年版。

中国现代文学馆编写：《中国现代作家大辞典》，新世界出版社 1992 年版。

周天度编：《沈钧儒文集》，人民出版社 1994 年版。

朱文华:《传记通论》,复旦大学出版社 1993 年版。

朱文华:《传记文学作品的史学性质与文学手法的度》,《理论与创作》2004 年第 3 期。

朱文华:《关于鲁迅传记编写的几个问题——兼评国内已出版的鲁迅传记》,《锦州师范学院学报》1982 年第 1 期。

朱文华:《胡适——开风气的尝试者》,复旦大学出版社 1992 年版。

朱文华:《胡适与中国近代传记史学》,耿云志、闻黎明编:《现代学术史上的胡适》,生活·读书·新知三联书店 1993 年版。

朱文华:《梁启超的传记作品及其理论的文史意义》,《南京师范大学文学院学报》2002 年第 4 期。

朱文华:《梁启超研究的新成果——简评耿云志、崔志海著〈梁启超〉》,《近代史研究》1995 年第 6 期。

朱文华:《论传记作品的本质属性》,《江苏社会科学》1990 年第 6 期。

朱文华:《再造文明的奠基石:五四新文化运动三大思想家散论》,上海教育出版社 2000 年版。

朱文华:《中国近代文学潮流》,贵州教育出版社 2004 年版。

〔美〕沃尔特·李普曼:《公众舆论》,闫克文、江红译,上海人民出版社 2002 年版。

〔捷〕雅罗斯拉夫·普实克:《普实克中国现代文学论文集》,李燕乔等译,湖南文艺出版社 1987 年版。

〔美〕周明之:《胡适与中国现代知识分子的选择》,雷颐译,广西师范大学出版社 2005 年版。

〔美〕拉扎斯菲尔德等:《人民的选择》,唐茜译,中国人民大学出版社 2012 年版。

〔美〕迈克尔·波特:《竞争优势》,陈小悦译,华夏出版社 2005 年版。

〔美〕斯蒂芬·克拉生:《阅读的力量》,李玉梅译,新疆青少年出版社 2012 年版。

〔美〕罗伯特·斯考伯、谢尔·伊斯雷尔:《即将到来的场景时代》,赵乾坤、周宝曜译,北京联合出版公司 2014 年版。

〔加〕麦克卢汉:《理解媒介——论人的延伸》,何道宽译,商务印书馆 2000 年版。

〔加〕阿尔维托·曼古埃尔:《阅读史》,吴昌杰译,商务印书馆 2004 年版。

〔英〕斯图尔特·霍尔编:《表征:文化表征与意指实践》,徐亮、陆兴华译,商务印书馆 2013 年版。

〔英〕诺曼·费尔克拉夫:《话语与社会变迁》,殷晓蓉译,华夏出版社 2003 年版。

〔英〕约翰·汤普森:《数字时代的图书》,张志强等译,译林出版社 2014 年版。

〔法〕菲利浦·勒热讷：《自传契约》，杨国政译，生活·读书·新知三联书店 2001年版。

〔法〕布迪厄、〔美〕华康德：《实践与反思——反思社会学导引》，李猛、李康译，中央编译出版社 1998 年版。

〔法〕艾瑞克·内维尔、〔美〕罗德尼·本森主编：《布尔迪厄与新闻场域》，张斌译，浙江大学出版社 2017 年版。

〔日〕川合康三：《中国的自传文学》，蔡毅译，中央编译出版社 1999 年版。

四、相关传记、自传代表性作品

阿英：《敌后日记》（上），江苏人民出版社 1982 年版。

曹聚仁：《我与我的世界——曹聚仁回忆录（1900—1972）》，北岳文艺出版社 2001 年版。

高长虹：《走到出版界》，上海泰东图书局 1928 年版。

胡不归等著：《胡适传记三种》，安徽教育出版社 2002 年版。

胡适口述、唐德刚译注：《胡适口述自传》，广西师范大学出版社 2005 年版。

胡适：《四十自述》，上海亚东图书馆 1933 年版。

胡愈之：《我的回忆》，江苏人民出版社 1990 年版。

黄源：《黄源回忆录》，浙江人民出版社 2001 年版。

金梅、朱文华：《郑振铎评传》，百花文艺出版社 1992 年版。

《三十自述》，《梁启超选集》，上海人民出版社 1984 年版。

萨空了：《香港沦陷日记》，生活·读书·新知三联书店 1985 年版。

沙千里：《七人之狱》，生活·读书·新知三联书店 1984 年版。

沈卫威：《无地自由——胡适传》，安徽教育出版社 2005 年版。

《史良自述》，中国文史出版社 1987 年版。

陶菊隐：《记者生活三十年：亲历民国重大事件》，中华书局 2005 年版。

《徐铸成回忆录》，生活·读书·新知三联书店 1998 年版。

叶永烈编：《王造时：我的当场答复》，中国青年出版社 1999 年版。

《恽逸群自传》，南京师院《文教资料简报》1980 年第 5 期、第 8 期。

张静庐：《在出版界二十年》，江苏教育出版社 2005 年版。

周天度：《七君子传》，中国社会科学出版社 1989 年版。

朱文华：《陈独秀评传——终身的反对派》，青岛出版社 2005 年版。

朱文华：《胡适评传》，重庆出版社 1988 年版。

后 记

本书是我近年来研究邹韬奋先生的生平、思想及文化成就的一点收获，由上海社会科学院"重要学术成果出版资助项目"资助出版，在此对上海社会科学院和复旦大学对我的悉心培养表示诚挚的感谢！

我与韬奋先生结缘始自 2006 年，当时我正在复旦大学中文系跟随朱文华教授读硕士研究生。此前我虽然毕业于复旦大学新闻学院新闻学专业，又当过七年新华社记者，但对邹韬奋这位著名出版家、新闻记者以及他主办的《生活》周刊等只有大概的印象，而缺乏深入的了解。朱老师是中国近现代文学、近现代思想文化史、海外华文文学、传记研究等领域的著名学者，他在讲授"传记研究"一课时告诉我们，邹韬奋有一部优秀的自传性作品《经历》，在新闻出版名人自传发展中起到了标杆性的作用。后来，在选择硕士论文题目时，朱老师让我尽量将文学与以前所学的新闻学专业结合起来，发挥自己的优势，做跨学科研究。他帮我选了关于邹韬奋和萧乾的两个研究题目，让我先写两个论文提纲试试看，之后确定了我的硕士论文选题"邹韬奋《经历》等自传的研究"。我又根据自己拟定的萧乾相关研究的提纲写了一篇论文，发表在山西省作协主办的《黄河》杂志上。没想到后来我真的又从事新闻传播学研究，不由感佩老师的远见。

在阅读《经历》等自传时，我被邹韬奋深沉的爱国情怀、"为大众服务"的理念、无所畏惧的斗争精神，以及他幽默风趣的个性所深深吸引和打动，也折服于韬奋先生一丝不苟的工作态度，并且常常以此来勉励自己。邹韬奋在《经历》等自传中写到了他青少年时期在经济困顿中艰难求学的历程,以及创办新闻出版机构时排除各种困难的决心和毅力,使得已有一些社会阅历的我产生了深深共鸣,并且备受鼓舞。我满怀景仰之情地投入邹韬奋自传研究的硕士论文写作。除阅读其三部自传性质的作品外,我还认真研读了邹韬奋的相关作品,以及其他文化名人的自传与传记,并且系统学习了传记理论,随后写出的硕士论文获得了答辩评委老师们的好评。此后我继续跟随朱老师攻读博士学位,并以传记理论为自己的主要研究方向。

2011 年,我博士毕业,经历了辗转国内数个城市求职的阶段后,有幸进入上海社会科学院新闻研究所工作。2012 年,我在硕士论文的基础上申请到上海市社科规划青年项目"邹韬奋传论",继续从事邹韬奋生平、思想及新闻出版成就的研究。2013 年,我进入复旦大学新闻传播学博士后流动站,师从著名学者黄瑚教授。黄老师经常对我的学业和科研工作给予耐心指导,送给我邹韬奋的作品集、以及大量的书刊资料,鼓励我好好做韬奋研究和编辑出版相关研究。他在百忙之中经常帮我修改论文,还为我解答工作和人生中的种种困惑。感戴之余,我也下决心要好好做研究,不辜负两位恩师的期望。在研究邹韬奋的过程中,尤其是在黄老师的教导下,我进而对出版史和数字出版产生了浓厚的兴趣,发表了多篇 C 刊论文,并申请到了第二个上海市社科规划课题和国家社科基金一般项目,以及上海社科院的院课题、院创新工程项目等,这几个课题都是与编辑出版研究相关的。

2015—2023 年,我在黄瑚老师的指导下,参加了上海韬奋纪念馆、复旦大学新闻学院等单位共同举办的八届韬奋学术研讨会。本书一些章节的初稿,曾作为论文提交韬奋学术研讨会,有些还曾在新闻史相关学术会议上宣读,得到与会专家的评议指导。在韬奋研讨会上,我得以向众多前辈学者、同行朋友、以及我的同门兄弟姐妹李新丽、蒋蕾、李晓灵、周立华、陈长松、徐健、陈媛媛等请教学习,受益良多。在此向各位老师和同门表示诚挚的谢意! 上海韬奋纪念馆的领导和老师对我的研究工作帮助很大,还送给我许多著作和研究资料,在此表示衷心的感谢!

感谢我的领导、同事和好友们的指导帮助,尤其是上海社会科学院图书馆的高明老师,经常和我一起聊天,探讨学术问题,在韬奋研究及新闻出版史研究中给予我很大的启发帮助。感谢上海人民出版社的领导和编辑提出许多宝贵意见。

带领我进入韬奋研究领域的恩师朱文华教授已经离开我们一年多了,原本打算等有机会出版这本书稿时请朱老师作序,想不到竟再也见不到恩师了。在修改书稿时,我常常忆起朱老师的音容笑貌和谆谆教导,非常怀念读研究生时那些精神充盈、无忧无虑的日子。本书还有许多不完善的地方,相较于韬奋先生在多个领域取得的卓越成就来说,笔者主要抓取了本人特别感兴趣的一些专题,如邹韬奋的报刊思想、其主办一些重要刊物的编辑出版活动、自传和传记写作情况、社会交往活动等进行研究,涉及的领域还不够全面。今后我将谨记恩师的教诲,继续在邹韬奋研究、新闻传播学、编辑出版、传记研究等领域深耕,以师长为楷模,在人格修养和学术研究等方面不断砥砺前行。

孟　晖

2024 年 3 月 15 日写于上海嘉定

图书在版编目(CIP)数据

邹韬奋新闻出版成就研究/孟晖著.—上海：上
海人民出版社,2024
(上海社会科学院重要学术成果丛书.专著)
ISBN 978 - 7 - 208 - 18928 - 7

Ⅰ.①邹… Ⅱ.①孟… Ⅲ.①邹韬奋(1895 - 1944)
-新闻工作-成就-文集 ②邹韬奋(1895 - 1944)-出版工
作-成就-文集 Ⅳ.①G219.2 - 53 ②G239.2 - 53

中国国家版本馆 CIP 数据核字(2024)第 099054 号

责任编辑 吴书勇
封面设计 路 静

上海社会科学院重要学术成果丛书·专著

邹韬奋新闻出版成就研究
孟 晖 著

出　　版　上海人&出版社
　　　　　(201101　上海市闵行区号景路 159 弄 C 座)
发　　行　上海人民出版社发行中心
印　　刷　上海新华印刷有限公司
开　　本　720×1000　1/16
印　　张　15.75
插　　页　2
字　　数　204,000
版　　次　2024 年 9 月第 1 版
印　　次　2024 年 9 月第 1 次印刷
ISBN 978 - 7 - 208 - 18928 - 7/G·2191
定　　价　78.00 元